江苏档案精品选编纂委员会

江苏省明清以来档案精品选

连云港卷

江苏人民出版社

总　目

序

谢　波

　　档案馆作为永久保管档案的基地，是人类文化传承的重要载体和思想文化创新的重要源泉。

　　编纂《江苏省明清以来档案精品选》，是全省档案系统共同开展的一项档案文化建设重点工程，是我省档案部门履行"为党管档、为国守史、为民服务"使命要求，围绕中心、服务大局的一项重要举措，根本目的是整合全省档案精品资源，集中公布江苏档案资源建设的丰硕成果，展示江苏历史、人文的丰厚底蕴，服务社会主义文化大发展大繁荣。

　　江苏物华天宝，人杰地灵，养育了一代又一代勤劳智慧、心灵手巧的人民，创造出了辉煌灿烂的物质文明和精神文明。自明清以来，江苏的综合实力在中国的省级政区中就一直居于前列。新中国成立后特别是改革开放以来，江苏各项事业高速发展，在经济、政治、社会、文化等各方面均处于全国领先位置，积累了雄厚的经济文化实力。这一领先的进程，真实地定格于档案中，保存于全省各级各类档案馆里。

　　这些档案，浩如烟海。丰富翔实的档案史料，客观记载了江苏各项事业发展演化的脉络，反映了历史发展变化的内在规律，是我们今天多角度深入了解和研究明清以来江苏政治、经济、军事、文化以及社会情况的第一手珍贵资料。特别是中国共产党成立以来形成和保存下来的大量珍贵档案，再现了江苏人民在党的领导下开展革命斗争、社会主义建设和改革开放，全面建设小康社会、建设美丽江苏的光辉历程，这是国家珍贵的文化财富、民族的宝贵遗产，是我们今天开展党史研究的宝贵资源和党史教育的重要素材。

　　前事不忘，后事之师。记载着历史真实面貌的档案资料，是续写江苏更加辉煌灿烂历史新篇章的重要参考和借鉴。编纂档案文献资料，留存社会发展的足迹，服务今天的经济社会各项事业，是我国档案界、史学界的优秀传统，是中华文明生生不息、不断进步的重要源泉。也正是这一优秀传统，使得中华文明能够随着历史的发展、社会的进步而不断充实新的内容。通过档案工作者有选择地编纂加工，使海量的档案资源更加有序化，为党和政府重大决策提供参考，为人民群众接触档案、了解档案、利用档案提供便利，是档案工作者的职责所在。正是基于这一要求，全省档案部门集中力量，对各级档案馆中的档案进行梳理，编辑出版了《江苏省明清以来档案精品选》。通过本书的编纂出版，整合全省档案精品资源，发挥规模效应，使江苏历史、人文的丰厚底蕴得到集中展示，使档案存史、资政、育人功能得到更好的发挥，同时为我们大力开展爱党、爱国、爱家乡教育提供丰富的第一手教材。这是我省档案部门围绕中心、服务大局的一项重要工作创新，也是档案部门贯彻落实党的十八大精神、服务文化强省建设的具体举措。同时，《江苏省明清以来档案精品选》的编纂出版，定能为学术界开发利用档案创造便利的条件。通过对明清以来历史档案的开发利用，探寻我省近代以来各项事业发展演化的脉络，把握历史发展变化的内在规律，为当代经济社会各项事业发展服务，为建设美丽江苏书写更加辉煌灿烂的新篇章。

2013年7月

《江苏省明清以来档案精品选·连云港卷》

编 委 会

前言

　　文化，是一方水土的血脉和灵魂。连云港历史悠久，人文荟萃，从两千多年的秦东门到现在的全国首批沿海开放城市之一，从古代的海上丝绸之路起点到现代的新亚欧大陆桥东桥头堡，在这片神奇浪漫的土地上，平原高山大海齐观，河湖丘陵滩涂兼备，山海相拥，风光秀美，以"海、古、神、幽"绝于天下，使连云港散发出独特的文化魅力，积淀下丰富的文化宝藏。

　　连云港档案人以传承历史、弘扬文化为己任，从大量的档案文献史料中遴选出部分珍贵档案，编纂出版了《江苏省明清以来档案精品选·连云港卷》（以下简称《连云港卷》）。本书共收入45件（组）档案精品，分清朝及以前档案、民国档案、革命历史档案、中华人民共和国成立后档案、书报典籍、题字书画等六个部分，年度跨越从西汉末年到本世纪初约两千年。

　　作为连云港历史悠久的见证和西汉政治、经济、军事以及文化的真实记录，尹湾汉墓简牍档案在全国享誉盛名，它被列入首批《中国档案文献遗产名录》。尹湾汉墓简牍是我国迄今发现最早、最完整的郡级行政文书档案，对于研究秦汉史特别是汉朝的政治、经济、军事和文化等具有重要价值。本书精选了该批简牍中的集簿、东海郡吏员考绩簿、六甲阴阳书、神乌傅（赋）等内容，同时选配《博局占》《神龟占》《六甲占雨》等简牍照片，作了概略展示，以期窥一斑而见全豹之效。

　　连云港战略位置重要，地域特色鲜明，这在"民国档案"部分得到充分体现。该部分中的淮盐档案和武同举水利著作手稿系"江苏省珍贵档案"。淮盐档案内容丰富、保存完好，具有鲜明的地域特色，是研究中国盐业发展史的重要史料；武同举水利著作手稿中的《江苏水利全书》堪称"华东水利资料之宝库"。连云港港口早期建设档案则真实地记录了连云港建港、筑港、铁路建设、仓储运输等情况，是研究民国时期连云港港口建设和发展及陇海铁路沿线五省合作的重要史料。美国传教士穆庚扬所摄老海州照片记录了外国人在海州的工作、生活和学习情况，也反映了清末民初海州地区的自然地理、民俗风情和社会状况，为我们展示了一幅老海州的社会画卷。

　　书报典籍是本书的另一大亮点。本书精选了《汉东海庙碑残字》拓本、海州赣丰机器饼油有限公司公牍章程、赣榆县志、董氏宗谱、啸月山房文集等档案。其中《汉东海庙碑残字》拓本被誉为"海内第一古刻"拓本，是研究古朐县和东海庙、东门阙的稀有稽考资料，也具有重要的书法欣赏价值，本书将该档案的全部影印件收录其中，以供读者赏阅。海州赣丰机器饼油有限公司公牍章程作为海属地区最早的民族工业海州赣丰机器饼油有限公司成立过程的原始记录，在一定程度上反映了当时苏北港口的商务贸易情况，是研究清末海属地区工商业发展史的重要史料，也体现了晚清志士仁人"实业救国"的思想潮流。

此外，本书的"清朝及以前档案"、"革命历史档案"、"中华人民共和国成立后档案"、"题字书画"等也各具特色。其中精选的清末地契、新海连特区首届各界人民代表会档案、奥斯特洛夫斯基夫人回复海州中学学生信函、胡耀邦题词、李鹏题诗、倪长犀书法中堂等档案文献皆具研究价值和史料价值，是开展爱国主义教育的好素材。

十八大报告指出：文化是民族的血脉，是人民精神的家园。全面建成小康社会，实现中华民族的伟大复兴，必须推动社会主义文化大发展大繁荣，兴起社会主义文化建设新高潮，提高国家文化软实力，发挥文化引领风尚、教育人民、服务社会、推动发展的作用。档案事业的发展就是要深入研究档案的丰富内涵，繁荣档案文化。《连云港卷》整合了现有的连云港市档案系统的档案精品资源，集中公布了连云港档案资源建设的丰硕成果，成为展示连云港市历史底蕴和档案文化的精品工程，有助于宣传档案的价值，提高社会的档案意识，扩大档案工作的社会影响力，让档案工作更好地深入群众、服务社会。

编　者

2013年7月

凡例

一、 本书按文献形成时间编排。分清朝及以前档案、民国档案、革命历史档案、中华人民共和国成立后档案、书报典籍、题字书画等六个部分。

二、 本书基本展示方式包括：档案精品名称、保管单位、内容及评价、档案精品原件影印件、部分档案释文。

三、 本书采用历史纪年，民国成立以前采用朝代纪年，后括注公元纪年；民国成立后一律采用公元纪年。

四、 本书数字标注，按照国家《关于出版物上数字用法的试行规定》执行；原文繁体字统一改用简化字；原文竖排统一改为横排。

五、 本书所收录的档案文献，为尊重历史、保持原貌，对于原文若有缺漏或字迹不清者，以□代替；文中有删节者以……标明；未有句读的据实照录。

六、 本书对历史上的机构、职官、地名、计量单位等一般沿用当时的称谓。

七、 本书所载档案文献均能保证其真实性。

目录
Contents

清朝及以前档案
Archives of Qing Dynasty and before

民国档案
Archives of the Republic of China

革命历史档案
Archives of the Revolutionary History

中华人民共和国成立后档案
Archives after the Founding of PRC

书报典籍
Newspapers and Ancient Books

题字书画
Inscription, Calligraphy and Painting

賣　契

<table>
<tr><td>不動產種類</td><td>基地</td></tr>
<tr><td>座落</td><td>第一區新砲鎮</td></tr>
<tr><td>面積</td><td>叁畝之□</td></tr>
<tr><td>價值</td><td>叁仟元</td></tr>
<tr><td>應納稅額</td><td>壹佰陸拾元</td></tr>
<tr><td>原契張數</td><td>壹張</td></tr>
<tr><td>立契年月日</td><td>三十二年□月十六日</td></tr>
<tr><td>四至</td><td>東至□　西至　南至宋姓　北至王姓</td></tr>
<tr><td>其他事項</td><td></td></tr>
</table>

摘要例則

一、訂立不動產賣契…
一、不動產之出…
一、內赴徵收官署申請…予寬限
一、原領契紙倘遺失…原稅科以十分之十…
一、不動產之買受人如…中須補領換原契紙改正…限五月以上者…
一、繳納契稅時…換契紙改正者…
一、契約成立後六個月之納稅期限於已繳官…原稅科以十分之二之罰金逾限…月以上未滿…税額科以…
一、逾期未稅之契訴訟時無憑證之效力

注意　此紙僅有成立契約之效力未經赴局投管加蓋局印以前不能認爲管業憑證

中華民國三十四年□月□十六日

賣主　董蒼伯

尹湾汉墓简牍档案

保管单位：连云港市博物馆　东海县博物馆

内容及评价：

尹湾汉墓简牍1993年从连云港东海尹湾汉墓6号墓（156片）和2号墓（1片）发掘出土，6号墓主人为当时东海郡功曹史师饶。简牍中的西汉郡级文书档案是我国迄今发现的年代较早的行政文书档案，主要记载西汉末年东海郡、县、乡、里的行政建置、吏员设置、户籍、赋役、人口、垦田、武库和经济赋税等方面情况。书体有章草、隶书两种。该档案是研究汉朝政治、经济、军事和文化的原始材料，具有重要的史料价值；对于考古学、档案学、简帛学研究也具有重要的学术价值，被列入首批《中国档案文献遗产名录》和《江苏省珍贵档案文献名录》。

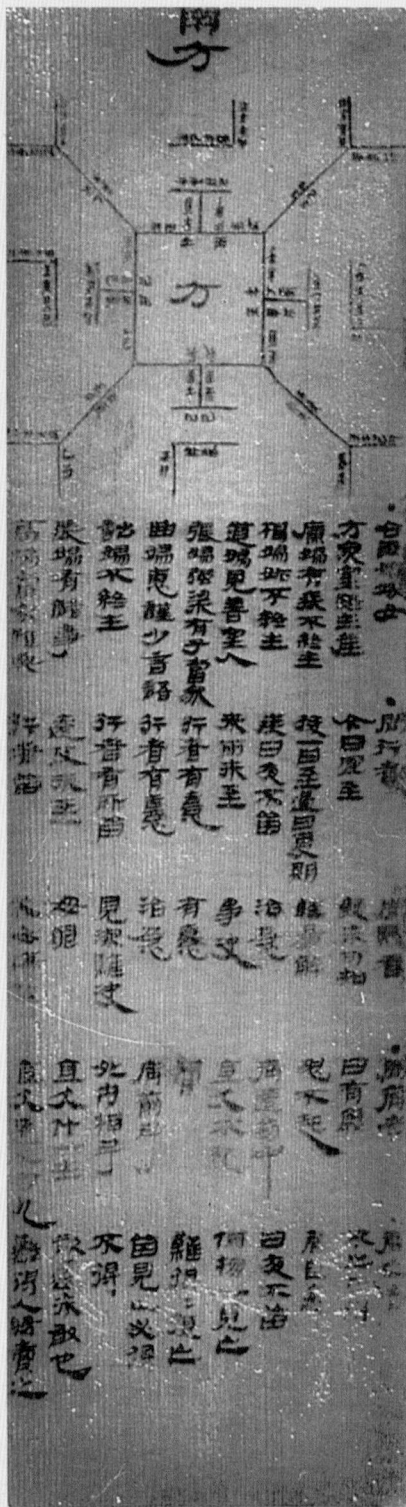

《博局占》

《神龟占》、《六甲占雨》

《元延元年历谱》

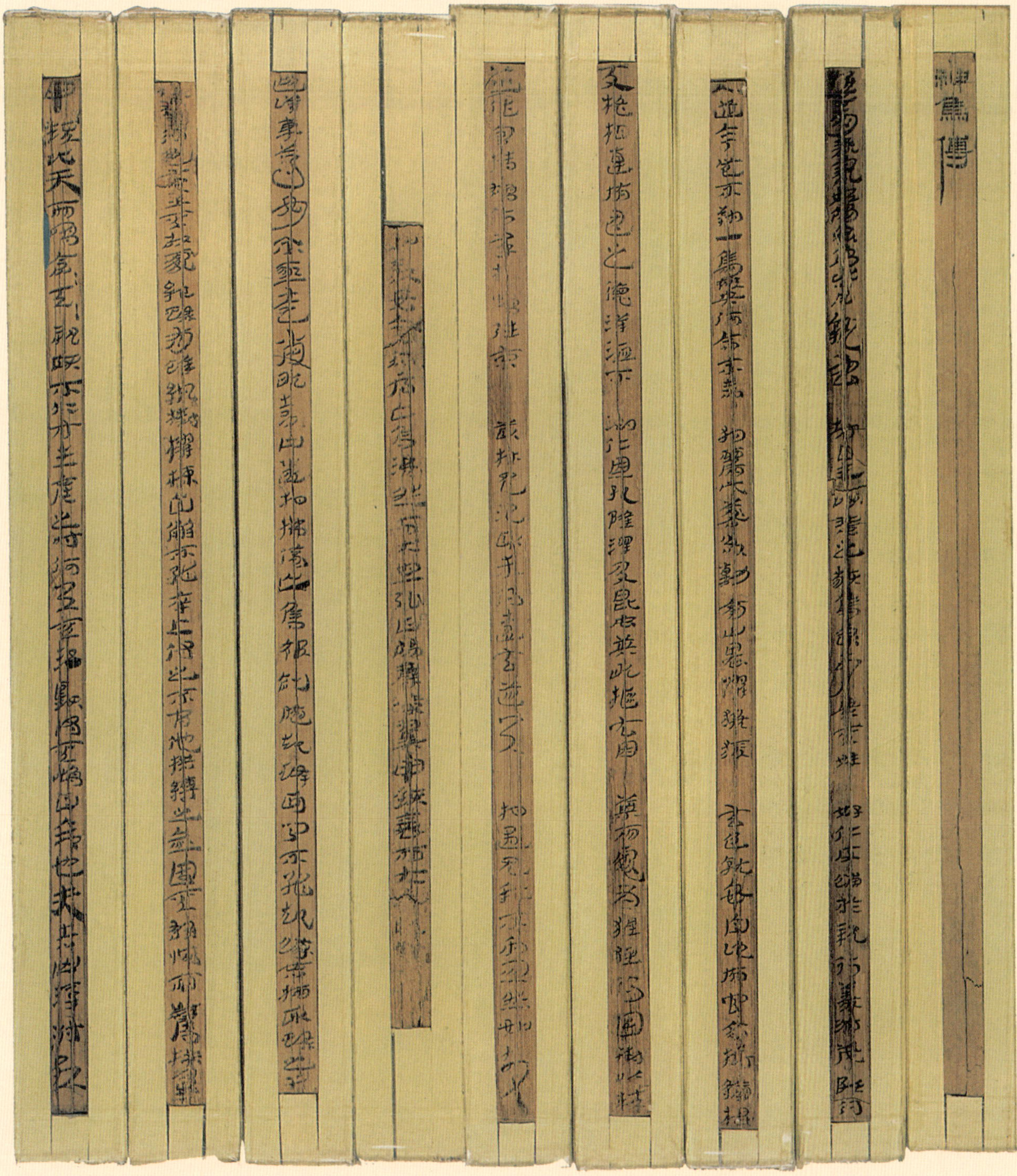

《神乌傅》

《赠钱名簿》

《行道吉凶》（部分）

全文：

尹湾汉墓简牍释文选

集簿（1号）

正面

县邑侯国卅八县十八侯国十八邑二其廿四有城（堭）郡官二（1）＊乡百七十□百六里二千五百卅四正二千五百卅二人（2）亭六百八十八卒二千九百七十二人邮卅四人四百八如前（3）界东西五百五十一里南北四百八十八里如前（4）县三老卅八人乡三老百七十人孝弟力田各百廿人凡五百六十八人（5）吏员二千二百三人大守一人丞一人卒史九人属五人书佐十人啬夫一人凡廿七人（6）都尉一人丞一人卒史二人属三人书佐五人凡十二人（7）令七人长十五人相十八人函卅四人尉卅三人有秩卅人斗食五百一人佐使亭长千一百八十二人凡千八百卅人（8）侯家丞十八人仆行人门大夫五十四人先马中庶子二百五十二人凡三百廿四人（9）户廿六万六千二百九十多前二千六百廿九其户万一千六百六十二获流（10）□百卅九万七千三百卅三其四万二千七百五十二获流（11）提封五十一万二千［九十二顷］＊＊八十五亩……人如前（12）

背面

［侯］国邑居园田廿一万一千六百五十二□□十九万百卅三万九千□□□长生（1）□种宿麦十万七千三百［八］十□顷多前千九百廿顷八十二亩（2）［男子］七十万六千六百六十四人［女子］六十八万八千一百卅二人女子多前七千九百廿六（3）［年］八十以上三万三千八百七十一六岁以下廿六万二千五百八十八凡廿九万六千四百五十九（4）年九十以上万一千六百七十人年七十以上受杖二千八百廿三人凡万四千四百九十三多前七百一十八（5）春种树六十五万［六千］七百九十四亩多前四万六千三百廿亩（6）［以］春令成户七千卅九□二万七千九百廿六用谷七千九百五十一石八斗八升率口二斗八升有奇（7）一岁诸钱入二万：六千六百六十四万二千五百六钱（8）一岁诸钱出一万：四千五百八十三万四千三百九十一（9）一岁诸谷入五十万六千六百卅七石二斗二升少率升出卅一万二千五百八十一石四斗□□升（10）

东海郡属县乡吏员定簿（2号）

正面

［郡］属县乡……（1）大守吏员廿七人大守一人秩□二千石大守丞一人秩六百石卒史九人属五人书佐九人门兵佐一人小府啬夫一人凡廿七人（2）都尉吏员十二人都尉一人秩真二千石都尉丞一人秩六百石卒史二人属三人书佐四人门兵佐一人凡十二人（3）海西吏员百七人令一人秩千石丞一人秩四百石尉二人秩四百石官有秩一人乡有秩四人令史四人狱史三人官啬夫三人乡啬夫十人游徼四人牢监一人尉史三人官佐七人乡佐九人亭长五十四人凡百七人（4）下邳吏员百七人令一人秩千石丞一人秩四百石尉二人秩四百石官有秩二人乡有秩一人令史六人狱史四人官啬夫三人乡啬夫十二人游徼六人牢监一人尉史四人官佐七人乡佐九人邮佐二人亭长卅六人凡百七人（5）郯吏员九十五人令一人秩千石丞一人秩四百石尉二人秩四百石狱丞一人秩二百石乡有秩五人令史五人狱史五人官啬夫三人乡啬夫六人游徼三人牢监一人尉史三人官佐九人乡佐七人邮佐二人亭长卅一人凡九十五人（6）兰陵吏员八十八人令一人秩千石丞一人秩四百石尉

二人秩四百石官有秩一人令史六人狱史四人官啬夫四人乡啬夫十三人游徼四人牢监一人尉史四人官佐八人乡佐四人亭长卅五人凡八十八人（7）朐吏员八十二人令一人秩六百石丞一人秩三百石尉二人秩三百石乡有秩一人令史三人狱史二人官啬夫四人乡啬夫六人游徼二人牢监一人尉史二人官佐四人乡佐六人亭长卅七人凡八十二人（8）襄贲吏员六十四人令一人秩六百石丞一人秩三百石尉二人秩三百石官有秩一人乡有秩二人令史六人狱史三人官啬夫三人乡啬夫五人游徼四人牢监一人尉史三人官佐七人乡佐四人亭长廿一人凡六十四人（9）戚吏员六十人令一人秩六百石丞一人秩三百石尉二人秩三百石乡有秩二人令史四人狱史二人官啬夫三人乡啬夫三人游徼一人牢监一人尉史三人官佐五人乡佐五人亭长廿七人凡六十人（10）费吏员八十六人长一人秩四百石丞一人秩二百石尉二人秩二百石乡有秩二人令史四人狱史二人官啬夫三人乡啬夫五人游徼五人牢监一人尉史三人官佐四人乡佐八人邮佐二人亭长卅三人凡八十六人（11）即丘吏员六十八人长一人秩四百石丞一人秩二百石尉二人秩二百石令史四人狱史二人官啬夫二人乡啬夫八人游徼四人尉史二人官佐六人乡佐四人亭长卅二人凡六十八人（12）厚丘吏员六十七人长一人秩四百石丞一人秩二百石尉二人秩二百石令史四人狱史一人官啬夫二人乡啬夫九人游徼二人牢监一人尉史三人官佐四人乡佐一人亭长卅六人凡六十七人（13）利成吏员六十五人长一人秩四百石丞一人秩二百石尉二人秩二百石乡有秩一人令史三人狱史三人官啬夫二人乡啬夫三人游徼三人尉史三人官佐五人乡佐五人邮佐一人亭长卅二人凡六十五人（14）况其吏员五十五人长一人秩四百石丞一人秩二百石尉二人秩二百石令史四人狱史二人官啬夫二人乡啬夫五人游徼三人牢监一人尉史三人官佐六人乡佐二人亭长廿三人凡五十五人（15）开阳吏员五十二人长一人秩四百石丞一人秩二百石尉二人秩二百石乡有秩一人令史四人狱史三人官啬夫二人乡啬夫四人游徼三人牢监一人尉史三人官佐六人乡佐二人亭长十九人凡五十二人（16）缯吏员五十人长一人秩四百石丞一人秩二百石尉二人秩二百石乡有秩一人令史四人狱史二人官啬夫二人乡啬夫三人游徼二人牢监一人尉史二人官佐四人乡佐二人亭长廿三人凡五十人（17）司吾吏员卅一人长一人秩四百石丞一人秩二百石尉二人秩二百石令史三人狱史二人官啬夫二人乡啬夫七人游徼二人牢监一人尉史二人官佐六人亭长十二人凡卅一人（18）[平]曲吏员廿七人长一人秩四百石丞一人秩二百石尉一人秩二百石乡有秩一人令史四人狱史二人官啬夫二人游徼二人尉史三人官佐四人乡佐二人亭长四人凡廿七人（19）[临]沂吏员六十六人长一人秩三百石丞一人秩二百石尉二人秩二百石令史四人狱史一人乡啬夫七人游徼三人牢监一人尉史二人官佐四人邮佐二人乡佐二人亭长卅六人凡六十六人（20）[曲阳]吏员廿八人长一人秩三百石丞一人秩二百石尉一人秩二百石乡有秩[一]人[令史三人狱史二]人乡啬夫二人游徼二人牢监一人尉史二人官佐六人乡佐一人亭长五人凡廿八人（21）

背面

[合乡]吏员廿五人长一人秩三百石丞一人秩二百石令史三人狱史二人乡啬夫二人游徼一人牢监一人尉史二人官佐五人亭长七人凡廿五人（1）[承]吏员廿二人长一人秩三百石丞一人秩二百石令史三人狱史二人乡啬夫一人游徼一人牢监一人尉史一人官佐四人乡佐一人亭长六人凡廿二人（2）[昌]虑吏员六十五人相一人秩四百石丞一人秩二百石尉二人秩二百石乡有秩一人令史四人狱史二人官啬夫二人乡啬夫二人游徼二人牢监一人尉史二人官佐七人乡佐一人亭长十九人侯家丞一人秩比三百石仆行人门大夫三人先马中庶子十四人凡六十五人（3）兰旗吏员五十九人相一人秩四百石丞一人秩二百石尉二人秩二百石令史三人狱史二人官啬夫一人乡啬夫四人游徼二人牢监一人尉史二人官佐七人乡佐二人邮佐一人亭长十二人侯家丞一人秩比三百石仆行人门大夫三人先马中庶子十四人凡五十九人（4）容丘吏员五十三人相一人秩四百石丞一人秩二百石尉一人秩二百石乡有秩一人令史四人狱史二人乡啬夫二人游徼二人牢监一人尉史二人

官佐五人乡佐二人亭长十一人侯家丞一人秩比三百石仆行人门大夫三人先马中庶子十四人凡五十三人（5）良成吏员五十人相一人秩四百石丞一人秩二百石尉一人秩二百石乡有秩一人令史四人狱史二人官啬夫一人乡啬夫一人游徼二人牢监一人尉史二人官佐五人乡佐三人亭长七人侯家丞一人秩比三百石仆行人门大夫三人先马中庶子十四人凡五十人（6）南城吏员五十六人相一人秩三百石丞一人秩二百石尉一人秩二百石令史四人狱史二人乡啬夫二人游徼一人牢监一人尉史二人官佐三人乡佐二人亭长十八人侯家丞一人秩比三百石仆行人门大夫三人先马中庶子十四人凡五十六人（7）阴平吏员五十四人相一人秩三百石丞一人秩二百石尉一人秩二百石令史四人狱史二人官啬夫一人乡啬夫三人游徼二人牢监一人尉史二人官佐四人乡佐三人亭长十一人家丞一人秩比三百石仆行人门大夫三人先马中庶子十四人凡五十四人（8）新阳吏员卅七人相一人秩三百石丞一人秩二百石令史三人狱史二人乡啬夫二人游徼二人牢监一人尉史一人官佐四人亭长十二人侯家丞一人秩比三百石仆行人门大夫三人先马中庶子十四人凡卅七人（9）东安吏员卅四人相一人秩三百石丞一人秩二百石令史三人狱史二人乡啬夫一人游徼一人牢监一人尉史二人官佐五人亭长九人侯家丞一人秩比三百石仆行人门大夫三人先马中庶子十四人凡卅四人（10）[平]曲侯国吏员卅二人相一人秩三百石丞一人秩二百石尉一人秩二百石令史三人狱史二人乡啬夫二人游徼二人牢监一人尉史一人官佐五人亭长五人侯家丞一人秩比三百石仆行人门大夫三人先马中庶子十四人凡卅二人（11）建陵吏员卅九人相一人秩三百石丞一人秩二百石令史三人狱史二人乡啬夫一人游徼一人牢监一人尉史一人官佐四人亭长六人侯家丞一人秩比三百石仆行人门大夫三人先马中庶子十四人凡卅九人（12）山乡吏员卅七人相一人秩三百石丞一人秩二百石令史三人狱史二人乡啬夫一人游徼一人牢监一人尉史一人官佐四人亭长四人侯家丞一人秩比三百石仆行人门大夫三人先马中庶子十四人凡卅七人（13）〔武〕阳吏员卅三人相一人秩三百石丞一人秩二百石令史二人狱史一人乡啬夫一人游徼一人牢监一人尉史一人官佐三人亭长三人侯家丞一人秩比三百石仆行人门大夫三人先马中庶子十四人凡卅三人（14）都平吏员卅一人相一人秩三百石丞一人秩二百石令史二人乡啬夫一人游徼一人尉史一人官佐三人亭长三人侯家丞一人秩比三百石仆行人门大夫三人先马中庶子十四人凡卅一人（15）鄋乡吏员卅一人相一人秩三百石丞一人秩二百石令史三人狱史二人乡啬夫一人游徼一人牢监一人尉史二人官佐五人乡佐一人亭长五人家丞一人秩比三百石仆行人门大夫三人先马中庶子十四人凡卅一人（16）[建]乡吏员卅人相一人秩三百石丞一人秩二百石令史三人狱史二人乡啬夫一人游徼一人牢监一人尉史二人官佐五人乡佐一人亭长四人侯家丞一人秩比三百石仆行人门大夫三人先马中庶子十四人凡卅人（17）□□吏员卅七人相一人秩三百石丞一人秩二百石令史三人狱史一人乡啬夫一人游徼一人牢监一人尉史一人官佐六人乡佐一人亭长二人侯家丞一人秩比三百石仆行人门大夫三人先马中庶子十四人凡卅七人（18）建阳吏员卅一人相一人秩三百石丞一人秩二百石令史三人狱史一人乡啬夫一人游徼一人牢监一人尉史一人官佐六人乡佐二人亭长五人侯家丞一人秩比三百石仆行人门大夫三人先马中庶子十四人凡卅一人（19）都阳侯国吏员卅二人相一人秩三百石丞一人秩二百石令史二人乡啬夫一人游徼一人尉史一人官佐四人亭长三人侯家丞一人秩比三百石仆行人门大夫三人先马中庶子十四人凡卅二人（20）伊卢盐官吏员卅人长一人秩三百石丞一人秩二百石令史一人官啬夫二人佐廿五人凡卅人（21）北蒲盐官吏员廿六人丞一人秩二百石令吏一人官啬夫二人佐廿二人凡廿六人（22）郁州盐官吏员廿六人丞一人秩二百石令史一人官啬夫一人佐廿三人凡廿六人（23）下邳铁官吏员廿人长一人秩三百石丞一人秩二百石令史三人官啬夫五人佐九人亭长一人凡廿人（24）[朐]铁官吏员五人丞一人秩二百石令史一人官啬夫一人佐二人凡五人（25）最凡吏员二千二百二人（26）

东海郡吏员考绩簿（5号）

正面

□□[吏]

郯右尉郑延年九月十三日输钱都内（1）海西丞周便亲十月十日输钱齐服官（2）兰陵右尉梁攀九月十二日输钱都内（3）曲阳丞朱博七月廿五日输钱都内（4）承丞庄戎九月十二日输钱都内（5）良成丞宣圣九月廿一日输钱都内（6）南城丞张良九月廿一日输钱都内（7）干乡丞[吕迁]九月十二日输钱都内（8）南城尉陈顺九月廿一日输钱都内（9）右九人输钱都内（10）郯狱丞司马敞正月十三日送罚戍上谷（11）郯左尉[孙]严九月廿一日送罚戍上谷（12）朐邑丞杨明十月五日上邑计（13）费长孙敞十月五日送卫士（14）开阳丞家圣九月廿一日市鱼就财物河南（15）即丘丞周喜九月廿一日市□□就......（16）[况]其邑左尉宗良九月廿三日守丞上邑计（17）（以上第一排）厚丘丞王[亿十]月廿日......□邑□（1）厚丘右尉周并三月五日市材（2）平曲丞胡毋[钦]七月七日送徒民敦煌（3）司吾丞北宫宪十月五日送罚戍上谷（4）建阳相唐汤十一月三日送保宫[奉]（5）山乡侯相□□十月......（6）右十三人系（7）戚令□[道]十一月十四日告（8）开阳长颜骏正月五日告（9）即丘长范常十一月四日告（10）容丘尉东门汤正月十二日告（11）都阳丞王赏正月廿日告（12）部乡侯相李临八月晦告病（13）右六人告（14）郯令华侨十月廿一日母死宁（15）襄贲左尉陈襃十一月廿日兄死宁（16）□□□□□□月廿八日伯兄死宁（17）（以上第二排）利成丞儿勋八月十九日父死宁（1）厚丘左尉陈逢十月十四日子男死宁（2）曲阳尉夏筐十月廿五日伯父死宁（3）右六人宁（4）[郯丞]石承死（5）下邳令李忠死（6）兰陵左尉周奋死（7）戚丞丁隆死（8）合乡长骆严死（9）铁官长庄仁死（10）铁官丞薛镡死（11）临沂丞周倗免（12）部乡丞管忠免（13）武阳丞尹庆免（14）右十人缺七人死三人免（15）曲阳长陈宫有劾（16）（以上第三排）阴平尉毛云有劾（1）右二人有劾（2）况其邑丞孔宽（3）兰旗左尉孙吉（4）兰旗右尉郑遵（5）阴平丞成功禁（6）建乡丞虞贺（7）新阳丞上官田（8）右六人未到官（9）（以上第四排）

背面

......人·今掾史见九十三人其廿五人员十五人君乡门下十三人以故事置廿九人请治所置吏赢员廿一人......（1）☑（2）☑（3）☑（4）☑（5）☑（6）☑（7）......皆如品（8）......五人以故事置（9）......学六人员（10）......十人其八人员一人请治所赢员一人今右史亡（11）......十一人其十人员一人请治所今右史缺（12）......乡啬夫一人员（13）亭长一人以故事置（14）□掾史八人以故事置（15）（以上第一排）督[邮]史四人都水一人请治所（1）督盗贼四人请治所（2）案事史十一人请治所（3）外邮掾一人（4）劝田史四人（5）见四人生宝泠钦周方传更·凡九人（6）□作二人（7）送装二人（8）从使者奏事一人莒政（9）上争界图一人禺顺（10）画图一人（11）写图一人强广良县（12）上良县侯上书解一人□□（13）胡君门下祭酒主簿......十人（14）（以上第二排）□□□五人（1）上奏一人董迁（2）凡赢员廿一人胡君门下十人曹史一人守属九人（3）（以上第三排）

六甲阴阳书（9号）

正面

·用神龟之法以月晕以后左足而右行至今日之日止问（1）直右胁者可得姓朱氏名长正西（2）直后右足者易得为王氏名到西北（3）直尾者自归为庄氏名余正北（4）直后左足者可得为朝氏名欧东北（5）直左胁者可得为郑氏名起正东（6）直前左足者难得为李氏名[功]东南（7）直头者毋来也不可得为张氏正南（8）直前右足者难得为陈氏名安正<西>南***（9）（以上第一排）

（以上第三排）占雨

背面南方

（以上第一排）

占取妇嫁女（1）方家室终生产（2）廉妇有疾不终生（3）槁妇妒不终生（4）道妇见善室入（5）张妇强有子当家（6）曲妇惠谨少言语（7）诎妇不终生（8）长妇有储事（9）高妇当家难与（10）（以上第二排）·问行者（1）今日宜至（2）后一日至过日更期（3）疾日夜不留（4）来雨未至（5）行者有恿（6）行者有恿（7）行者有所留（8）远反未至（9）行者留（10）（以上第三排）·问者（1）疑未可知（2）轻易解（3）毂治急（4）事决（5）有恿（6）治急（7）见深难决（8）毋罪（9）久毋伤解（10）

（以上第四排》·问病者（1）日有瘳（2）恐不起（3）病匿幼中（4）直[大]不死（5）间（6）病劤引（7）外内相引（8）直[大]什一生（9）直久远[人]□死（10）（以上第五排）·问亡者（1）不出可得（2）居良还（3）日夜不留（4）何物一见亡（5）难得＝复亡（6）留见山必得（7）不得（8）欲还未敢也（9）难得人〔将〕卖之（10）·（以上第六排）

神乌傅（赋）

惟此三月春气始阳众鸟皆昌执虫坊皇螺蜚之类乌最可贵其姓好仁反铺于亲行义淑茂颇得（1）人道今岁不翔一乌被央何命不寿狗丽此咎欲勋南山畏惧猴援去色<危>就安自诧府官高树绐棍（2）支格相连府君之德洋溢不测仁恩孔隆泽及昆虫莫敢抠去因[巢]而处为狸圣得围树以棘（3）〔遂〕作宫持玄乌行求材此乌往索蘨材见盗取未得远去道与相遇见我不利忽然如故（4）□□发忿追而呼之咄盗还来吾自取材于颇深莱巳行胱腊毛羽随落子不作身但（5）行盗人唯就宫持岂不息栽盗乌（鸟）不服反怒作色□[汩涌]泉姓自它今子相意甚（6）泰不事亡乌曰吾闻君子不行贪鄙天地刚纪各有分理今子自己尚可为士夫惑知反（7）失路不远晦过迁臧[至]今不晚盗乌赍然怒曰甚栽子之不仁吾闻君子不忘不信今子（8）□／□□毋□得辱亡乌沸然而大怒张目阳麇[挟]翼申颈裹而大……（9）[洒详]车薄女不丞走尚敢鼓口遂相拂伤亡乌被创随起□[耳]闻不能起贼皆捕取□之于（10）□□得免玄坐其故处[绝]系有余纴树櫂楝自解不能卒上[伏]之不肯他措缚之愈固其雄悌而惊[挟]翼（11）申颈比天而鸣仓＝天＝亲颇不仁方生产之时何与其□顾谓其此乌曰命也夫吉凶浮沍愿（12）与女俱此乌曰佐＝子＝涕泣[侯]下何恋旦[家]□[欲]□[曰]□[君]□我求不死死生有期各不同时今虽随[将]何（13）益栽见危授命妾志所践以死伤生圣人禁之疾行去矣更索贤妇毋听后母愁若孤子诗云青绳止于（14）杅几自君子毋信谗言惧惶向论不得极言遂缚两翼投其汙则支体折伤卒以死亡其玄乌大哀踯躅（15）非回尚羊其旁涕泣纵横长炊泰息迣逸嚄呼毋所告愬盗反得完亡乌被患遂弃故处（16）高翔而去伤曰众鸟<鸟>丽于罗网凤皇孤而高羊鱼鳖得于笓笱交龙执而深藏良马仆于衡下（17）勒靳为之余行鸟兽且相忧何兄人乎哀栽穷痛其誓诚写愚以意傅之曾子曰乌之将死其唯哀此之谓也（18）·神乌傅（19）□[廿八]书佐□胸口病兰陵游徵□□故[裹]□[功曹掾]□□（20）

清朝雍正圣旨

保管单位: 连云港市档案馆

内容及评价:

雍正圣旨长175厘米、宽40厘米,其中玉玺11.5厘米见方。据江氏家谱记载,江氏先祖江云起任徐州沛县县令时,勤政爱民,境内平安和谐,人民安居乐业;江是孝子,继母病重期间,亲自割股煎汤为继母治好病。雍正十三年(1735),为表彰江云起父母教子有方,朝廷特颁布该圣旨。该档案具有珍贵的史料价值,其中蕴含的历史典故也具有一定的教育意义。

清朝雍正十三年(1735)圣旨

全文:

制曰设官分职昭器使之喜蒙恩于伊始尔江钟班铜山县训导江云起之父端方教诲怀式縠之勤政□以覃思弛尔为登仕铜山县训导锡之敕命□亲遂膺旷典庶政期于□□曰登皇路以驰驱忠原□奉严□兼慈尔江南徐□江云起之母杨氏性本□内教惟勤慎行章服於□赠尔为九品孺人于戏勉图懋续有子效清共□

雍正十三年九月初□

清朝咸丰圣旨

保管单位： 灌云县档案馆

内容及评价：

清咸丰十一年（1861）八月，咸丰帝病死热河；慈禧太后发动辛酉政变，立同治帝。此圣旨是同治帝登基之初，颁发给灌云人、四品官员陈玉章之叔母的诰命圣旨。内容为表彰陈玉章叔父的功绩并敕封陈玉章叔母为诰命夫人。圣旨书于淡黄色丝绢上，全长193厘米，宽32.5厘米；右边用汉文书写，左边用满文书写，内容相同；圣旨上盖有玉玺并注有敕封年月。该圣旨具有一定的史料价值和文化内涵。

清咸丰十一年（1861）诰命圣旨

全文：

奉天承运

皇帝制曰谊笃靖共入官必资于敬功归诲

迪犹子亦教以忠爱沛国恩用扬家训尔陈克允乃世袭骑都尉户□□□□□□□□

士行代启儒风抱璞自珍克发珪璋之秀储材足用聿彰杞梓之良兹以覃恩驰封尔为□大夫锡之诰命于戏昭令问于经□书贻刻鹄佩微章于策府宠赉回鸾茂典丕承荣名益劭

制曰家有孝慈之范美以相济而成国崇褒锡之文恩以并推而厚尔李氏□世袭骑都尉户部主事加四级陈玉章之叔母德可相夫教能启后一堂环佩和音克著其慈祥五夜机丝内治聿昭其柔顺兹以覃恩驰封尔为安人于戏普一体之荣施鸾章□采表同心于训迪象服分光

世袭骑都尉户部主事

咸丰拾壹年拾月初玖日

加□级陈玉章之叔母

清中期以来海属地区房地产文契档案

保管单位： 连云港市档案馆　东海县档案馆

内容及评价：

该部分房地产文契档案包括1913年9月山东国税厅呈验注册的清朝道光五年（1825）民间地契和光绪十九年（1893）以来海属地区房产地产买卖的文书、契约和权状，清中、晚期和民国59件，建国后1件，基本涵盖了民间和官方的田契、房契、宅基地文契、验契、土地所有权状图状、契税单等。其中山东国税厅呈验注册的清朝道光五年民间地契将官契和民契合二为一，并附有印花税票，载明了交易的土地面积、价格及坐落，并有双方的签名，详实地记录了当时土地买卖、流转、地价和赋税等情况。该批档案是房产地产交易和权属的原始凭证，对于研究连云港地区房地产管理和市场发展的历史，以及土地和税收政策等，具有较高的价值。

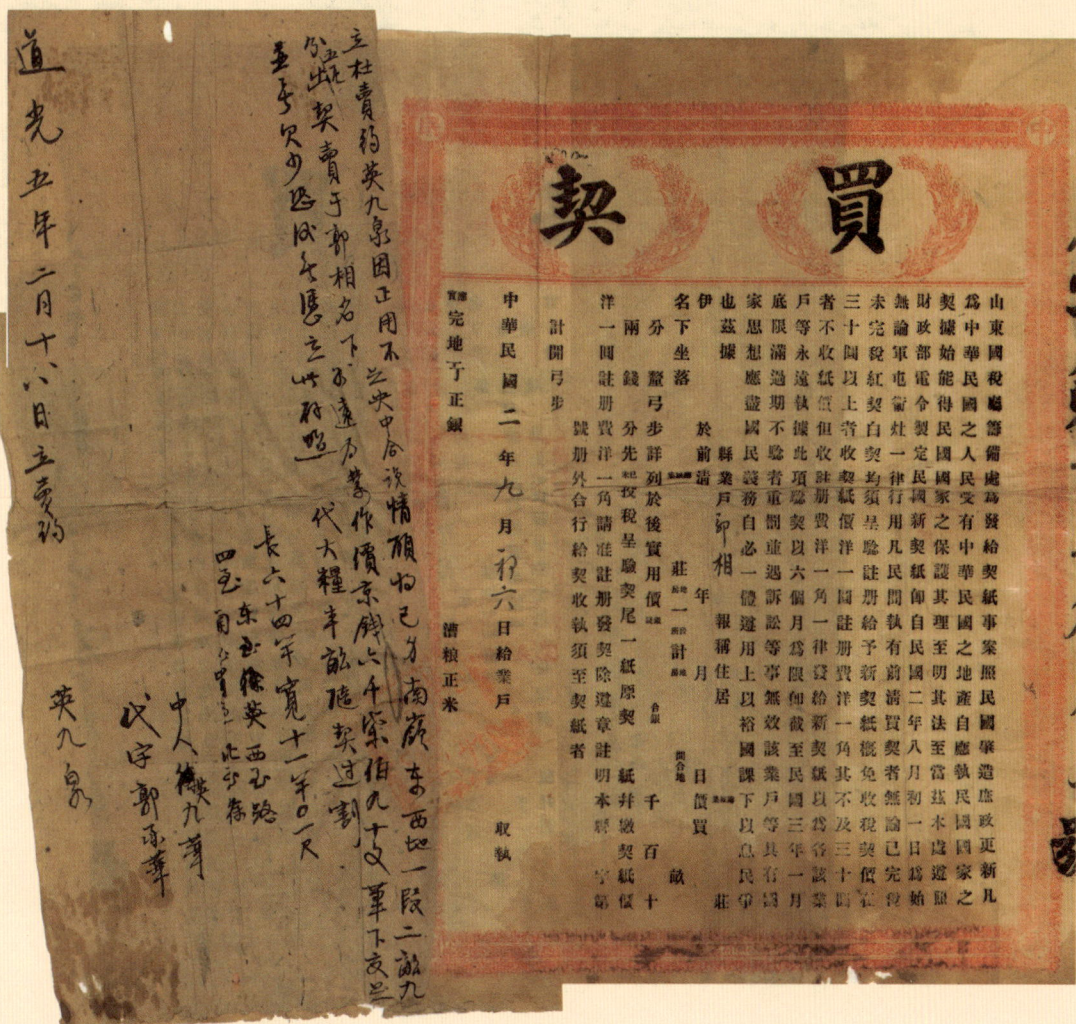

道光五年（1825）地契卖契及1913年山东国税厅的呈验注册

光绪二十三年（1897）地契及1914年4月江苏省国税厅筹备处印发的新契

國民政府財政部驗契紙

江蘇財政廳印發

不動產種類	地房屋
坐落	縣
位置	西墅口西頭
面積	捌間
原契價金額	弍百弍拾元
原立契年月	民國十六年二月
應納稅銀	拾柒元陸角
原契張數	白契一紙
區分種類	房
所有者	李朝俊
四至	東 東屋後牆；南 街；西 汪姓；北 陳姓
原有者	程景平
居間者	董郁南等
繳納年月	
沿革	
摘要	
驗契紙價	壹元伍角
註冊費	壹角
教育費	弍角

中華民國十七年五月八日

1928年财政部验契（房屋）

賣契

買主姓名	李學儉
不動產種類	基地
座落	第一區新化鎮
面積	叁畝叁分
價額	叁仟叁百元
應納稅額	壹仟陸百伍拾元
原契張數	壹張
立契年月日	三十二年十月十六日
四至	東至王姓；南至宋姓；西至糠姓；北至王姓

例則摘要

中華民國三十四年二月十六日 賣主 董壽伯 中人 張石平

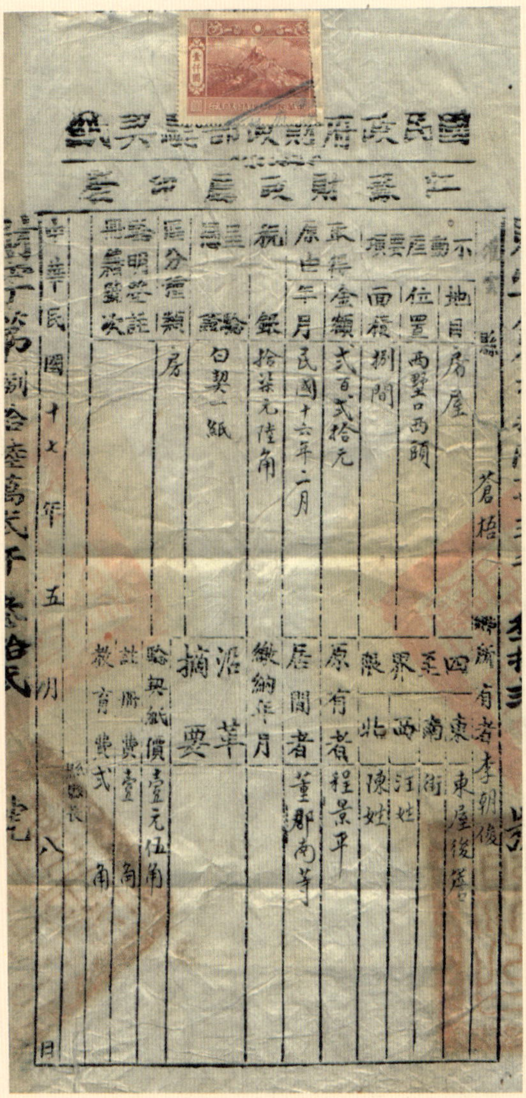

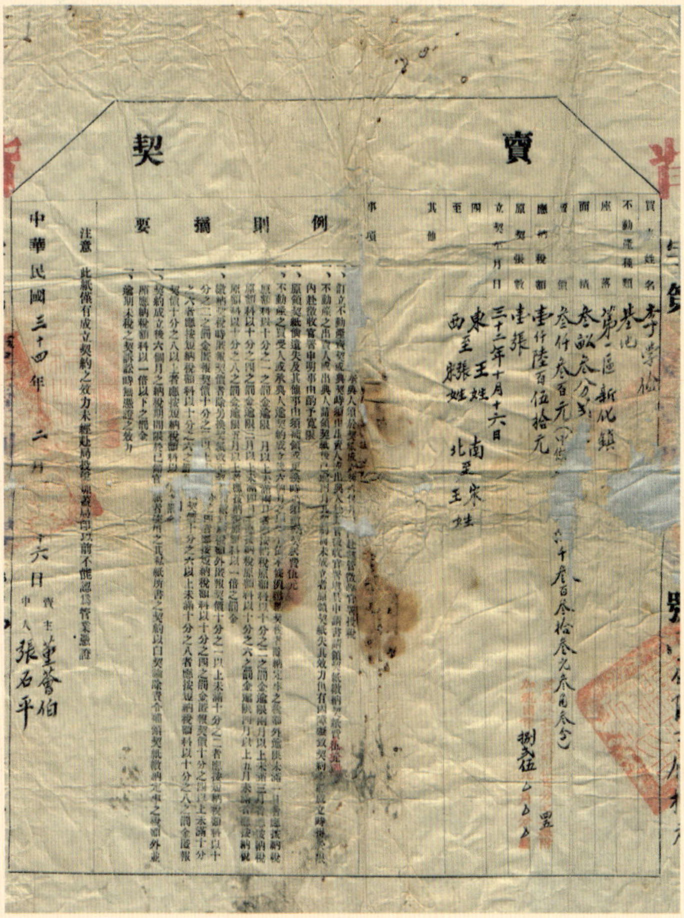

1945年李学俭基地卖契

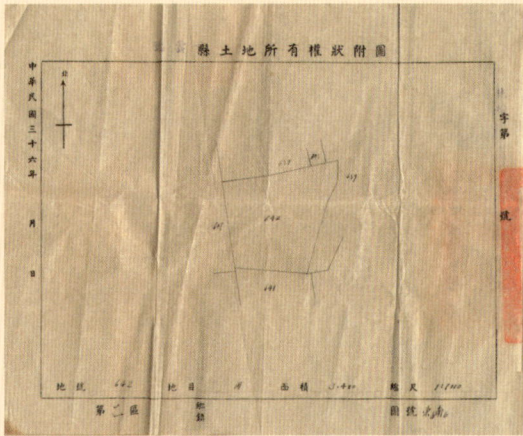

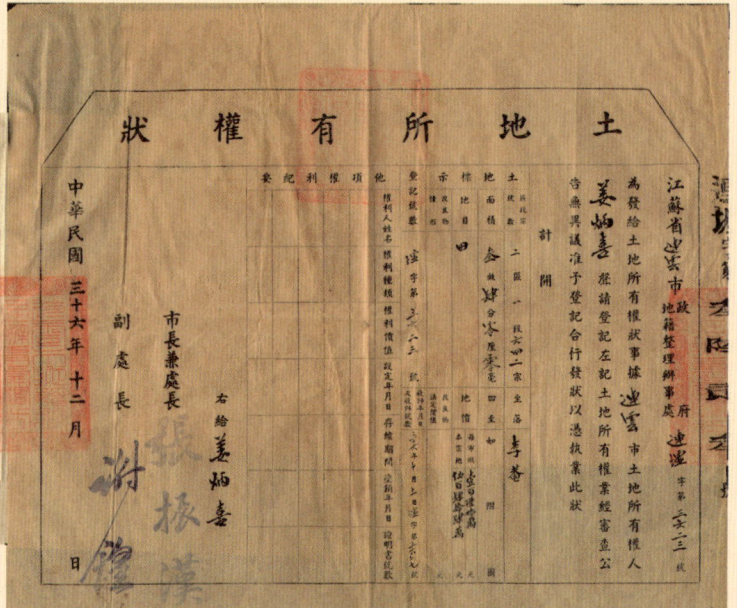

1947年姜炳喜土地所有权状

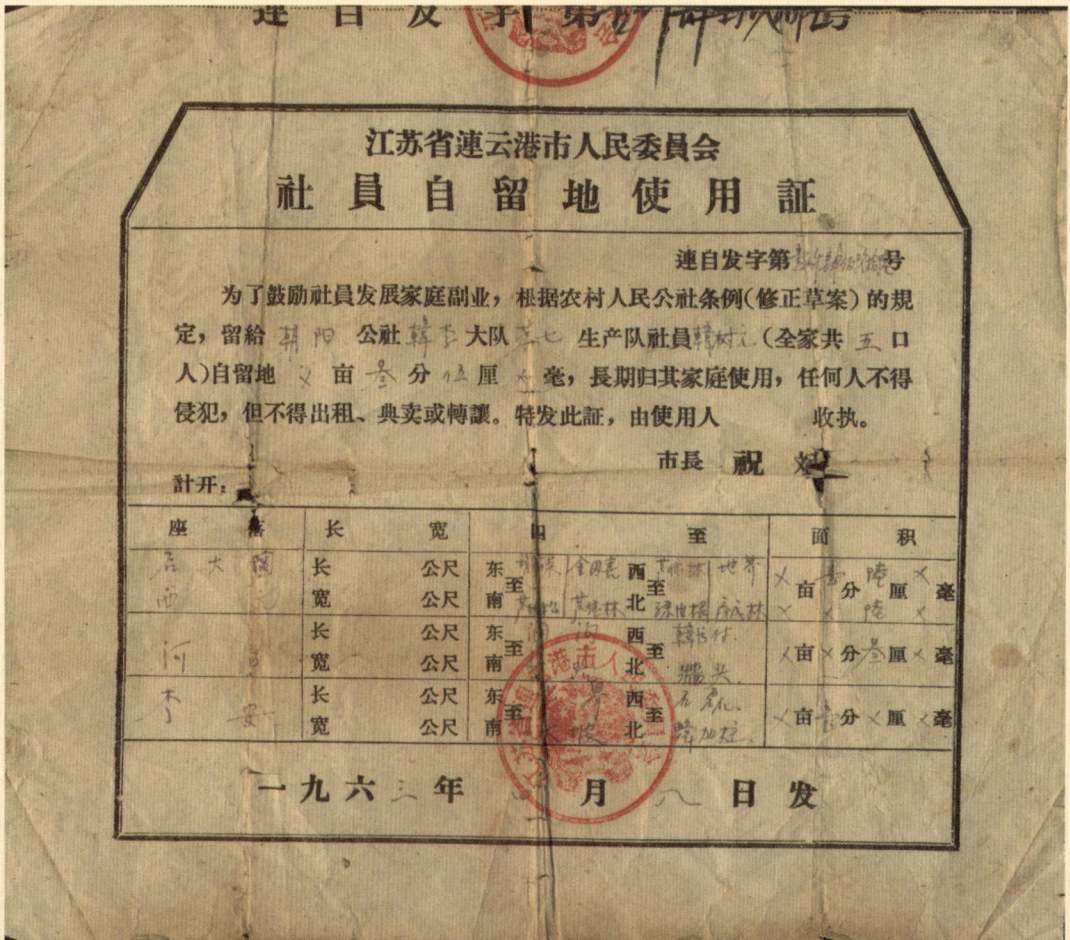

1963年连云港市人民委员会朝阳公社社员自留地使用证

邮传部交通传习所文凭

保管单位： 连云港市档案馆

内容及评价：

　　清宣统元年（1909）邮传部尚书徐世昌提倡路政，培育铁路管理人才，并上书清廷设立铁路管理传习所。宣统二年（1910），为加强邮电事业，铁路管理传习所增设邮电班，并更名为交通传习所，它是中国第一所专门培养铁路和电信管理人才的高等学校，是中国近代铁路管理、电信教育的发祥地。连云港市档案馆馆藏的两件交通传习所文凭档案，分别为宣统二年（1910）姚寿来修业文凭和宣统三年（1911）姚寿来毕业文凭。该档案是学生在交通传习所学习的原始凭证，记载了学生学习的学科、分数、等次及年龄、家庭等情况，较为直观地反映了学校课程设置、学生评价体系等情况，对研究交通传习所的历史具有较高的史料价值。

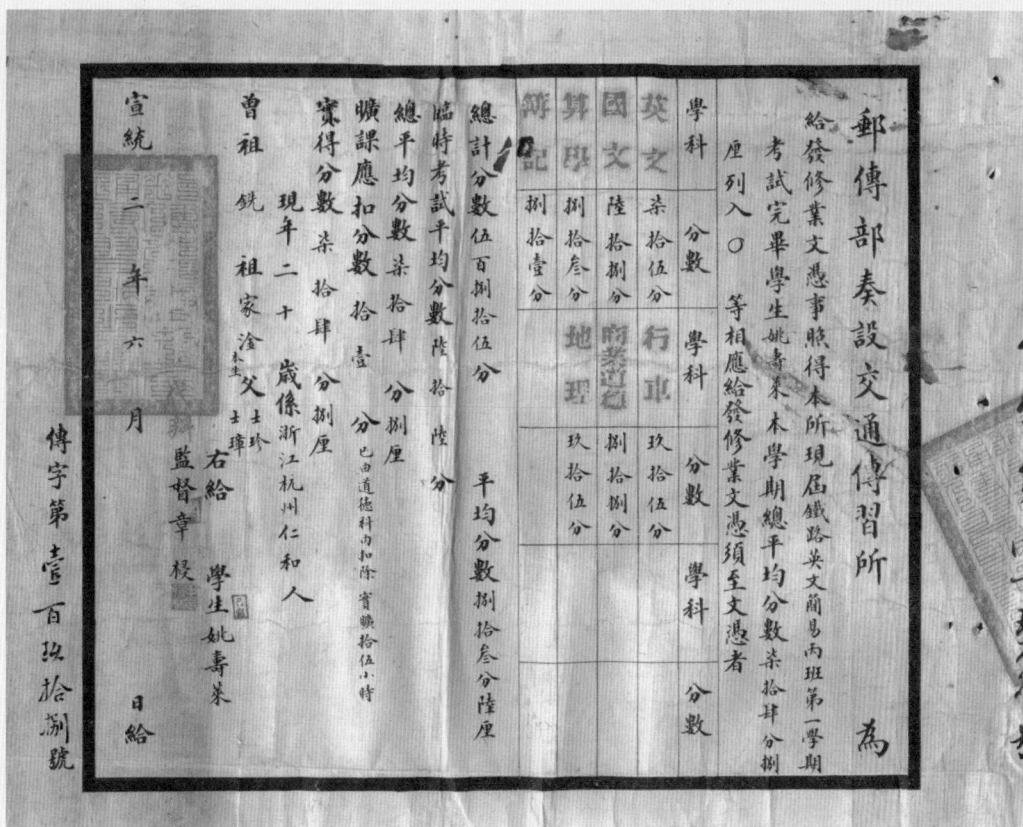

宣统二年（1910）邮传部交通传习所姚寿来修业文凭

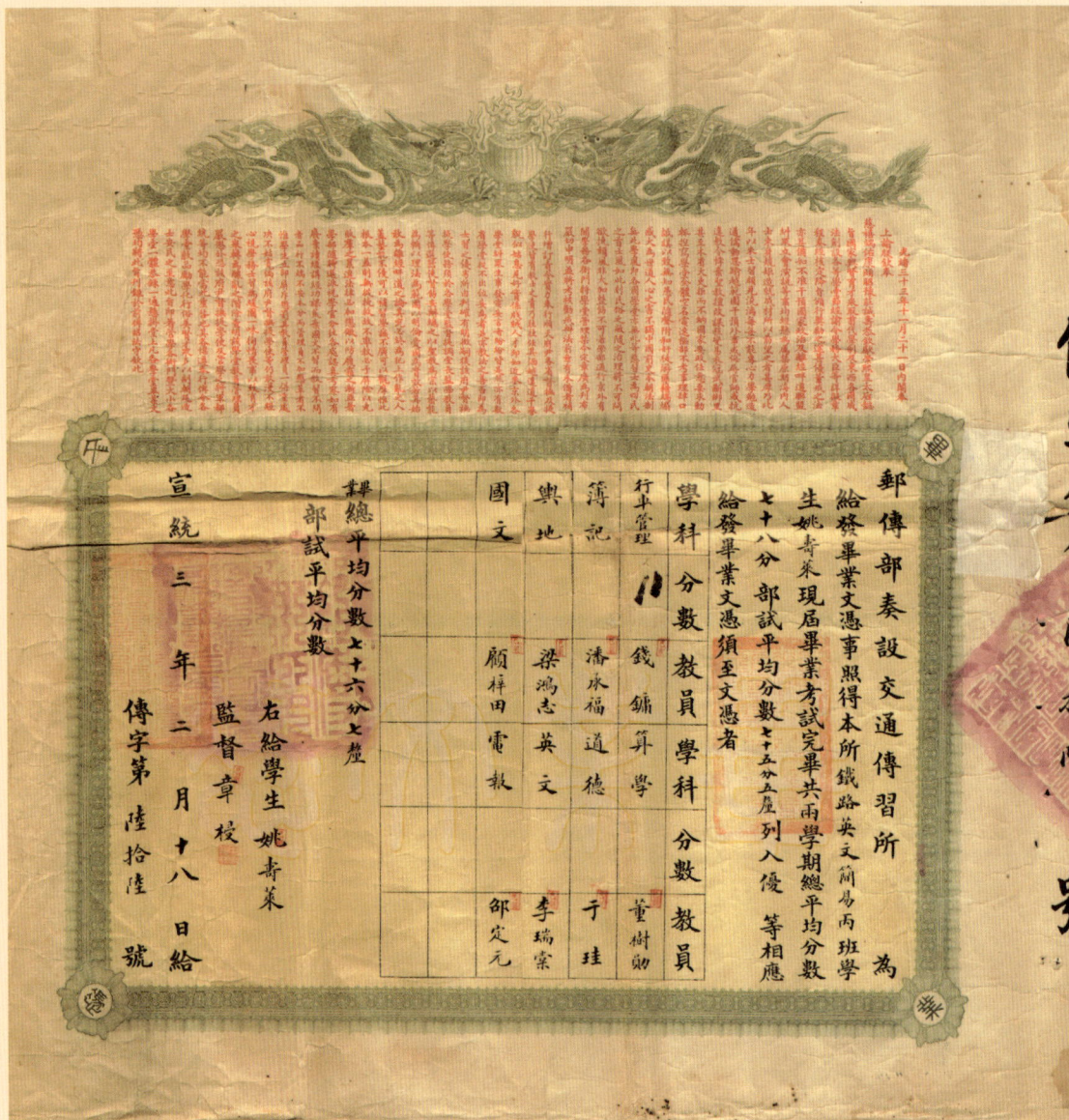

郵傳部奏設交通傳習所為
給發畢業文憑事照得本所鐵路英文簡易丙班學
生姚壽來現屆畢業考試完畢共兩學期總平均分數
七十八分 部試平均分數七十五分五厘 列入優 等相應
給發畢業文憑須至文憑者

學科	分數	教員	學科	分數	教員
國文			顧梓田 電教		部定元
興地			梁鴻志 英文		李瑞棠
簿記			潘承福 道德		于珪
行車管理			錢鏞 算學		董樹勛

總平均分數七十六分七厘
部試平均分數

右給學生 姚壽來
監督章校

宣統三年二月十八日給
傳字第陸拾陸號

宣统三年（1911）邮传部交通传习所姚寿来毕业文凭

江蘇省行政公署任命狀 第弍百五十三號

任命劉振鵬爲贛榆縣縣視學此狀

中華民國三年二月二十六日

江蘇民政長韓國鈞

世界红卍字会新浦分会档案

保管单位： 连云港市档案馆

内容及评价：

连云港市档案馆馆藏的世界红卍字会新浦分会档案共有48卷，起止时间为1905至1949年，主要包括世界红卍字会及有关地方分会成立文书、章程和新浦分会会章、会议记录、赈灾救济方案、会员证、任职书、会员名册及有关书籍等。新浦红卍字分会成立后，开展了形式多样的慈善救济活动，一定程度上减轻了包括海属地区在内的苏北民众的疾苦。该档案是研究世界红卍字会历史和赈灾救济的原始资料，同时也可以为发展民间慈善事业提供借鉴。

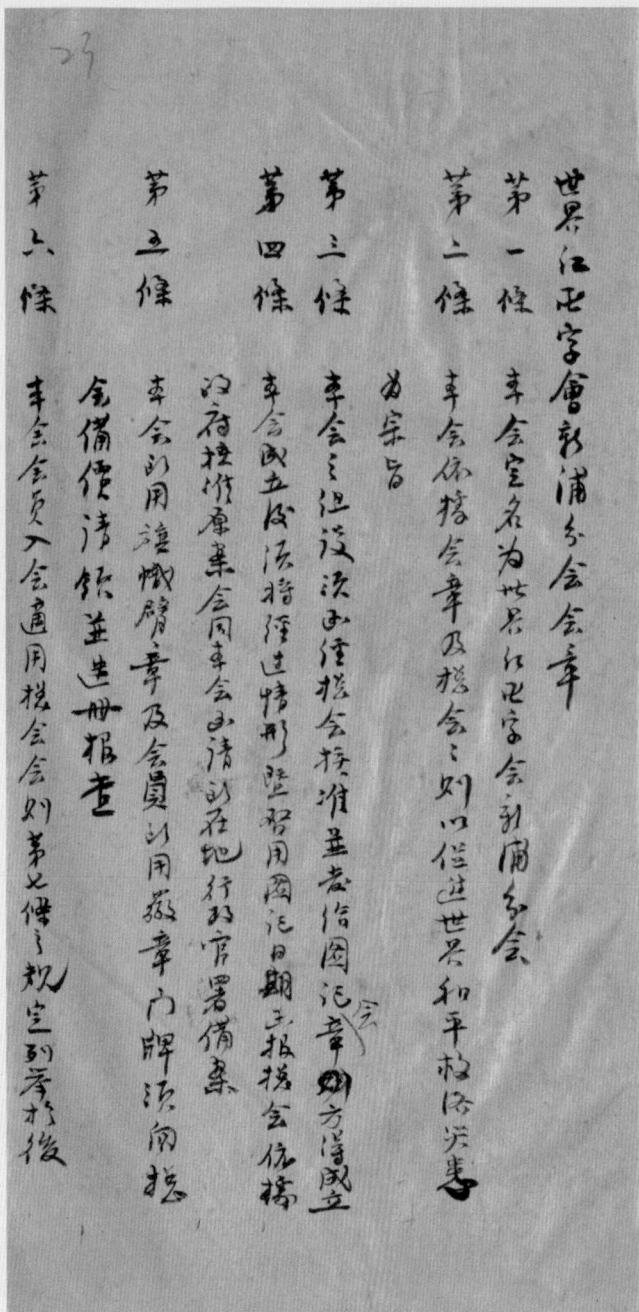

世界红卍字会新浦分会会章

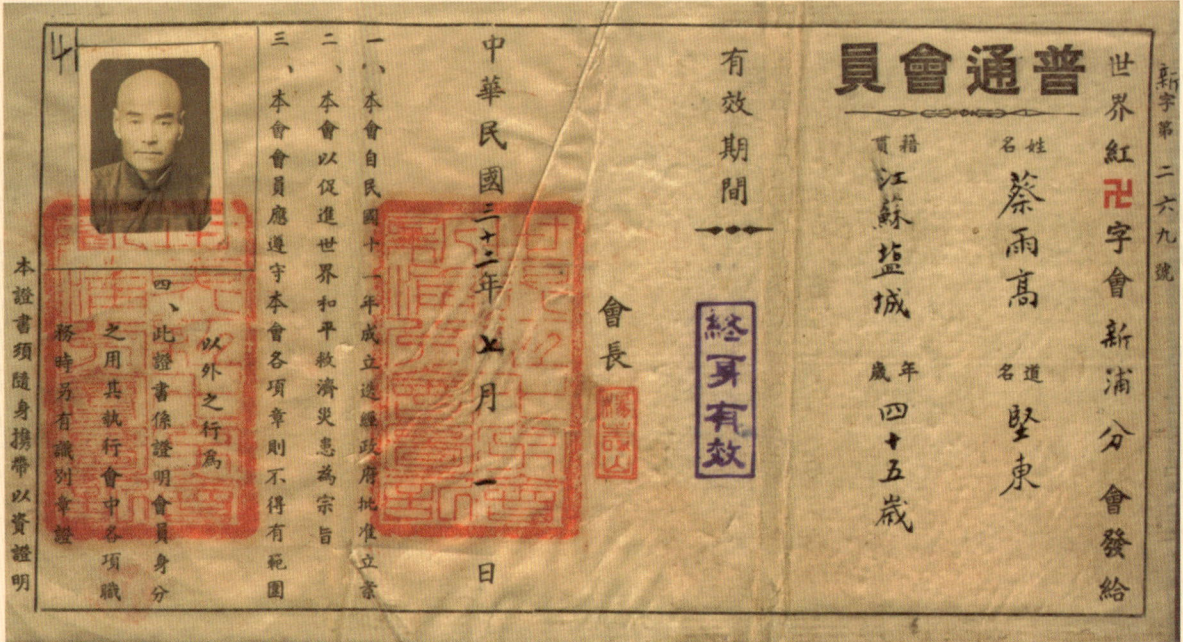

1943年世界红卍字会新浦分会颁发给蔡雨高的会员证

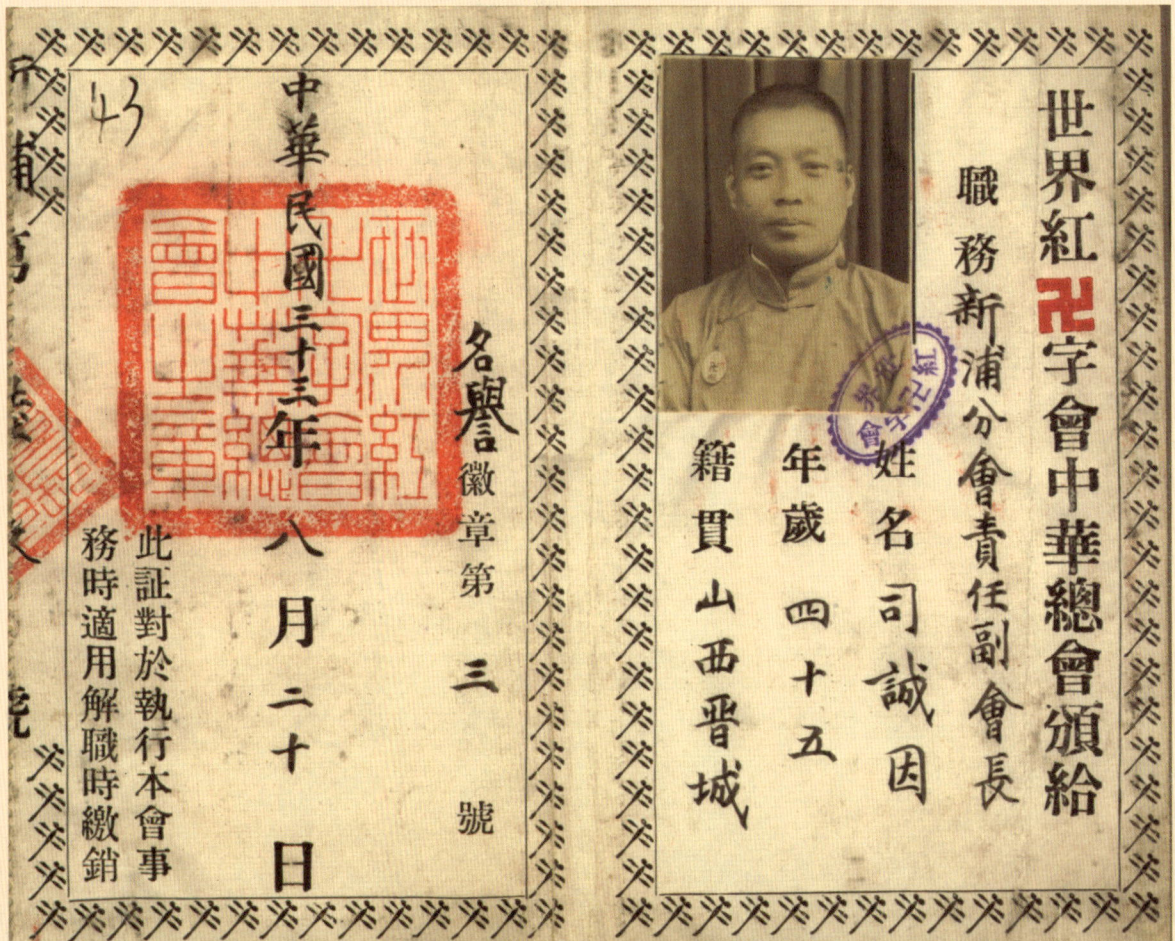

1944年世界红卍字会中华总会颁发给司诚因的新浦分会责任副会长任职证书

世界紅卍字會新浦分會職員會員姓名年齡籍貫入會年月職業住址表冊

會職	姓名	年齡	籍貫	入會年月	職業	住址	備考
理事長	劉香亭	五九	河北青縣	二十二年七月	醫業	新浦東鯨外	就尾鎮十一間一户
常務理事	雷鶴亭	六二	河南汲縣	二十二年七月	鹽公棧經理	新浦東大街	勝利鎮五間十九户
常務理事	周惠之	五九	江蘇東海	二十四年六月	商業	新市街東首	徽河鎮二十一間三十四户
理事	錢仁山	六八	江蘇揚州	二十三年四月	醫藥經理	新浦中大街	利民鎮七間二十户
理事	趙瀚如	七四	江蘇東海	二十二年八月	學界	新浦趙巷	利民鎮五間二十九户
常務監事	朱淦泉	五八	江蘇東海	二十二年七月	商業	東海城内西街	
監事	楊少臣	六四	江蘇東海	二十二年七月	商業	新浦後街大巷	和平鎮二間十七户
監事	劉峻峰	五〇	江蘇東海	二十二年七月	商業	新浦東大巷	東池鎮七間二十六户

红卍字会新浦分会职员会员表册

第一次會議
時間 民國三十五年二月二十五日下午二時
地點 本會
出席者
李長貫到 陳啟明 郭 劉潤生
李蔭西到 王老海 徐明山
司少珍 雷鶴亭 許掌祺
張玉館 書庚三 倪明甫

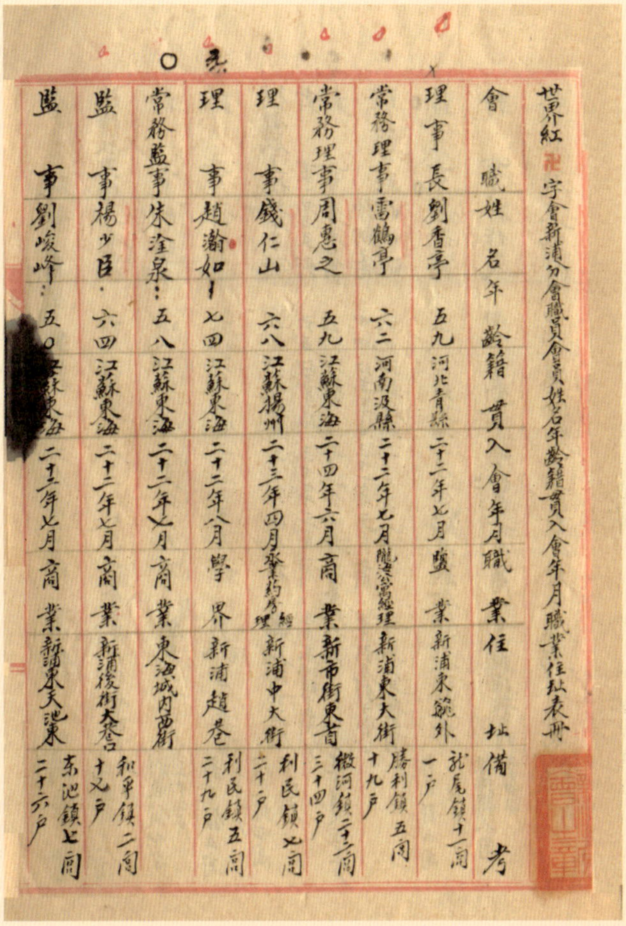

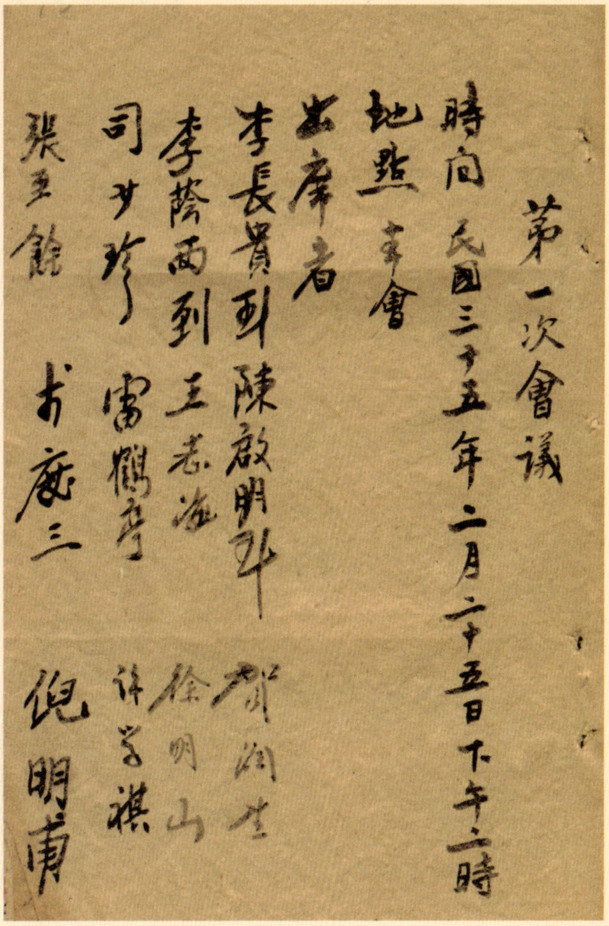

1946年红卍字会新浦分会第一次会议记录

红卍字会新浦分会保存的1946年铜山水灾照片救助现场

淮盐档案

保管单位： 连云港市档案馆

内容及评价：

淮盐档案共1326卷，起止时间为1910至1949年，主要是民国时期驻江苏灌云板浦镇的两淮盐运使公署、两淮盐务管理局及其下属公司、盐场形成的文书档案、科技档案和会计档案，系统反映了苏北沿海地区盐务管理机构的历史变迁，所属盐场、工场、分局、公司的成立时间、地理位置、灶民人口、盐场建设，以及制盐许可、制盐工艺、盐质检验、运输销售、查验缉私等盐业生产和管理的全过程。该档案内容丰富，保存完好，具有鲜明的地域特色，是研究中国盐业发展史的重要史料，被列入《江苏省珍贵档案文献名录》。

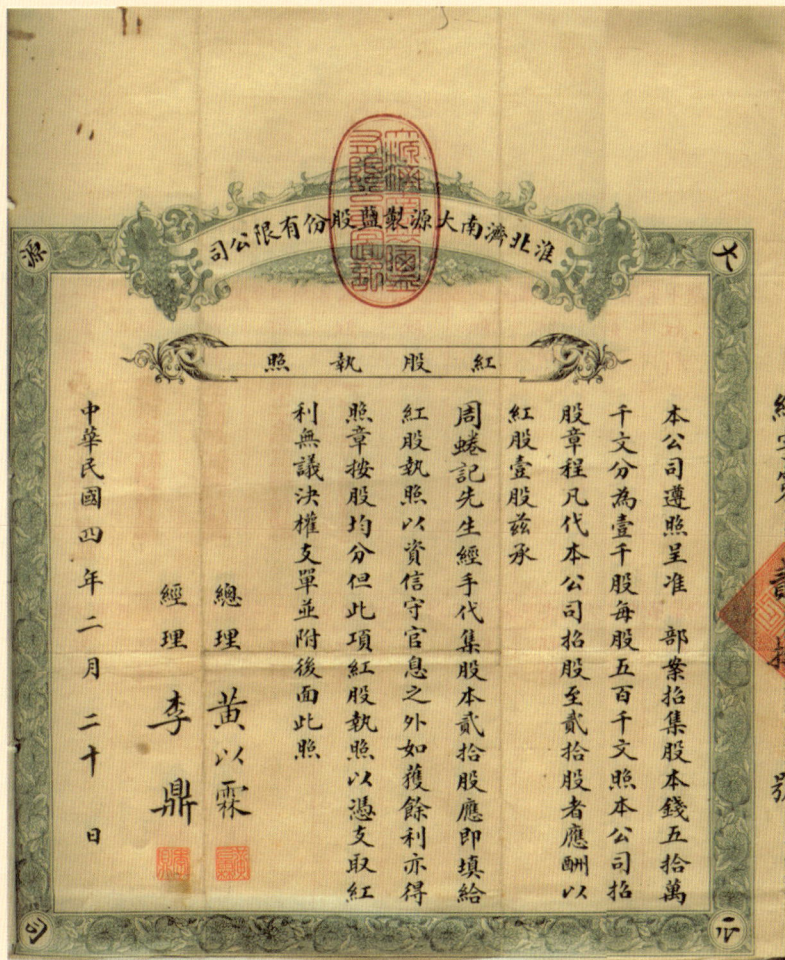

1915年淮北济南大源制盐股份有限公司红股执照

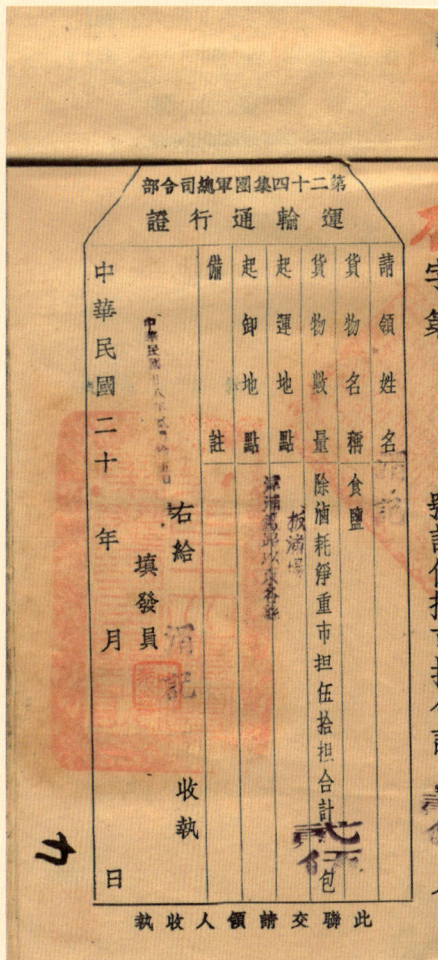

1931年第二十四集团军总司令部运盐通行证

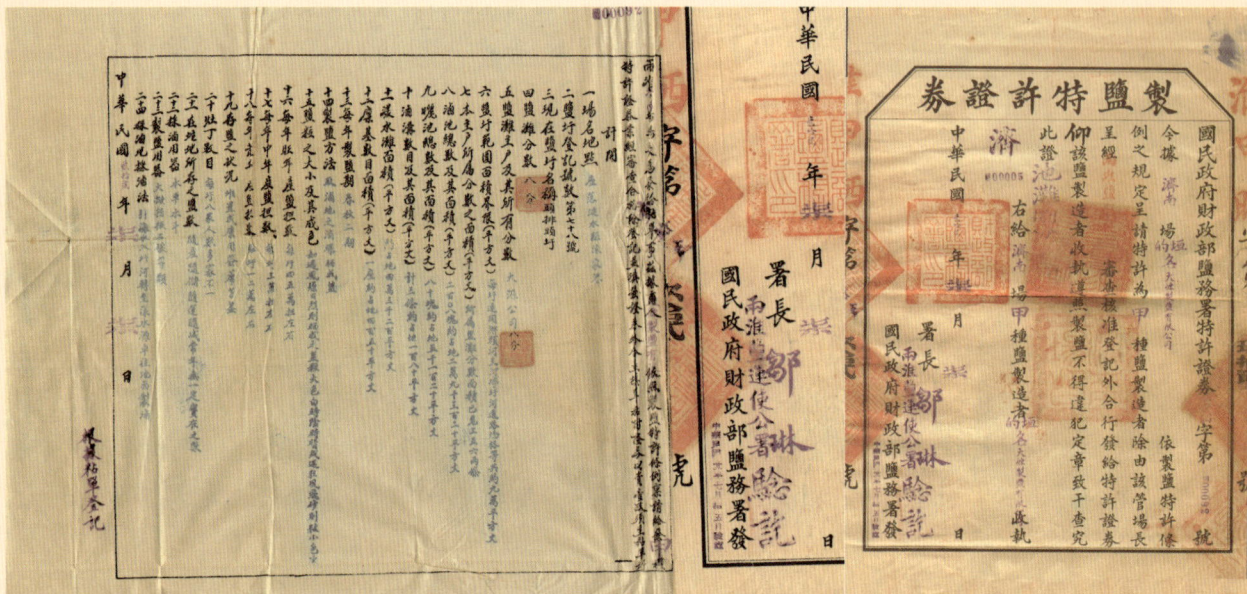

1933年财政部盐务署发给大源制盐有限公司制盐特许证券

1935年济南场大德制盐股份有限公司股票

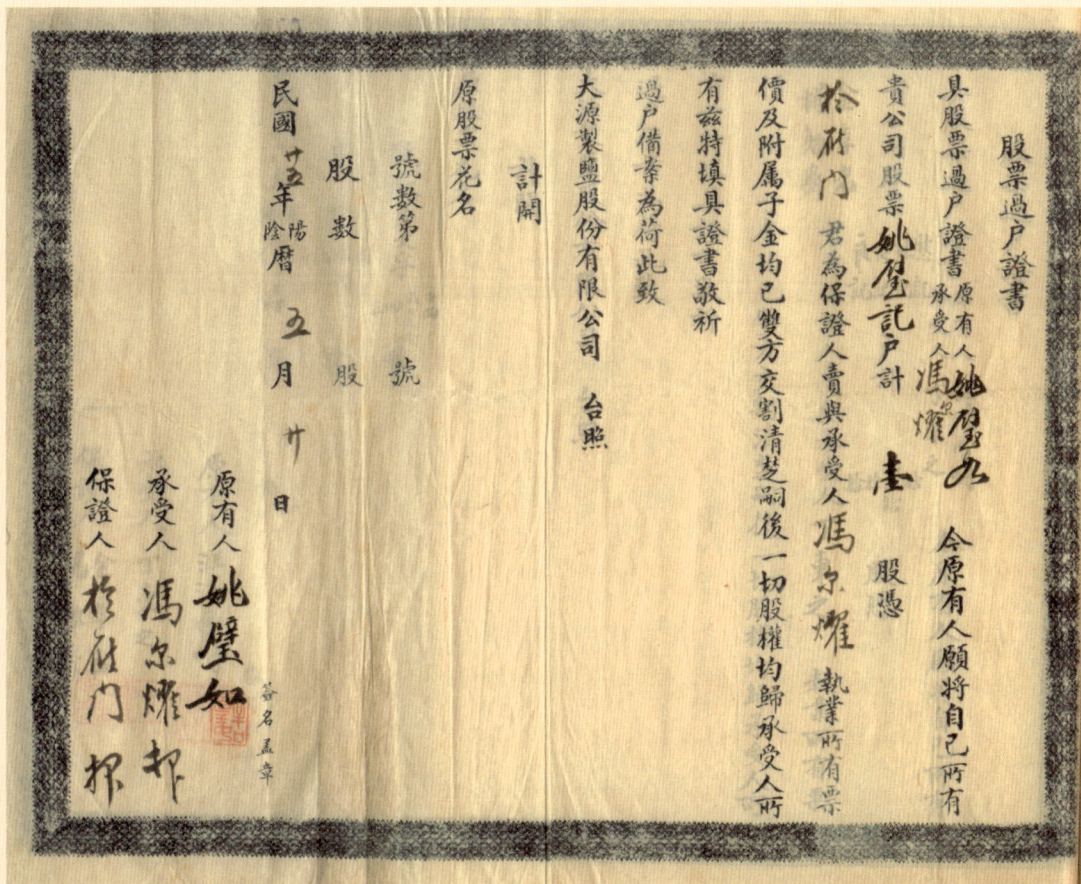

股票過戶證書

具股票過戶證書原有人姚璧如 承受人馮東耀 今原有人願將自己所有

貴公司股票姚璧記戶計 馮東耀 臺 股憑

於本月 君為保證人賣與承受人馮東耀 執業所有票

價及附屬子金均已雙方交割清楚嗣後一切股權均歸承受人所

有茲特填具證書敬祈

過戶備案為荷此致

大源製鹽股份有限公司 台照

計開

原股票花名

號數第 號

股數 股

民國廿五年陽曆 五月 廿 日

原有人 姚璧如 （簽名蓋章）

承受人 馮東耀 邦

保證人 栢雁門 邦

1936年股票过户证书

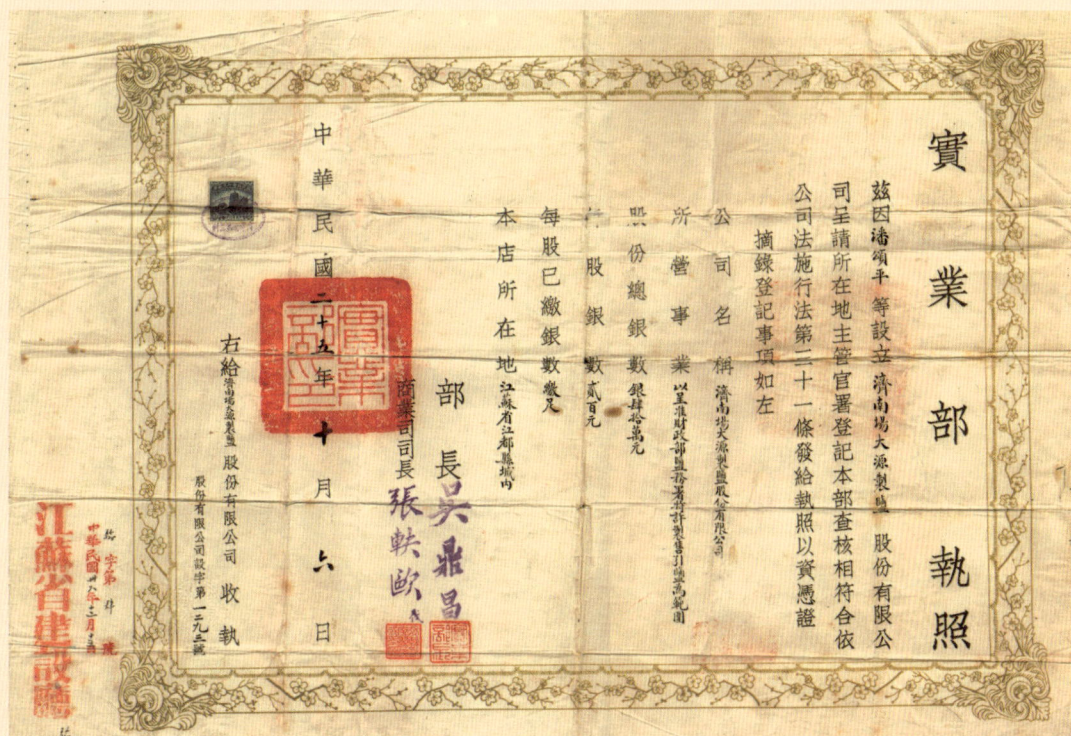

實業部執照

茲因潘頌平等設立濟南場大源製鹽股份有限公
司呈請所在地主管官署登記本部查核相符合依
公司法施行法第二十一條發給執照以資憑證
摘錄登記事項如左

公司名稱 濟南場大源製鹽股份有限公司

所營事業 以鹽務財政部所指定區域為範圍

照份總銀數 銀捌拾萬元

每股銀數 銀貳百元

每股已繳銀數 銀貳百元

本店所在地 江蘇省江都縣城內

中華民國二十五年十月六日

商業司司長 張軼歐

部長 吳鼎昌

江蘇省建設廳

1936年实业部发给济南场大源制盐股份有限公司执照

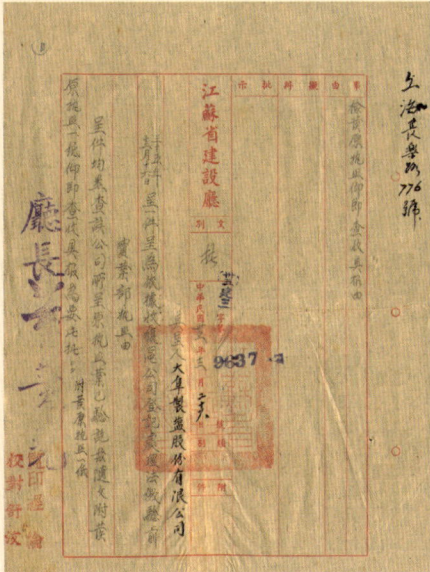

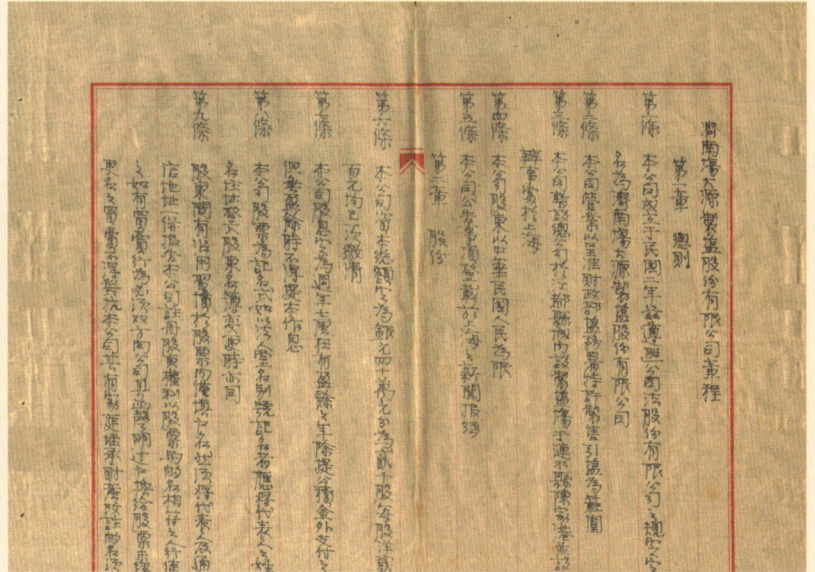

1946年大阜制盐股份有限公司执照查验 济南场大源制盐股份有限公司章程
文书

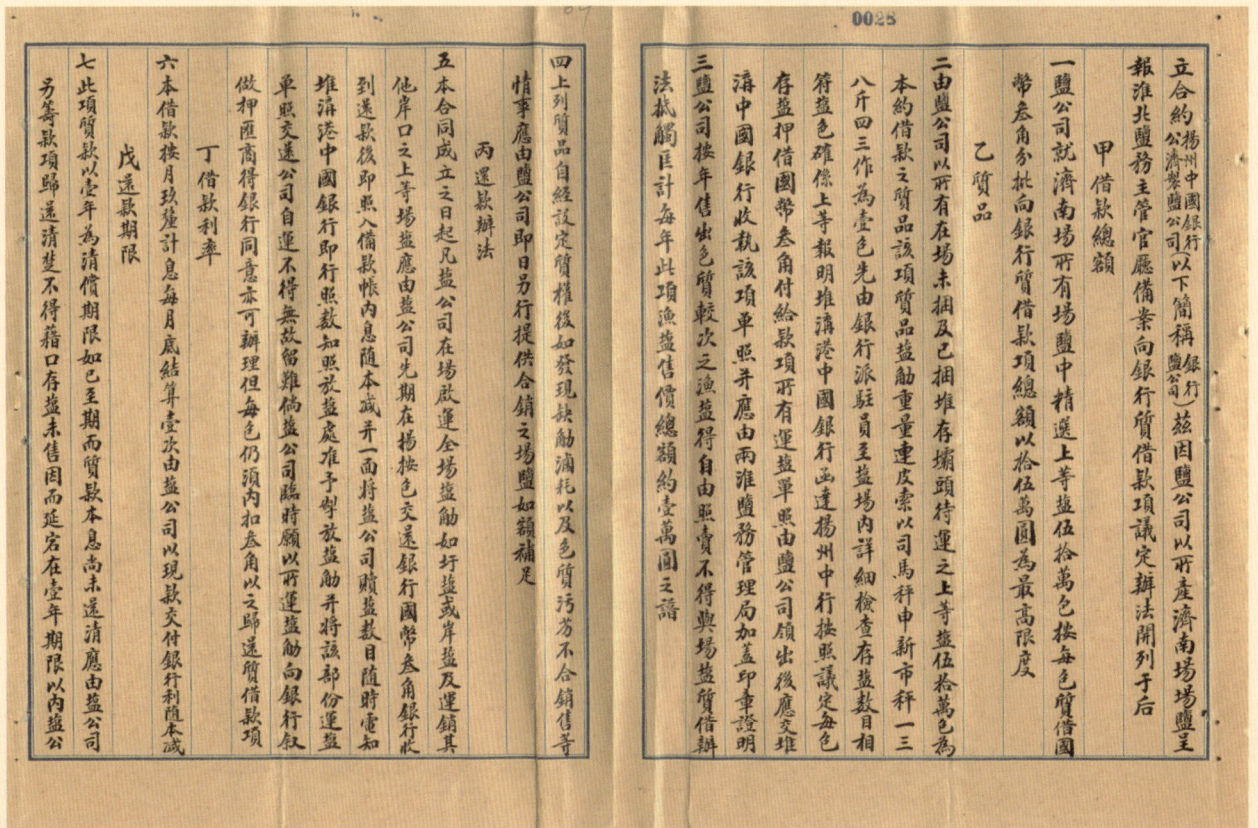

公济制盐公司借款条约

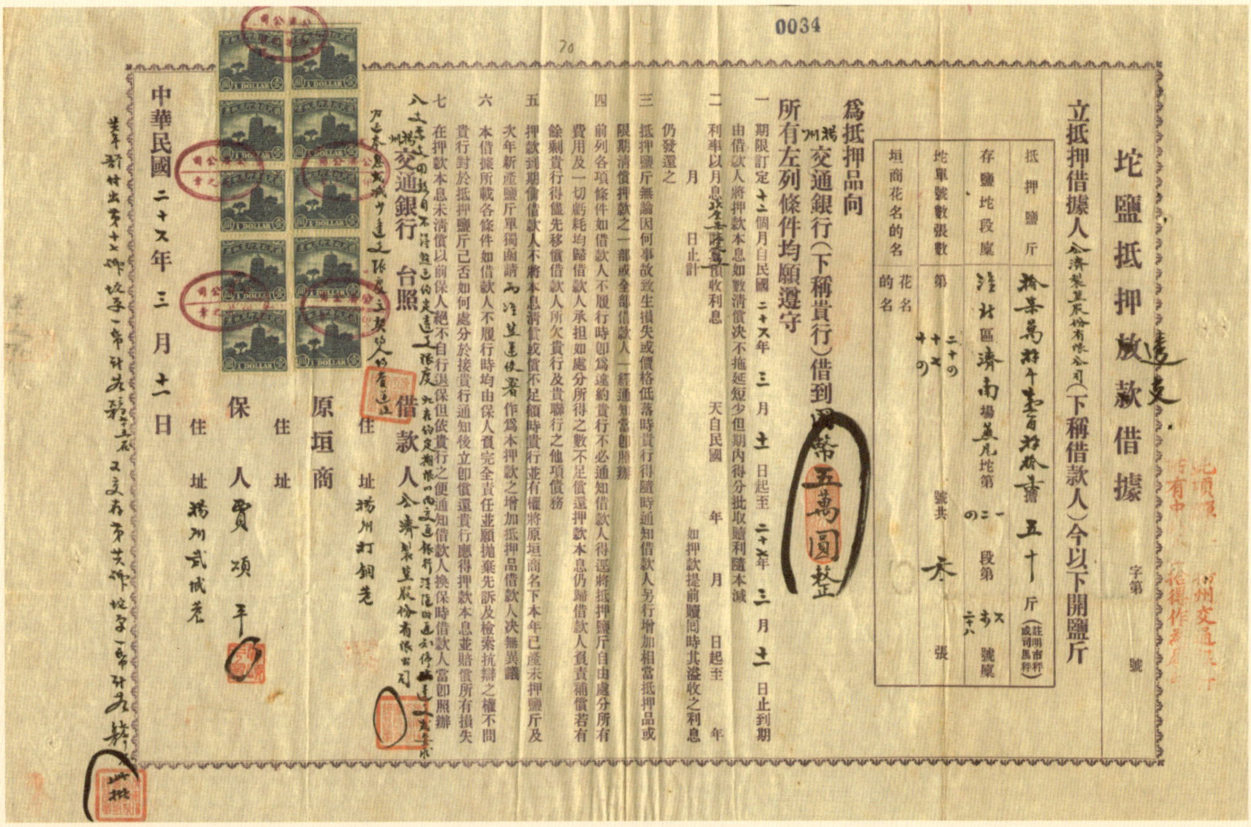

1940年坨盐抵押透支借据

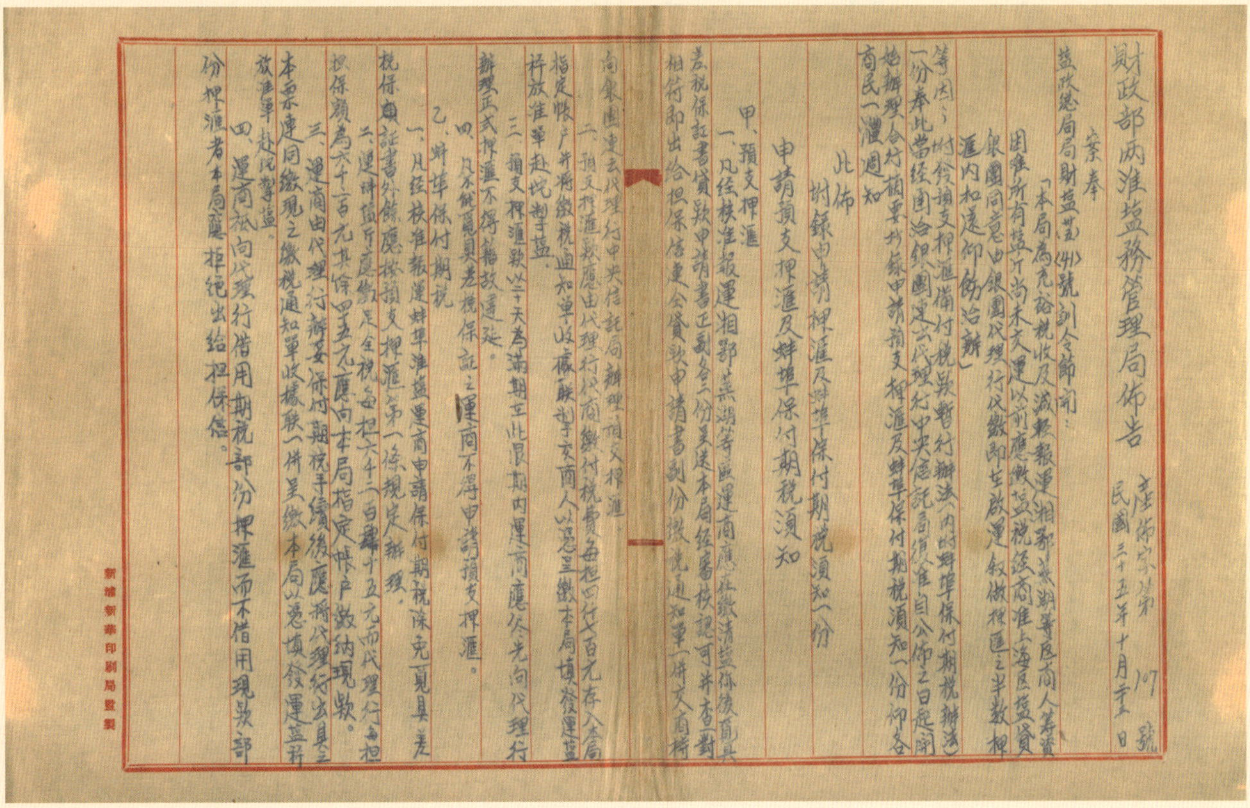

1946年两淮盐务管理局布告

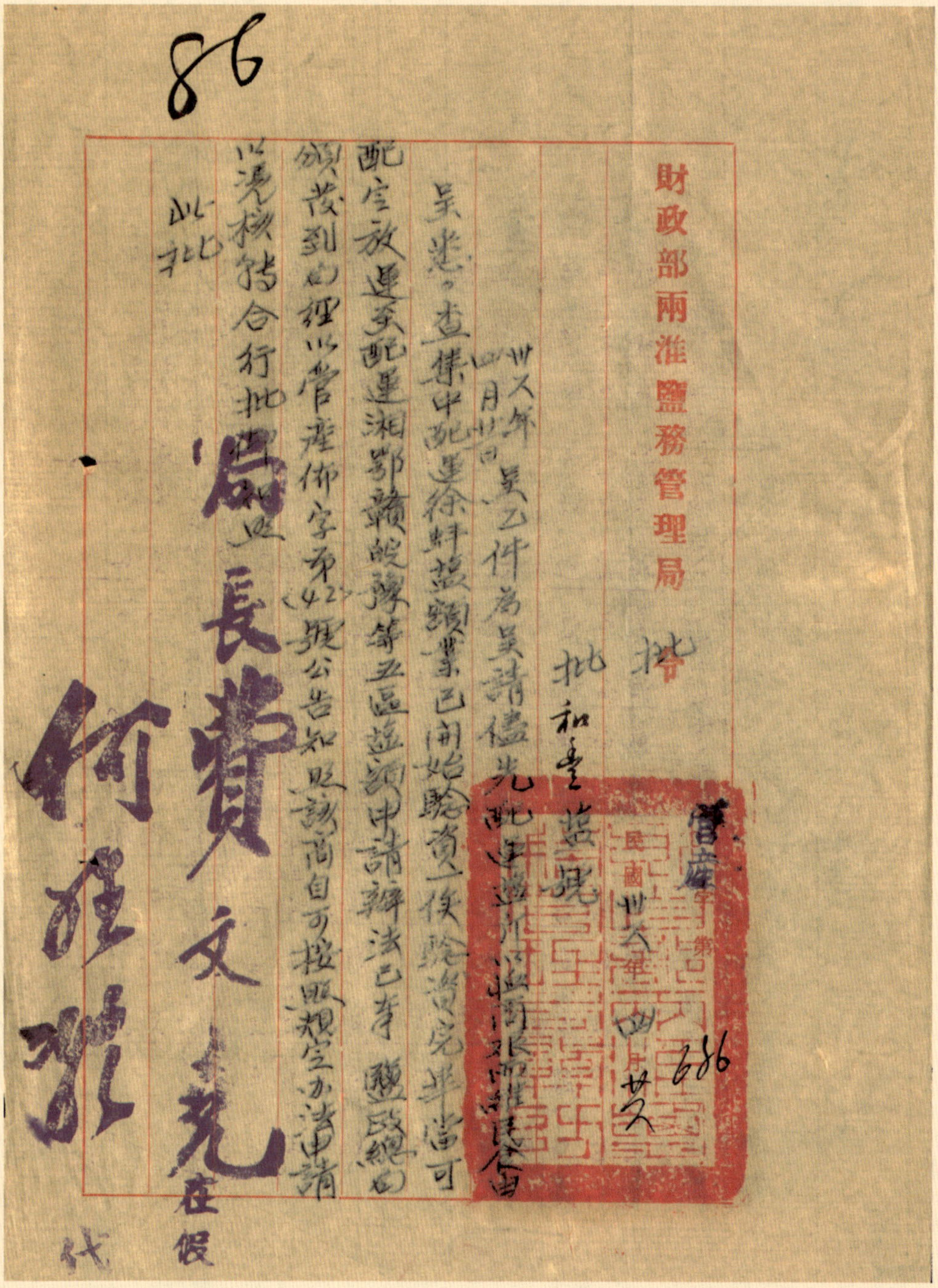
86

財政部兩淮鹽務管理局 批

管產字第686號
民國卅六年四月廿六日

批 和豐鹽號

卅六年四月廿日呈乙件為呈請儘先配運鹽斤以維商業由

呈悉。查集中配運徐蚌蕪鎮業已開始驗資，俟驗資完畢當可配定放運。至配運湘鄂贛皖豫等五區鹽額申請辦法已奉鹽政總局頒發到局，經以管產佈字第(42)號公告知照，該商自可按照規定辦法申請，以憑核辦。合行批知照。此批。

局長 費文光 在假

何維凝 代

1947年两淮盐务管理局令

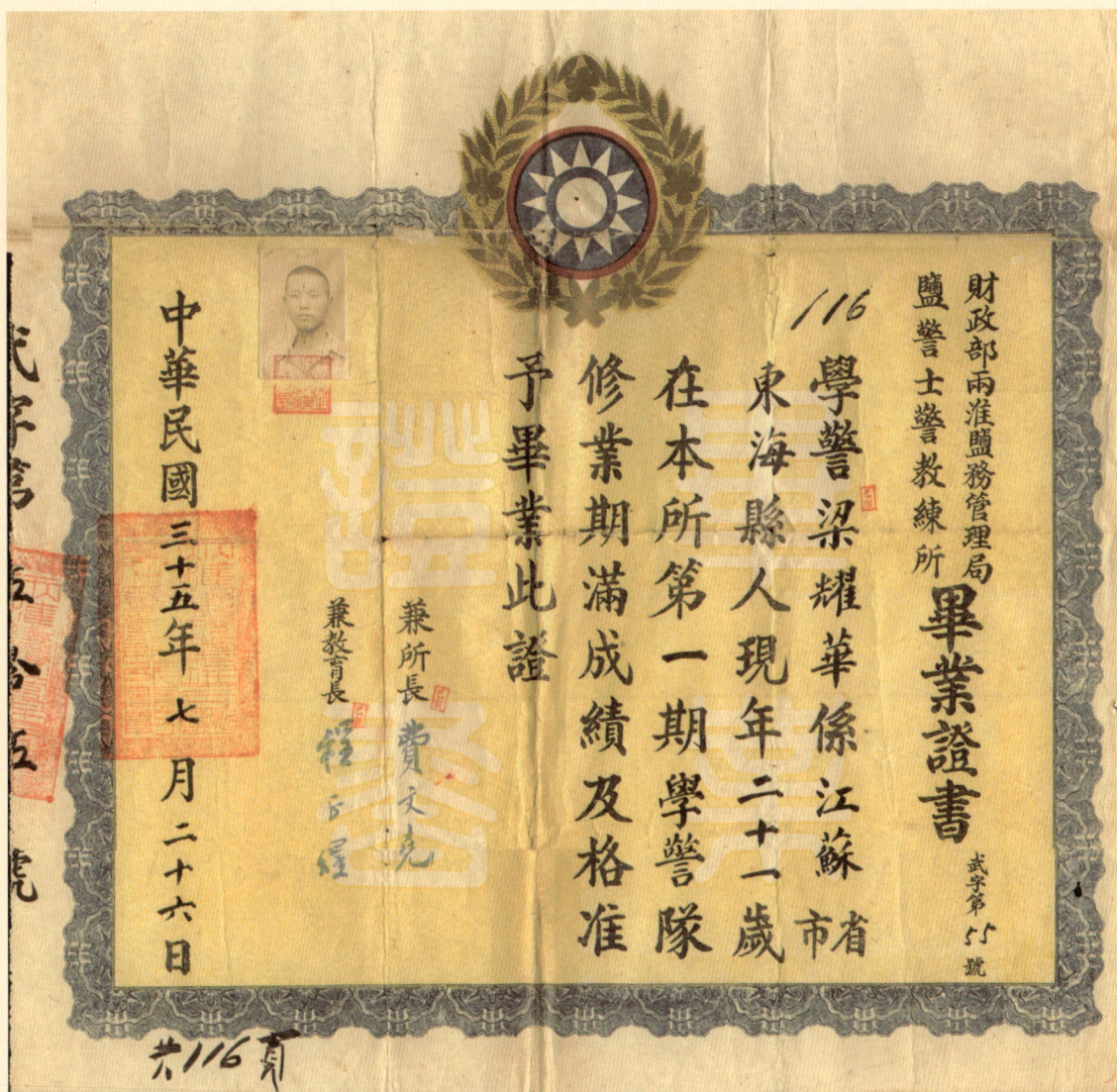

財政部兩淮鹽務管理局
鹽警士警教練所 畢業證書

武字第 55 號

116

學警梁耀華係江蘇省
東海縣人現年二十一歲
在本所第一期學警隊
修業期滿成績及格准
予畢業此證

兼教育長 程百程
兼所長 費亢流

中華民國三十五年七月二十六日

民字第 五 務 五 號

共116頁

1946年财政部两淮盐务管理局盐警士警教练所毕业证书

盐务署全体职员合影

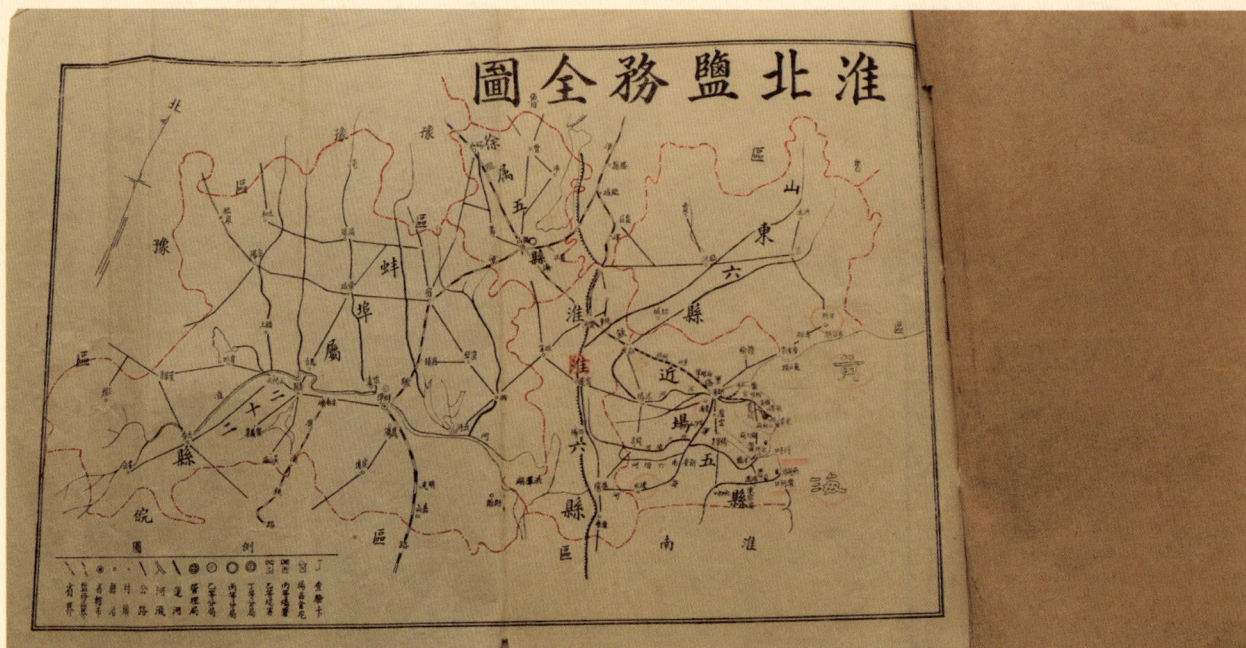

淮北盐务全图

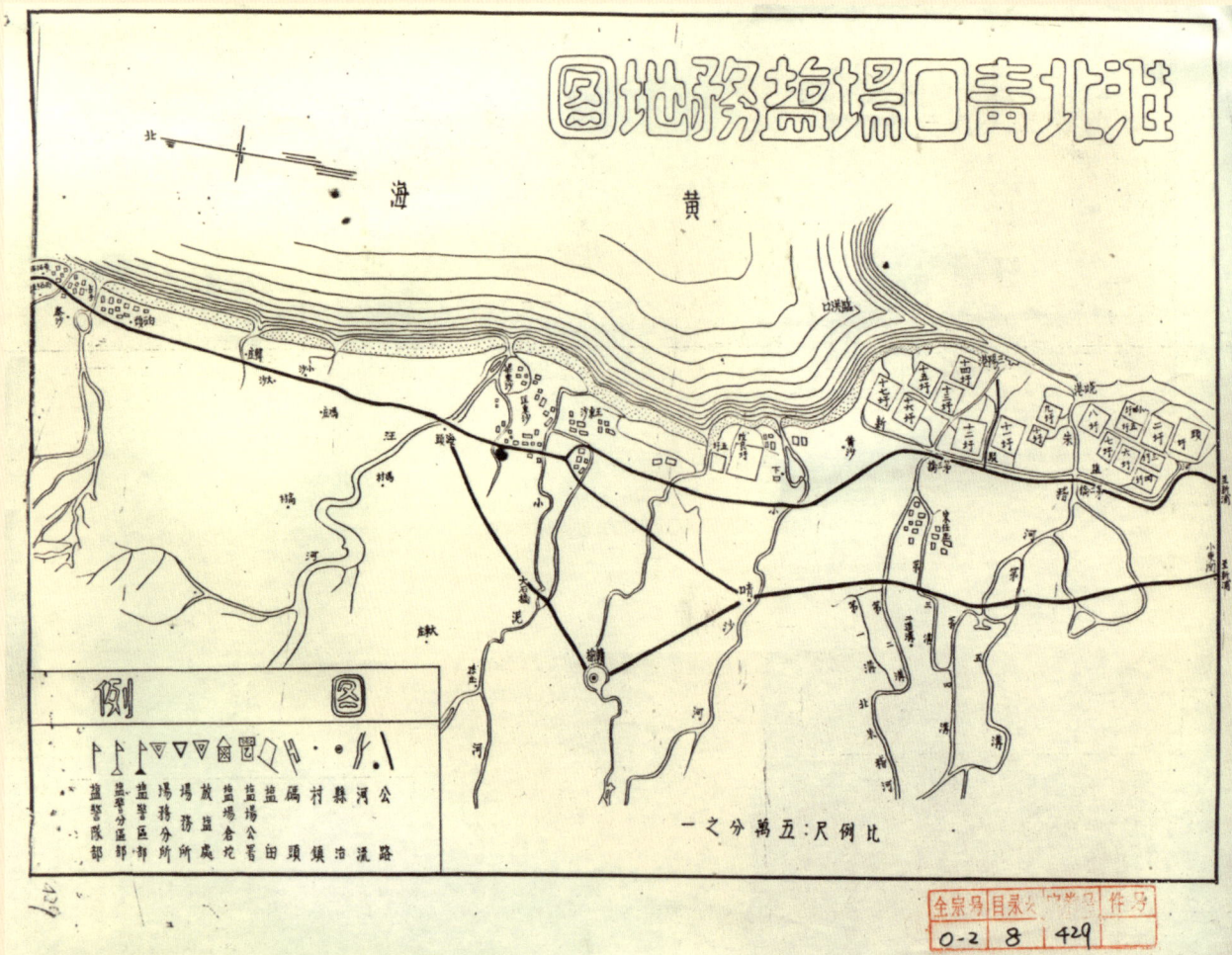

淮北青口场盐务地图

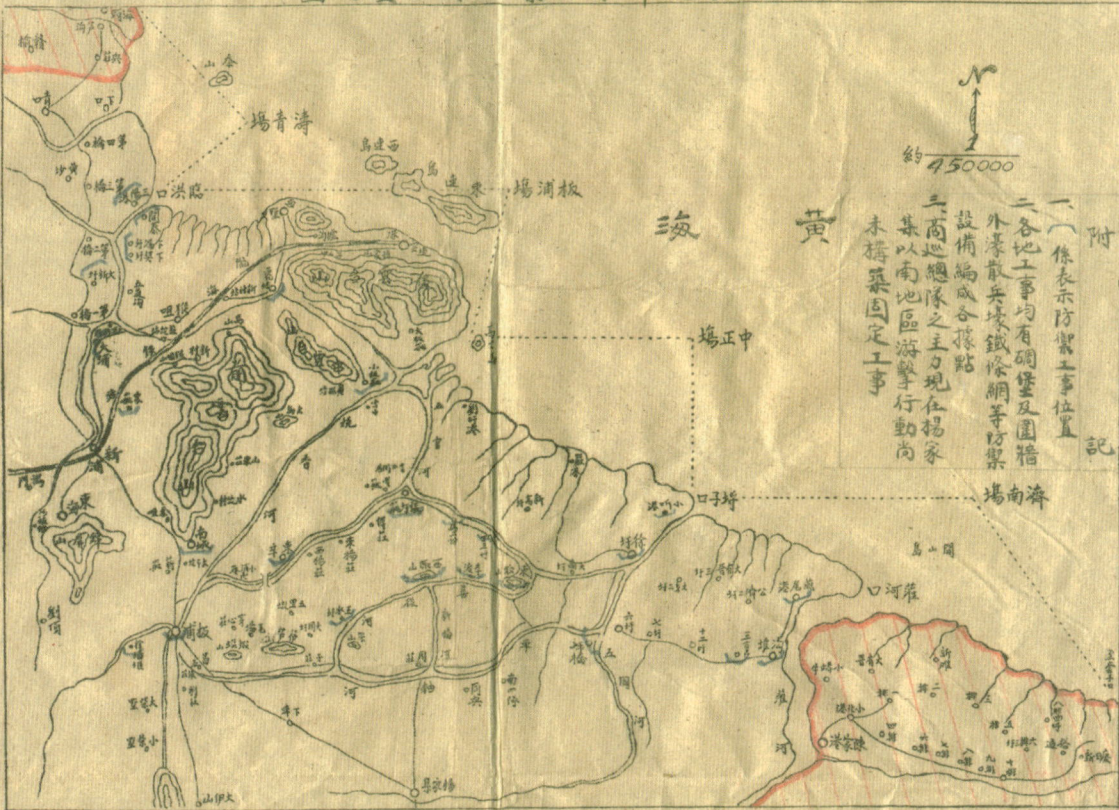

两淮区警巡部队防御工事位置略图

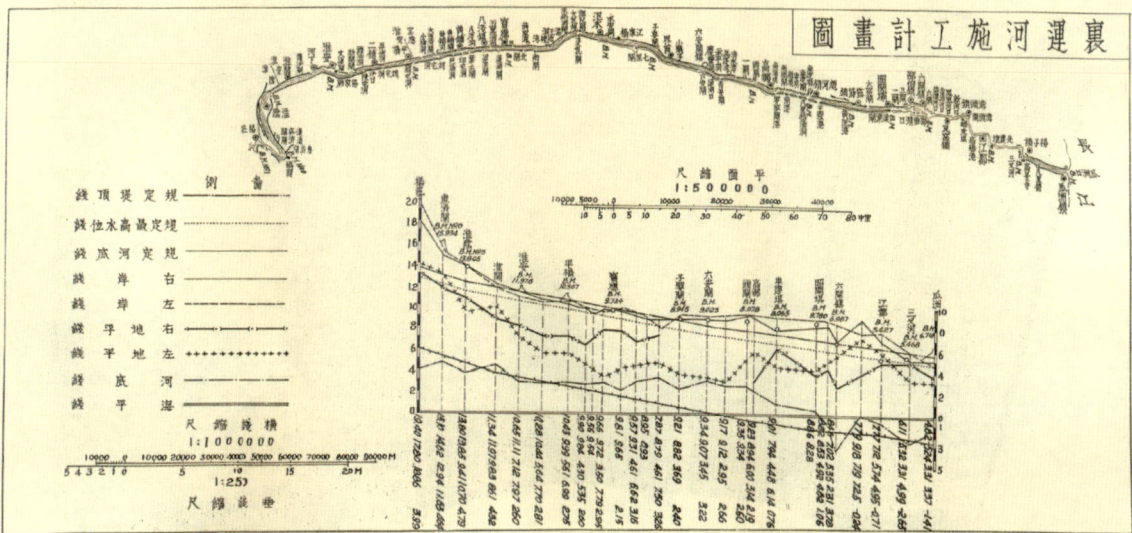

里运河施工计划图

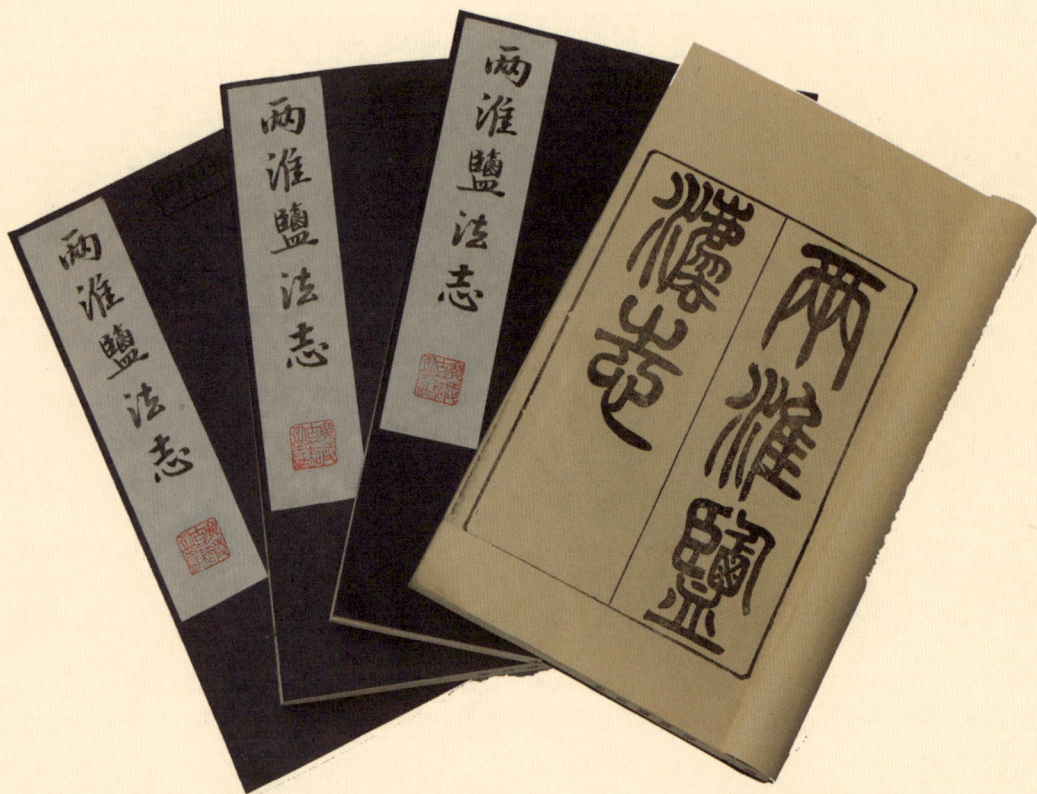

两淮盐法志

淮北票盐志略

全文:

济南场大源制盐股份有限公司章程

第一章　总则

第一条　本公司成立于民国二年兹遵照公司法股份有限公司之规定定名为济南场大源制盐股份有限公司

第二条　本公司营业以呈准财政部盐务署特许制售引盐为范围

第三条　本公司暂设总公司于江都县城内设制盐场于涟水县陈家港并设办事处于上海

第四条　本公司股东以中华民国人民为限

第五条　本公司公告事项登载于上海之新闻报纸

第二章　股份

第六条　本公司资本总额定为银元四十万元分为贰千股每股洋贰百元均已一次缴清

第七条　本公司股息定为周年七厘在有盈余之年除提公积金外支付之，但无盈余时不得提本作息

第八条　本公司股票为记名式如以法人堂名别号记名者应将代表人的姓名住址登入股东名簿变更时亦同

第九条　股东间有沿用习惯于股票内仅填户名然须将代表人及通信地址一并报告本公司注册股东权利以股票与的名相符之人行使之如有买卖行为必须双方向公司具函声明过户换给股票未经更名之买卖不得对抗本公司其有家庭继承财产改注名须将股票送交公司验明方能照办

第十条　本公司股票之据押须由原股东及受据者双方具函声请本公司登记否则本公司不能承认质权

第十一条　股票字迹污毁本公司允为注销另据尚有遗失应由遗失人将股票号数及原户名报告本公司并在沪扬最通行之日报二种以上登载告白详细声明遗失缘由满壹个月邀同妥保具保证书经本公司认可方能补给

第十二条　股票附有息单于凭领息不作别用仅以息单为转获押借行为者无效但股票有押借行为则息单亦应随同转押以杜票两据之弊

第三章　股东会

第十三条　本公司股东会分常会及临时会两种常会于本公司会计年度结算后四个月内由董事会订期召集之临时会由董事会或监察人认为必要时或由股份总数二十份之一以上之股东请求董事会召集之

第十四条　股东常会之召集应于会期一个月前临时会召集应于十五日前将开会日期地址及事由公告之公告后至会期终了日止停止股票过户。

第十五条　股东于开会时因事不愿出席得具委托书委托其他股东代表不得委托非股东为代表

第十六条　本公司各股东每股有一表决权但一股东而有十一股以上者其十一股以上之表决权以八折计算其零数不足一权者不计但一股东之表决权连同代表其他股东之表决权合计不得超过全体股权五分之一

第十七条　股东会之议决应以股份总数过半数以上之出席以出席表决权过半数之同意行之但关于变更章程或增减资本之决议项遵照公司法第二百0三条之规定分别办理

第十八条　本公司每届会议应制成议决录由主席署名盖章后连同出席签到簿代表出席委托书一并保存于公司内

第十九条　股东会主席由董事长任之

第四章　职员

第二十条　本公司设董事十一人监察二人由股东会就股东中选任之凡属本公司股东均有被选为董事或监察人之资格

第二十一条　董事任期三年监察人任期一年均得连选连任

第二十二条　董事十一人中互推董事长一人副董事长一人常务董事三人董事长副董事长对外代表公司对内处理公司日常事务常务董事三人协助董事长副董事长管理公司日常事务

第二十三条　董事会之决议以董事过半数以上之出席出席董事过半半数以上之同意行之

第二十四　本公司设总经理一人协理一人共同管理公司一切业务由董事会聘任其他职员概由总经理任免之但遇有重要业务总经理应秉承董事会之意旨办理

第五章　会计

第二十五条　本公司每年一月至十二月为会计年度并以会计年度终了时为决算之期应由董事会造具左列各项表册交监察人查核后提交股东会请求承认

（一）营业报告书

（二）资产负债表

（三）财产目录

（四）损益计算书

（五）公积金及股息红利分派之议案

财政部两淮盐务管理局布告

产布字第95号

查本区年内运济外区盐额前订定登记分配暂行办法并规定各商申请登记限期业经以产布字第（79）号布告周知嗣以湖北盐务办事处亦经办理配运事宜奉。

运事宜奉

财政部盐政总局电伤将本区办理登记情形光行呈报等因下局遵经呈报各在案兹奉局产字第（197）号申啸暨局产（199）号申哿两电各开：

兹决定办法如下：（1）本案如念鄂存减少此次情形特殊准予特别放宽照六个月运额为此次配运标准惟将来各商如以运多销滞不得请求公家救济盐贷到期并应照额清偿不得籍词请求延展（2）鄂处已配各商淮盐（78）万担所收税费全部退还单照概作无效惟各商凡于九月十二日下午三时以前与轮船订约并将合约呈送瀍处验明属寔者仍准照额放盐，此种特准在港放盐各商仍一律向淮局缴税领照其余各家应交由淮局并同两淮已配各家遵照上列增订配额重行公平支配以示平允（3）连港存盐如不敷此次配运或有轮无盐及轮船湧到连港码头不敷停泊应准作为特案改赴青岛照连鲁盐补充于（50）万担范围内随到随放除分电外统仰遵照。

各等因：奉此；并准湖北盐务办事处电知各商所缴税费业已照退及上海盐务办事处将九月十二日以前与轮船公司订约之商号并轮船花名移送过局自应遵令办理查本区原定配额为（58）万担奉令增加鄂岸二个月额（16）万担豫西三个月额（15）万担总计（89）万担除遵照总局规定经瀘处验明轮船吨位属寔已准各商分别在连在青放运数外皖岸因报运者仅八家为免运额不足故登记最先两家各顶层（7000）担登记在后六家各配（6000）担其余运额（340000）担因鄂额仅敷配四家故阶乘 照配运鄂武穴四家外报运鄂盐各商均改配豫西俾资去边中足定额按照已向本局暨鄂岸处申请登记尚未领运各商（85）家平均分配每商各配（4000）以照公允兹为凡连放连起见特规定（1）配运各商按照登记光德以登记在前之五十七家光行改赴青岛领国、运鲁盐连同在青已放运额运足（50）万担其余三十六家容请亦后另案配盐起运（2）此次配盐各商应于三日内呈送印盐三份来局以冯存转（3）盐价冯本局通知单一律在青缴纳欤税部份得任商请求在青或在连照章缴纳（4）在连缴税日期自十月一日起至十月十日止至盐亦仍应于十月二十日以前在青缴清如在青缴税则应将税费盐亦统于十月二十日以前缴清分别雇轮启运逾期不缴即作放弃连额论由本局另行招商配运至在本区登记各商因外运盐额有限配额无多得优先报运本销徐蚌及豫东盐斤以资补偿以上各项除分行外合行将申请各商花名及配运担数列单布告仰各运商一体知照！

此布

附：配额清单一份

中国民国三十五年十月一日

华东区盐务管理局公告

查淮北盐区大德、大阜、大有晋、公济、大源等制盐公司的财产，前苏皖边区政府及参议会于一九四六年四月闻查系敌伪汉奸财产，公告予以没收现选据各公司陈 以其中向有部分财产系私人资本，特遵照约法八章原则，决定重新予以审查。凡系敌伪汉奸财产与目僚资本，一律仍予没收：凡系私人资本，应予查质后发还。兹规定淮北盐区大德、大阜、大有晋、公济、大源等制盐公司私人资本申请审查办法四项，登报公告，限于一个月内，前来本局办理登记申请手续，以便重新审查办理，逾期作废。仰各该公司及私人资本股东遵照办理，为妥，此告

兼局长　陈国栋

副局长　杜李　孙为生

附：淮北盐区大德大阜大有晋公济大源等制盐公司私人资本申请审查办法四项

一、淮北盐区大德大阜大有晋公济大源等制盐公司之私人资本股东申请审查者，须具备下列手续。

1. 取得现在住地或原籍市县以上人民政府之文件，证明其身份清白，如因特殊情况，一时无法取得者，准予具保，保证其过去并无反动行为，及其财产并非敌伪汉奸财产或官僚资本。

2. 缴验股票或缴纳股款收据及其他有关股权之取得或移转证明文件。

二、前项具保，应为两家以上之铺保，保证人之资本，并应超过各该被保股东之股本及其应得盈余二倍以上，嗣后如查觉所保不实，保证人应负司法和赔价责任。

三、各公司应将左列各项文卷帐册呈送本局审查。

1. 组织章程及设立注册证件。

2. 历届董事监事经协理及投东名册（应注明简历现在住址及通讯处）。

3. 历届董盐事及股东会议记录原本。

4. 经营方法及历次改组情况。

5. 历年营业帐册（明帐暗帐一律呈送）。

6. 历次调整与增资情况。（前后资金总额，新老股计算方法与比率股票存根及有关股权移转文卷）。

7. 抗战前至日伪时代，股权转变，改组，调整，增资情况以及当时董监事经协理股东名册，经营帐册等文卷均应有详细原本或说明。

四、凡属敌伪汉奸财产或官僚资本，不得化名逃避或冒名顶替，违者查明严惩。

抄济南场公济制盐公司快邮代电

上海市军管会财经委员会钧鉴窃商公司，于民国元年在江苏灌云县灌河以西铺设圩滩，经营制盐并装设大抽水机一部，以利生产建设，钢骨码头一座以利运输，利于国计民生会有相当贡献，去年十一月初，盐场解放之时商公司负责人受国民党反动政府迫令撤摊故蒙两淮盐务管理局代为管理，同时久大盐公司亦因负责人撤难而蒙两淮局代管，本年五月上海市解放商公司伏读人民政府布告约法八章，凡属民族酱之工商业咸受保护，爰于六月三十日及八月三十日将商公司股东名册等件呈送钧会工商处请求审查股东身份赐给证明并转知两淮局将代管盐场发远商公司具领在案并迳向两淮局请示发远手续承示应侯工商处审查呈报钧会核定等云最近两淮局孙杜两局长莅临商公司发远问题拟请钧会与孙杜两局长治商作一解决前阅报载久大盐公司已荷两淮局发远商公司久大情形相同拟应渥蒙早日发远俾得遵循人民政府指示发展生产以尽民族工业之天职理合抄呈前上工商处交稿二件敬听钧会鉴压批示祗遵是为至祈公济制盐公司叩申江 附文稿二件

济南场公济制盐股份有限公司

一九四九年六月三十日呈上海市工商处文留底

事由：为呈送股东名册等件请察核赐予转知两淮盐务管理局

暨淮北分局查照将代管盐场事务处远公司具令复业由

窃公司于民元集资在淮北济南场建设圩滩经营制盐对于国计民生会有相当贡献慨自日寇侵略暨国民党伪政府压迫十余年来如在水深火热之中兹幸人民解放军全国解放公司涸辙鲋得庆更生欢欣之情莫可名状伏读人民政府布告约法八章凡属民族工商业咸受保护公司系属民营酱应当遵从毛主席指示发展生产繁荣经济之原则努力生产完成民族工业之使命前当淮北盐场解放之时因公司之总公司设于上海彼时交通阻隔负责人员未能即时前往故盐场事务承人民政府淮北盐务管理局暂代管理兹者交通畅达公司除派员前往淮北请求管理局指导员领复业之手续外谨依照政府规定将公司股东姓名股数分类列具清册一本及制盐特许证券影片八件又登记执照影片一件随文送请。

多半处察核赐予转知而淮盐务管理局暨淮北分局查照将代管盐场事务处远具领复业不胜感谢谨呈

上海市军管会财经接管会工商处

附件

济南场公济公司呈

事由：

呈请迅赐审查公司股东身份并转知两淮盐务管理局将代管盐场发远公司具领复业由

谨呈者商公司于六月三十日将股东名册及公司登记执照影片暨制盐证券影片等呈请钧处审查后转知两淮盐务管理局将代管盐场发还复业在案并迭经商公司总经理亲赴钧处主管科坦白陈述公司组织情况，以资了解伏查商公司股东中仅有汉奸姊丁敬臣之少数股份及一小部分化名嫌疑股份又商公司董事长为陈蔼士但仅有极少数股份绝无官僚豪门化名股份此可负责保证者股东大部分为民族资本遵照人民政府之工商政策应在保护之列且政府正在号召人民从事生产事业不可观望勿前制盐事业为民生必需品之重要工业商公司原在政府领导下积极生产并努力扩展以期完成人民应尽之天职拟请钧察迅赐审查并转请两淮盐务管理局发还代管年轻场由商公司自行管理以符政府维护民营企业之政策至商公司中嫌疑股份拟可先行冻结不准过户及支取股利静待政府处置不胜感谢谨呈上海市军管财经拉管委员会工商处

具呈人 公济制盐股份有限公司
一九四九年八月三十日呈

盐商企业档案

保管单位：连云港市档案馆

内容及评价：

连云港沿海地区自古以来就是盐业生产重地，随之也带来了盐商企业的繁荣。连云港市档案馆馆藏的盐商企业档案共有150件，主要是民国时期盐商企业获得盐业销售、军事运输许可的文书，企业信函，企业之间的业务往来以及企业与银行间的贷款文书，包括衡孚盐业公司、中和盐业公司、安华盐号、王泰盐号、和丰盐号等文件、担保书、牌照等。该档案反映了民国时期连云港盐商企业的发展变化，为研究民国时期连云港的工商业发展提供了翔实的史料。

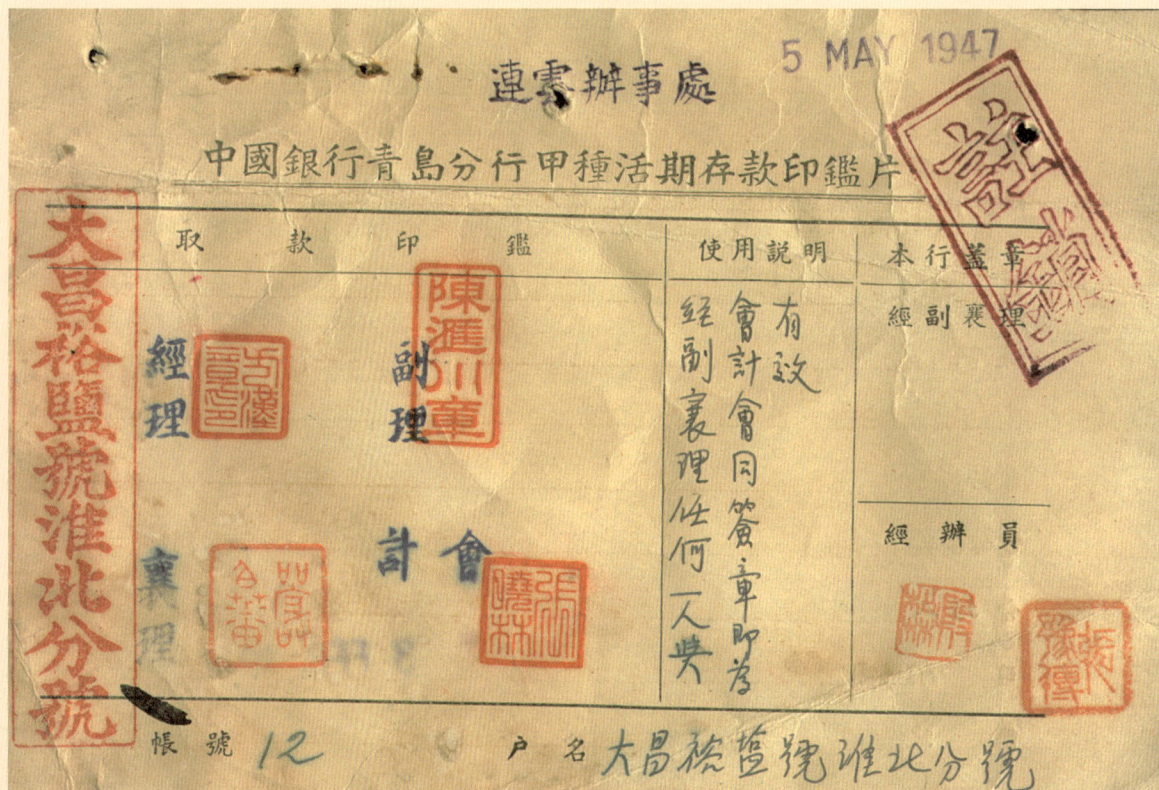

大昌裕盐号淮北分号活期存款印鉴片

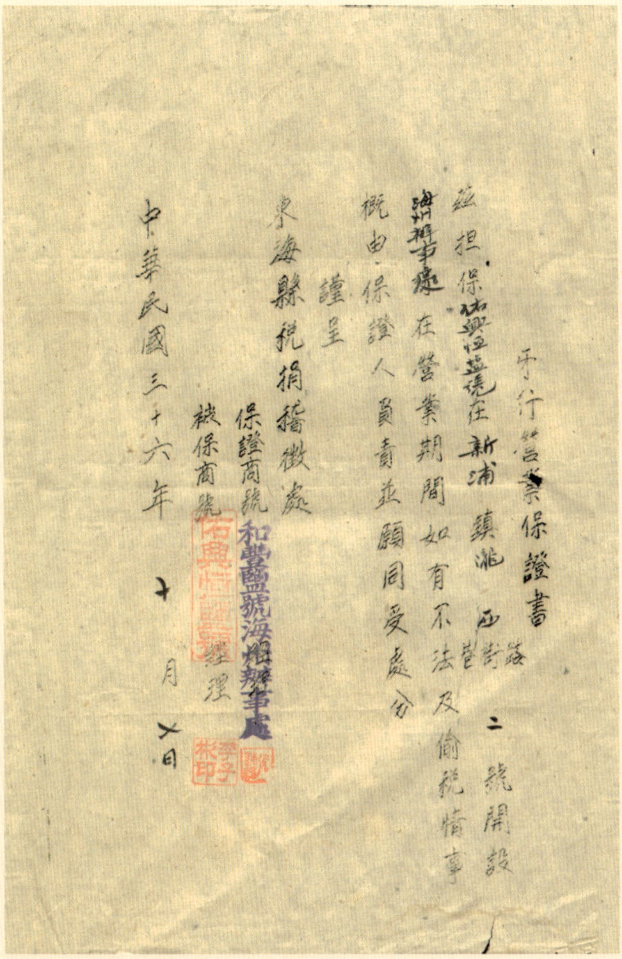

1947年和丰盐号为佑兴恒盐号出具的牙行营业保证书

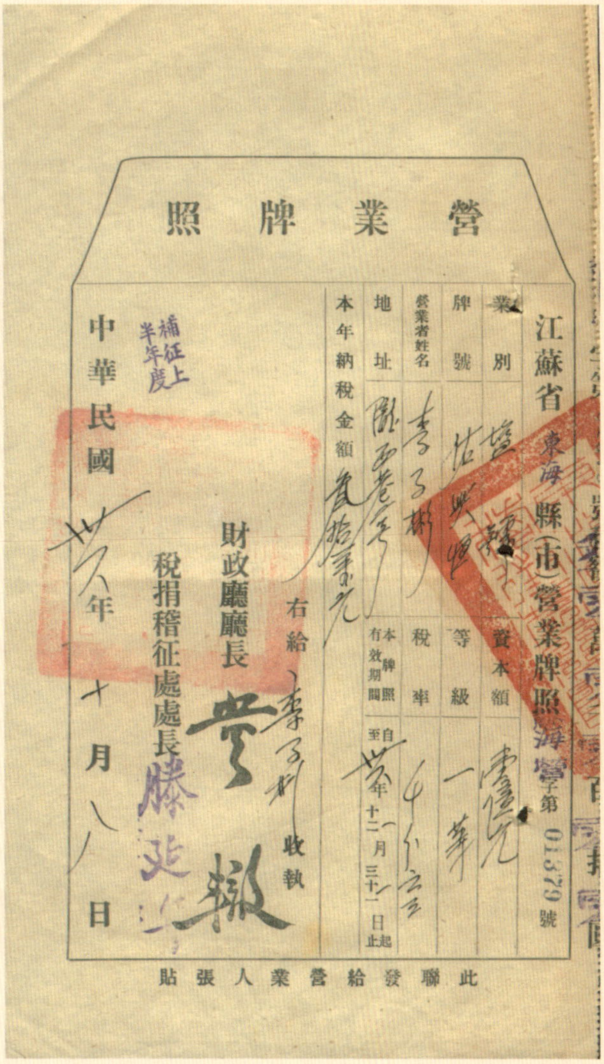

1947年佑兴恒盐号营业牌照

衡孚盐业公司连云办事处税价利息结单

1948年中和盐业总公司密函

美国传教士穆庚扬所摄清末民国海州照片

保管单位：连云港市档案馆

内容及评价：

　　该组照片由连云港市第二人民医院（前身为"中华基督教会新海连市私立义德医院"）创建人穆庚扬拍摄，共78张，起止时间为1908至1935年。穆庚扬（L.S.MORGAN）系美国传教士，20世纪初来到海州传教，相继开办西医医院和护士学校，开创了连云港地区近代西医治疗和医学教育的先河。穆庚扬在海州传教、行医近30个年头，期间与其夫人、同事共同拍摄的照片，记录了外国人在海州的工作、生活和学习情况，也反映了清末及民国时期海州地区的自然地理、民俗风情和社会状况。这些照片展示了老海州的社会画卷，对研究海州的历史人文和社会风俗提供了宝贵的资料。

1910年的海州城

1916年海州男生学校的学生。图中戴呢子帽的大部分是孤儿。

1920年海州女讲堂学习的妇女们。站在前面的是苦力和仆人。

1926年，海州通往板浦的石管桥开通，驻守海州军阀白宝山为此举行开通庆典。坐在栏杆上的孩子是本组图片的捐赠人劳瑞先生。

1927年的海州农村

1930年间建成的海州义德医院手术室

从海州古城西大门城楼上拍摄的位于中海州的义德医院。图中带烟囱状的房屋均为该院建筑。

1935年，穆庚扬离开海州前与义德医院同仁合影留念。

穆庚扬一家

穆庚扬夫妇及其同事离开海州

迎娶新娘

在海州外国人组成的摩托车队

国民党东海县党部档案

保管单位： 东海县档案馆

内容及评价：

国民党东海县党部档案共262卷，主要包括七个方面内容：（1）国民党东海县政府的情况报告、工作计划等；（2）政府工作及人员统计表、调查表、分配表、考核表等；（3）国民党军第四十四师、四十五师军官名册，凤凰山集训班同学合影及其他各类名册等；（4）县党部各项工作材料；（5）往来文书登记，会议记录；（6）县长黄绥云材料等；（7）县司法处（监察所）部分经费收支计算书、诉状、案件等材料。该档案反映了1911年至1949年间东海地区的历史，对研究民国时期连云港地区的政治、经济、军事、司法和社会发展具有较高的参考价值。

1946年中国国民党东海县党部党员名册

1947年中国国民党江苏省东海县党部党员名册

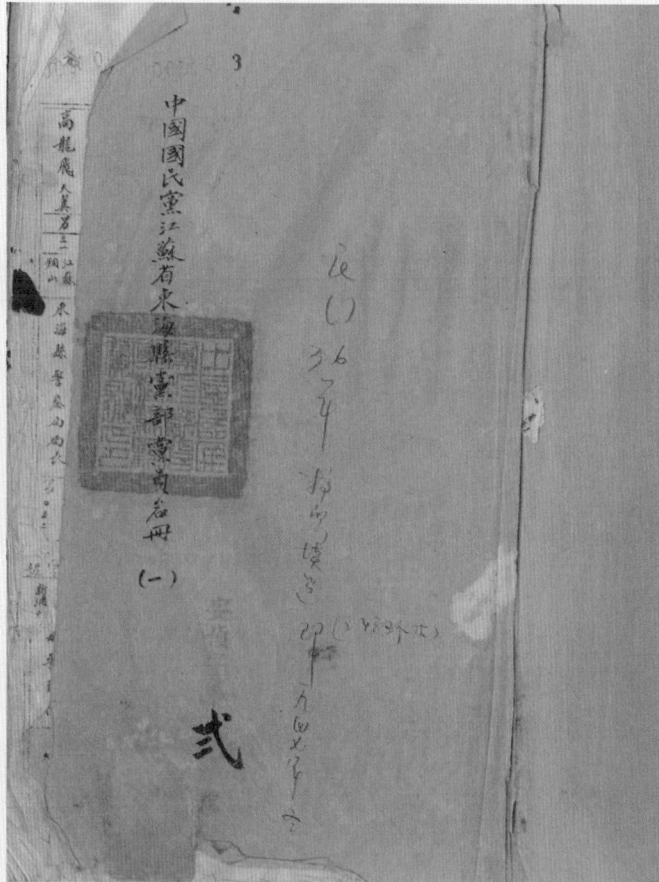

中国国民党江苏省东海县党部党员名册

驻东海地区国民党军第四十四师、四十五师军官名册

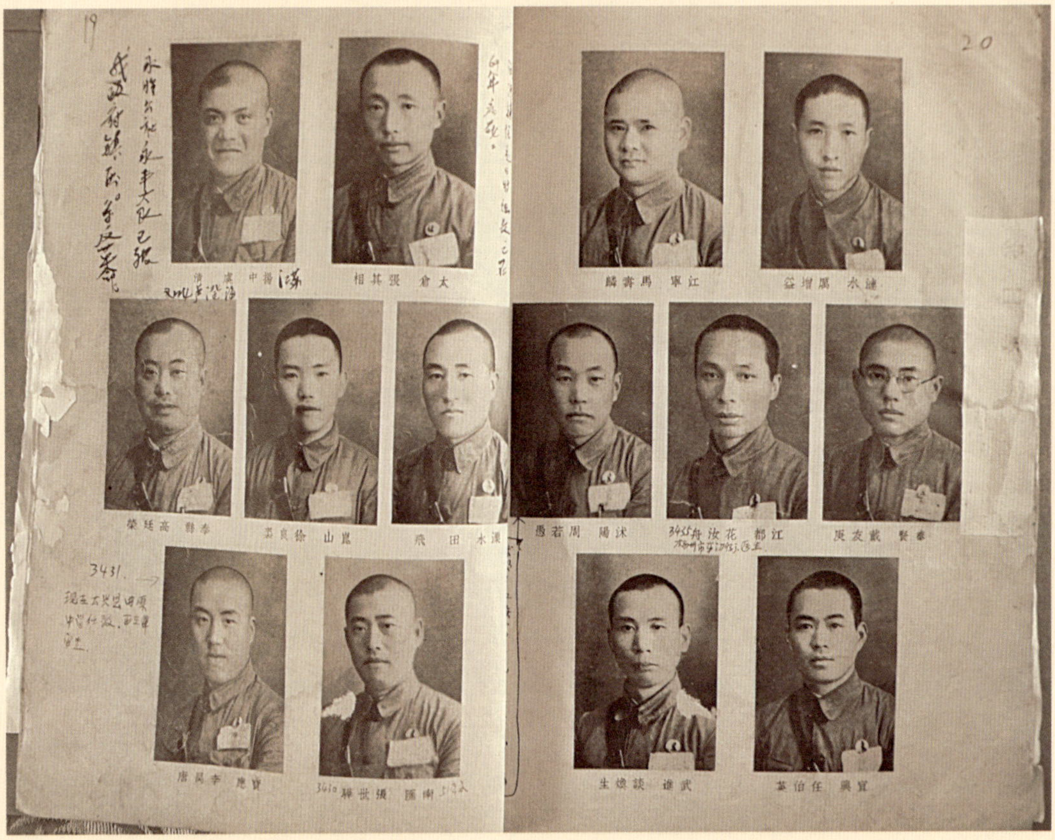

国民党军第四十四师、四十五师军官照片

国民党军东海总团各部官佐于灌云县南城凤凰山训练班同学集影

改建江苏东海县监所第一部分平面图

江苏东海县公署第一审刑事判决书

司法行政部訓令

列字第一九〇七號

令署江蘇高等□院院長林彪

為令飭事前據本部科長廖維勳報告視察東
海縣監所情形並擬具改善辦法飭部當派本部
監獄司長王元增帶同技士親往查勘就近指導
去後茲據呈稱切元增於五月二十四日奉派偕同周
技士曾祚視察該監獄地方瀦隘房屋狹
監獄遵即先赴東海視察該監獄地方瀦隘房屋狹
敢人數眾多非為行政達不足以資整理當由東海縣

商會會長周硯怕等指定為證一處為改建新監之地
惟面積不大須將後面及右面民地公地酌量收用方數
建設即由周技士君為文量并繪草圖交興該會會
長等招商估價並設法等救該會長等以前年捐
募之欵雖有七千餘元但其中未經繳納者尚多即已
繳之欵固前任縣長進行不力且又信用未孚由原主請
求領回者亦復不少現在實存不過一千餘元近來地方
商業凋敝勸募困難請求由部撥助萬元等語當即元
其轉請撥助三分之一其餘歸地方勸募茲擬該縣縣
長文欽明函稱此案業經提出第七次監所協進委

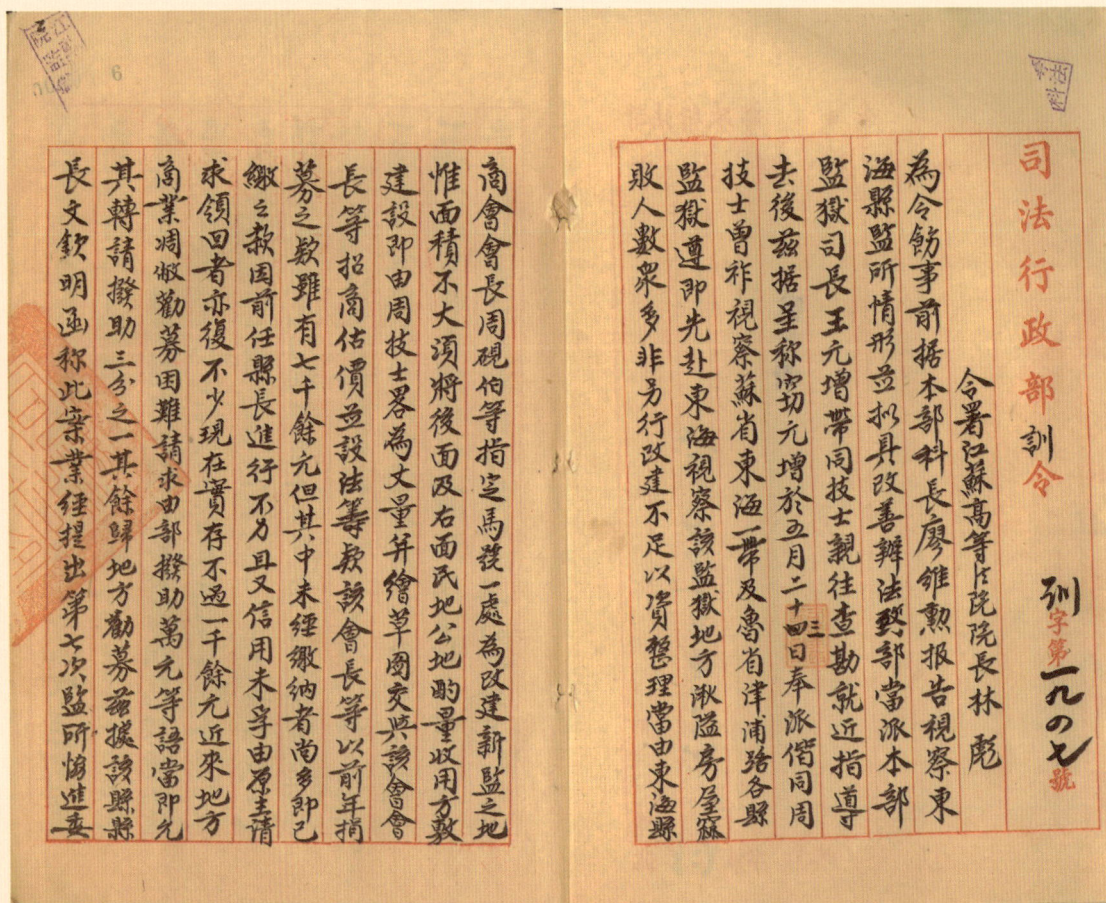

1933年司法行政部训令

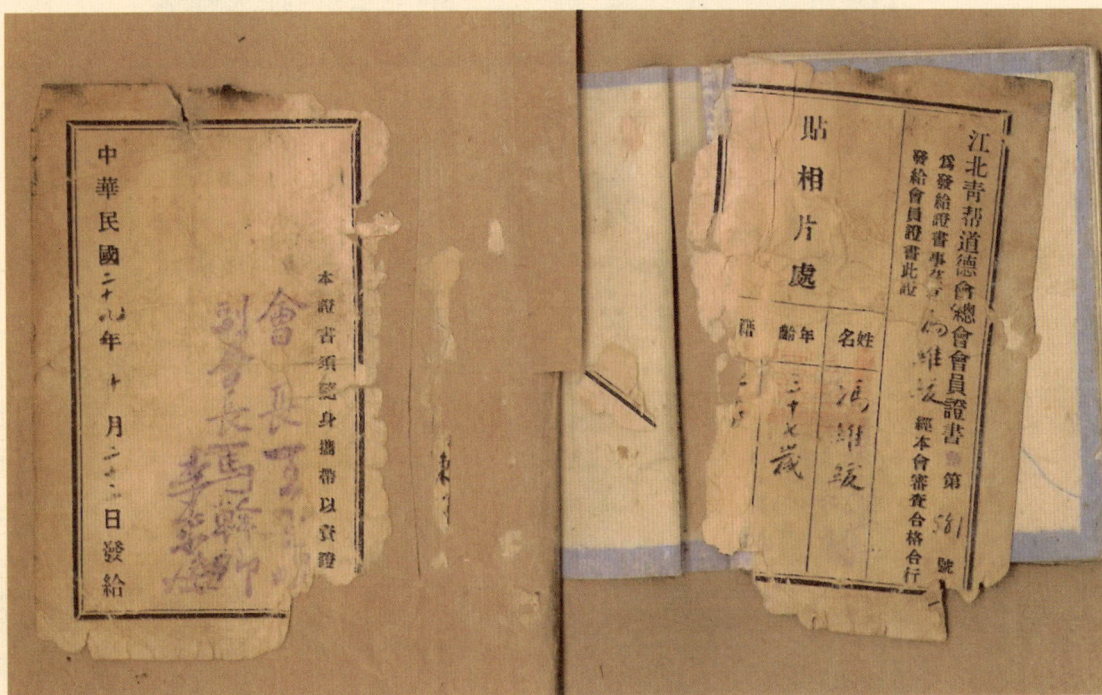

中華民國二十八年
十月二十二日發給

本證書須憑身攜帶以資證

會長馮維
刻會長馮維
□委緝□

貼相片處

江北青帮道德會總會會員證書
為發給證書事今
勞給會員證書此證
姓名 馮維坂
年齡 三十七歲
第 五八一 號
經本會審查合格合行

1940年江北青帮道德会总会会员证

武同举水利著作手稿

保管单位：连云港市博物馆

内容及评价：

武同举（1871~1944），海州人，江苏近代著名水利专家，也是我国最早研究苏北沂河、沭河、泗河水利问题的专家。他一生致力于水利事业，发表了大量的水利著作，主要有：《淮系年表全编》、《江苏水利全书》、《会勘江北运河日记》、《江北运河为水道系统论》、《导淮入江入海之研究》、《泗、沂、沭分治合治之研究》、《宋元明代之黄河》等。该批文献中的《江苏水利全书》历时十年撰写，共54卷150万字，记载了自夏朝至1937年上下4000年间江苏水道和湖海的变迁，堪称"华东水利资料之宝库"，是江苏近代水利史上一部重要的水利全书；《淮系年表》在新中国建立后的治淮工程中起到重要作用。武同举水利著作广征博引，材料极为丰富，实为难得的水利科学研究文献，至今仍具指导意义。该档案被列入《江苏省珍贵档案文献名录》。

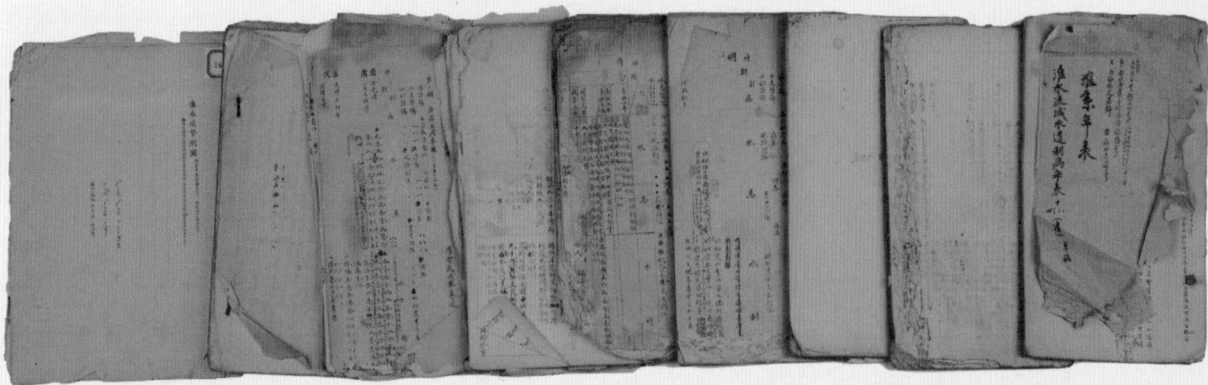

《淮系年表》手稿

《淮系年表全编》

淮系年表全编叙例

淮系全图

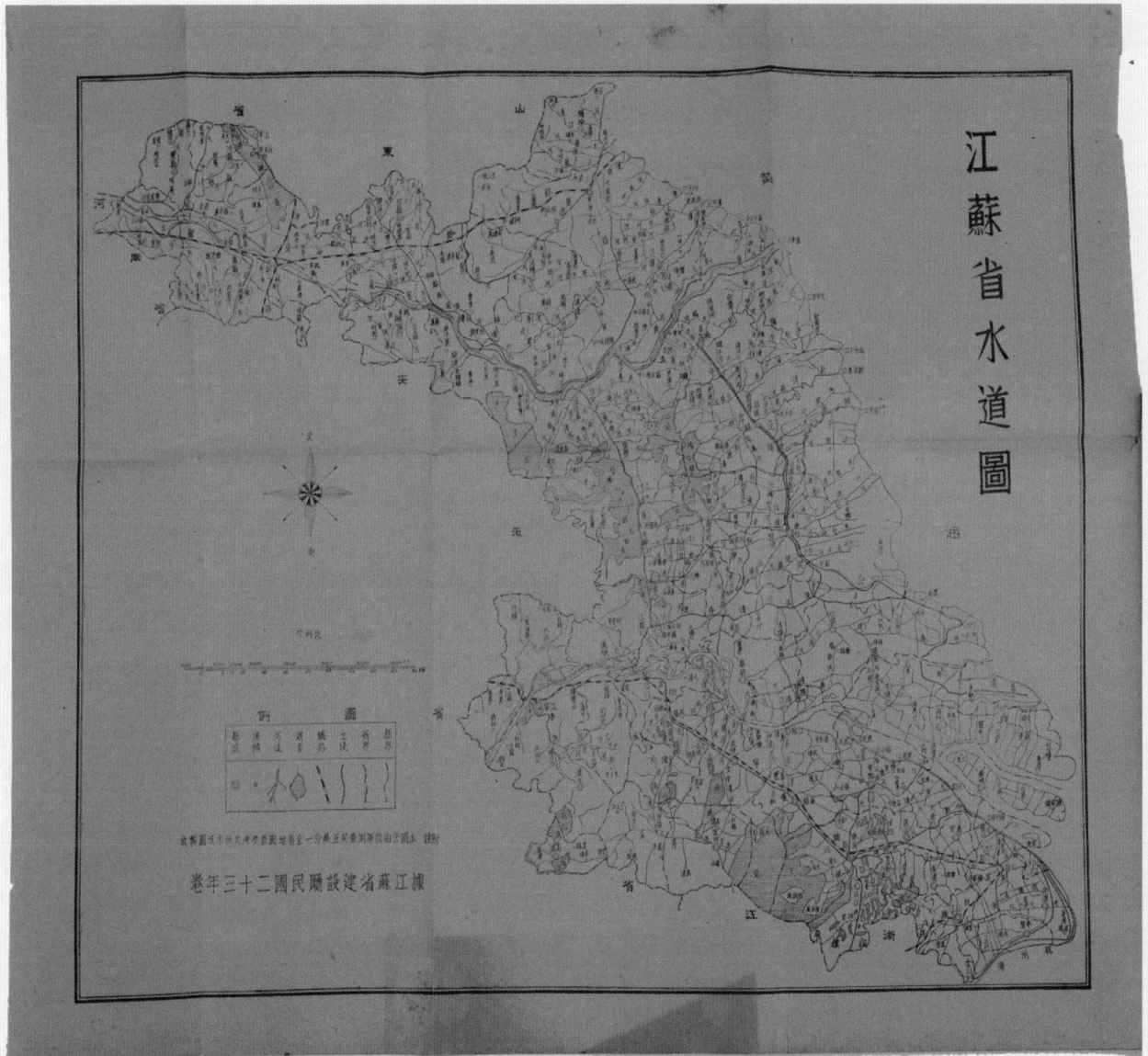

江苏省水道图

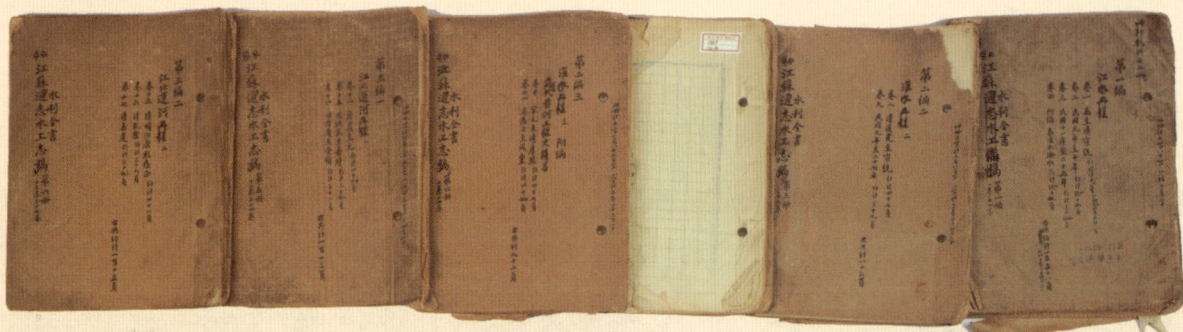

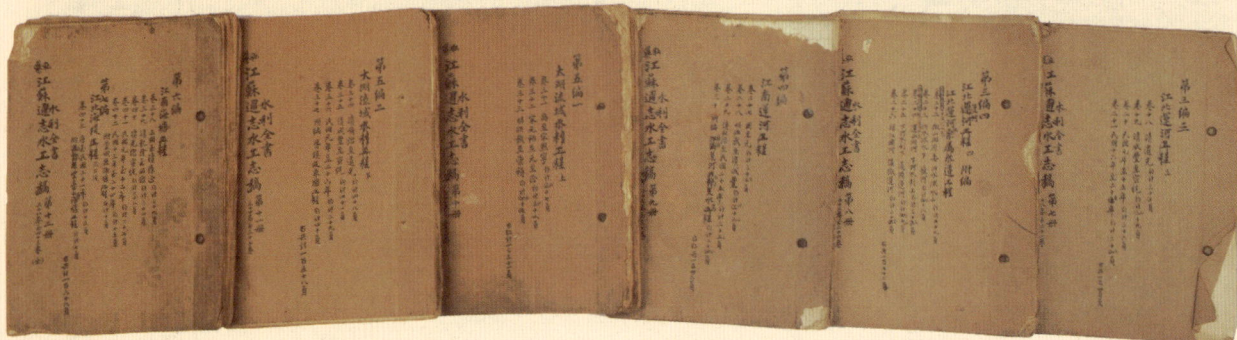

《江苏水利全书》誊清稿

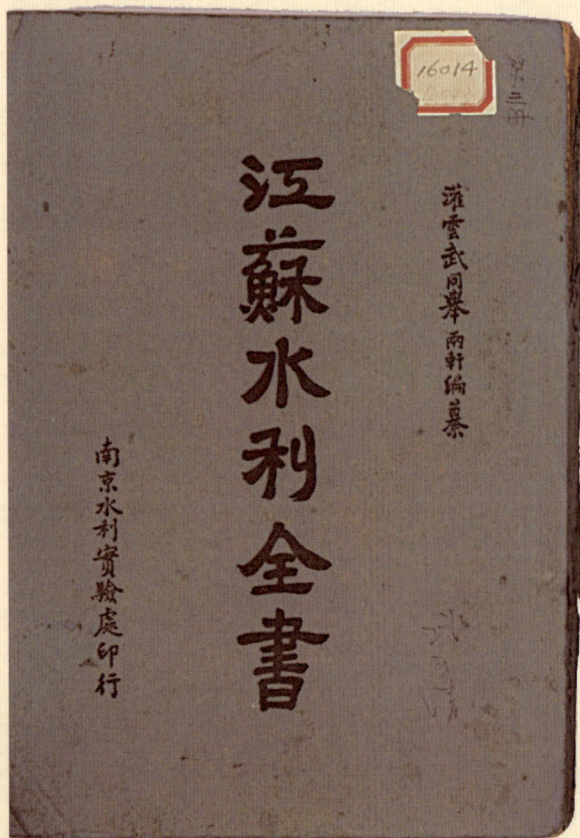

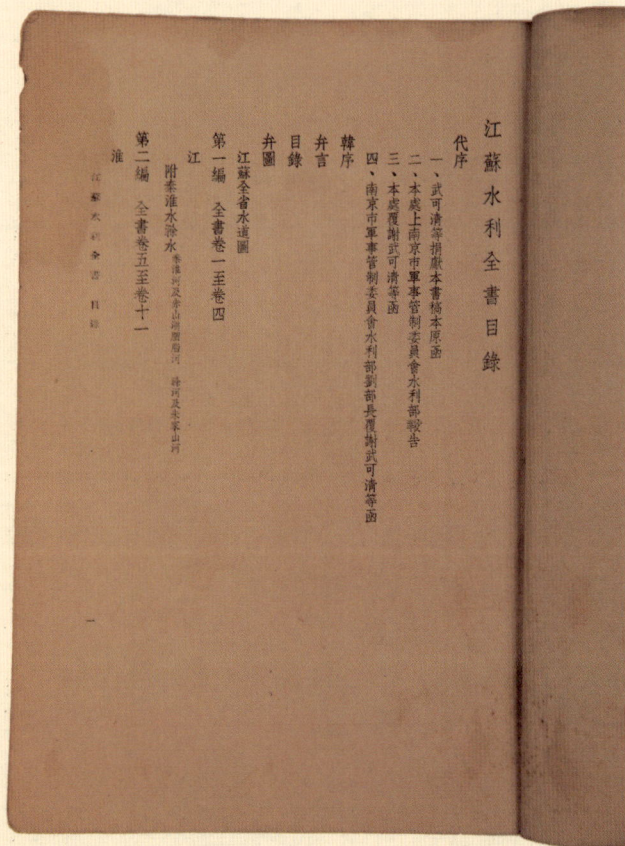

《江苏水利全书》

江蘇水利全書目錄

代序

一、武可濤等捐廢本書稿本原函

二、本處上南京市軍事管制委員會水利部函

三、本處覆謝武可清等函

四、南京市軍事管制委員會水利部劉部長覆謝武可清等函

韓序

弁言

目錄

弁圖

江蘇全省水道圖

第一編　全書卷一至卷四

　江

　附泰淮水淥水 秦淮河及赤山湖襟河 許可及水事山河

第二編　全書卷五至卷十一

　淮

《江苏水利全书》目录

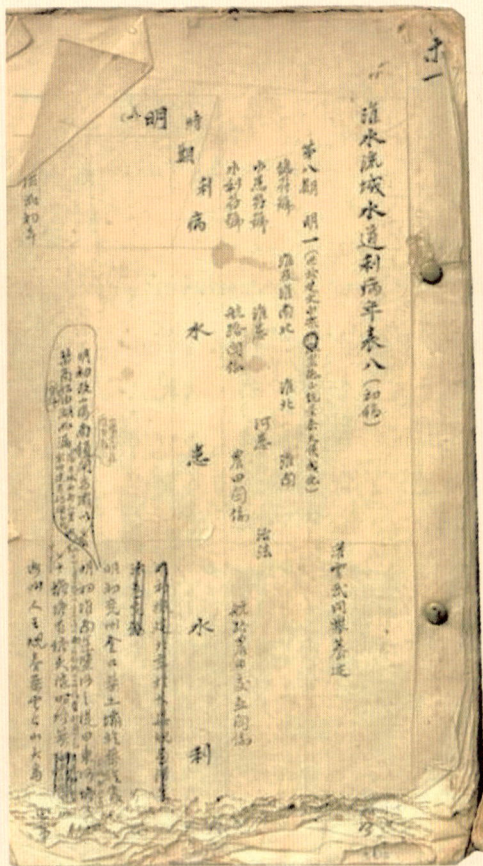

《淮水流域水道利病年表》手稿

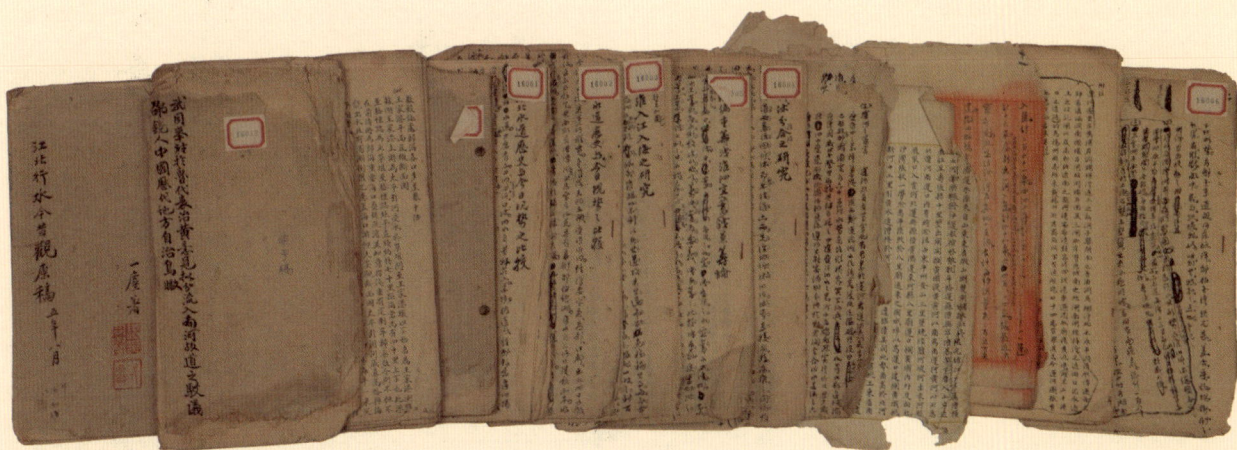

武同举水利著作残稿

刘振鹏资历证件

保管单位： 连云港市档案馆

内容及评价：

　　刘振鹏，江苏赣榆人，曾在江苏省长公署、南京特别市政府、赣榆县政府、东海县政府、江苏省立东海师范学校任职。1939年赣榆沦陷，刘振鹏将保存的个人资历证件分存两处。抗战胜利后，其中一处全部损失，另一处因埋于地下大部分霉烂，所剩无几。刘振鹏为不忘"世界大战所殃及人亡家破财物荡然"，将仅存的原有资历证件及后来形成的资历证件，以抗战胜利为时间点分为抗战前和抗战后两类保存，"惟望后人阅之，痛定思痛，知所警惕，勿忘国耻与家仇"。连云港市档案馆保存的刘振鹏资历证件共44件，起止时间为1912至1947年；包括抗战胜利前的铨叙部、江苏巡按使公署、徐海道公署、赣榆知事公署、江苏第八区行政督察专员兼保安司令公署等机关的甄别证书、饬、证明书等和抗战胜利后的有关委任令、聘书、奖状、员工复员补助费审核文书等。该档案系连云港市档案馆保存的民国时期个人档案，是研究民国干部铨叙制度的原始材料和纪念抗战胜利的珍贵史料，对开展爱国主义教育具有重要的意义。

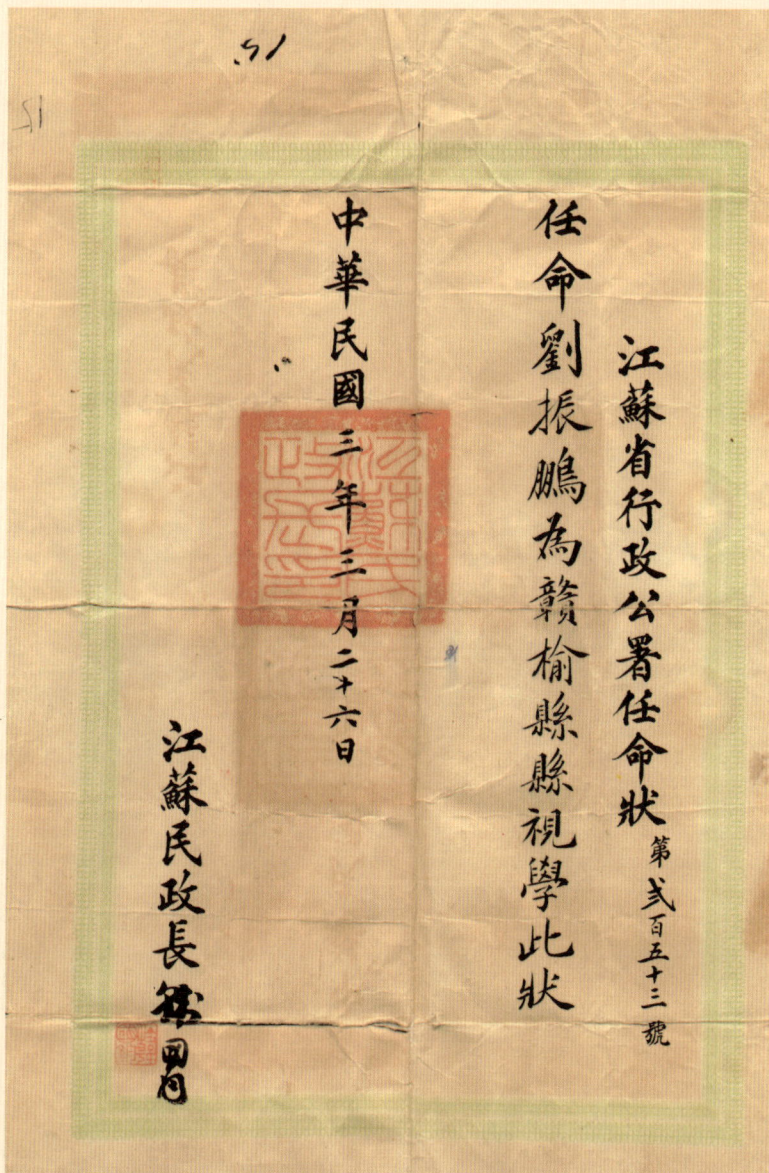

1914年江苏省行政公署任命状

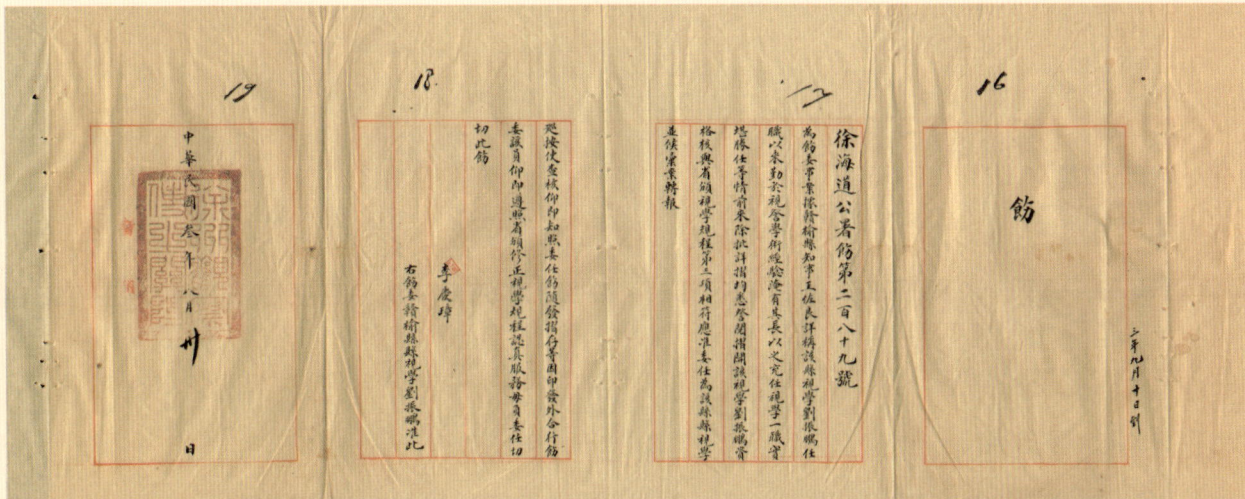

1914年徐海道公署饬

1915年赣榆县知事公署饬

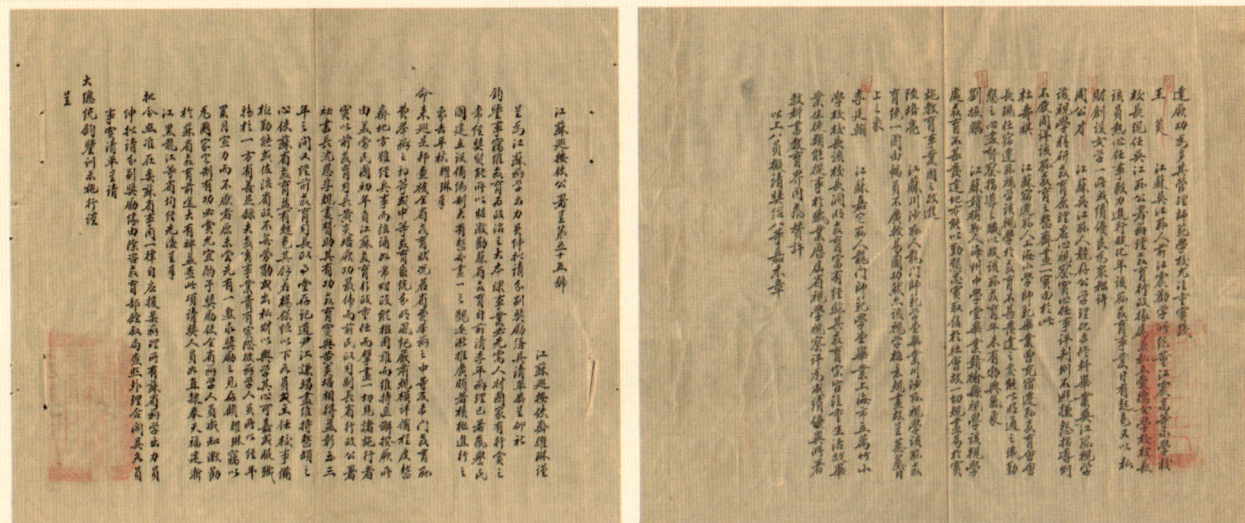

江苏巡按使公署关于表彰奖励刘振鹏等为办学出力员绅的公文

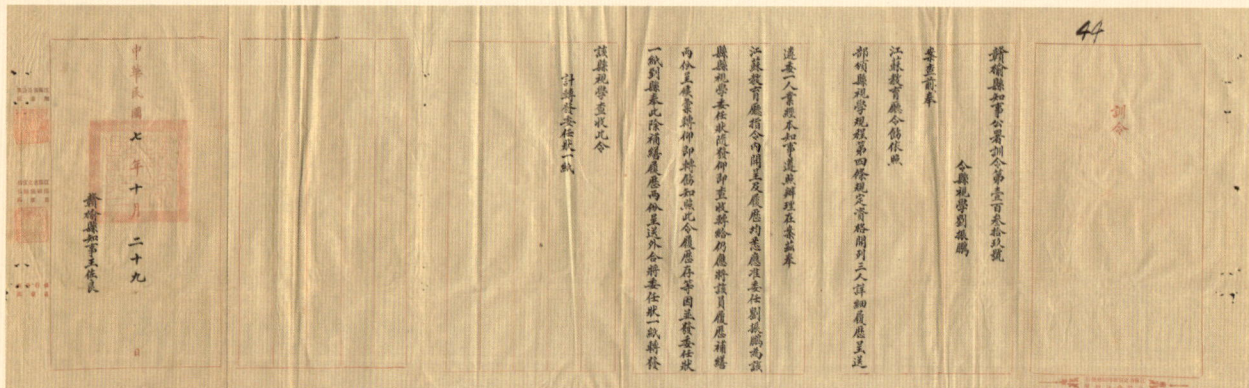

1918年赣榆县知事公署训令

委任状

今委任刘振鹏
为赣榆县县视
学此状

中華民國七年九月二十四日

江苏教育厅厅长 何 [印]

系字第□号

1918年江苏教育厅委任状

1920年江苏国语讲习所毕业证书

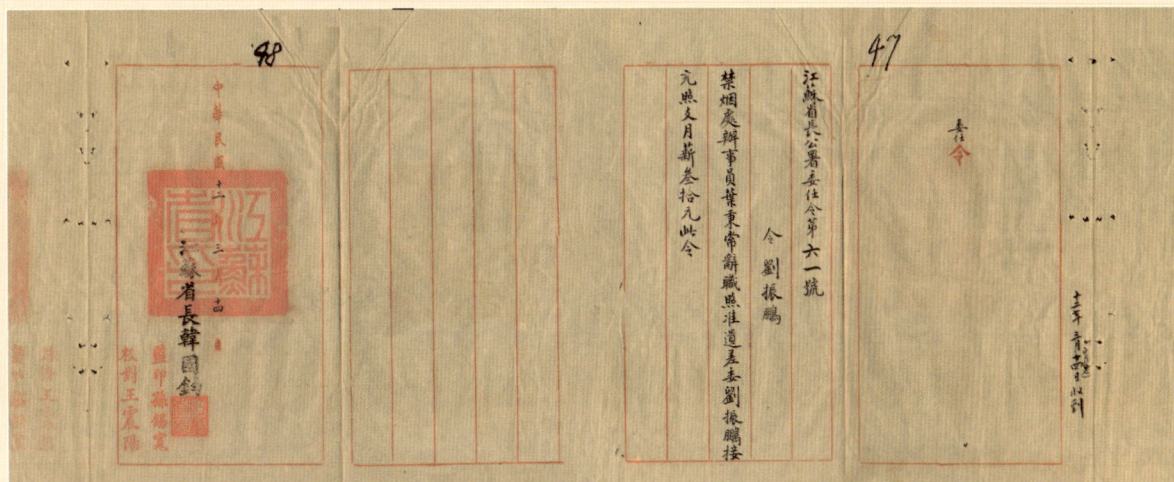

1923年江苏省长公署委任令第61号（禁烟处办事员）

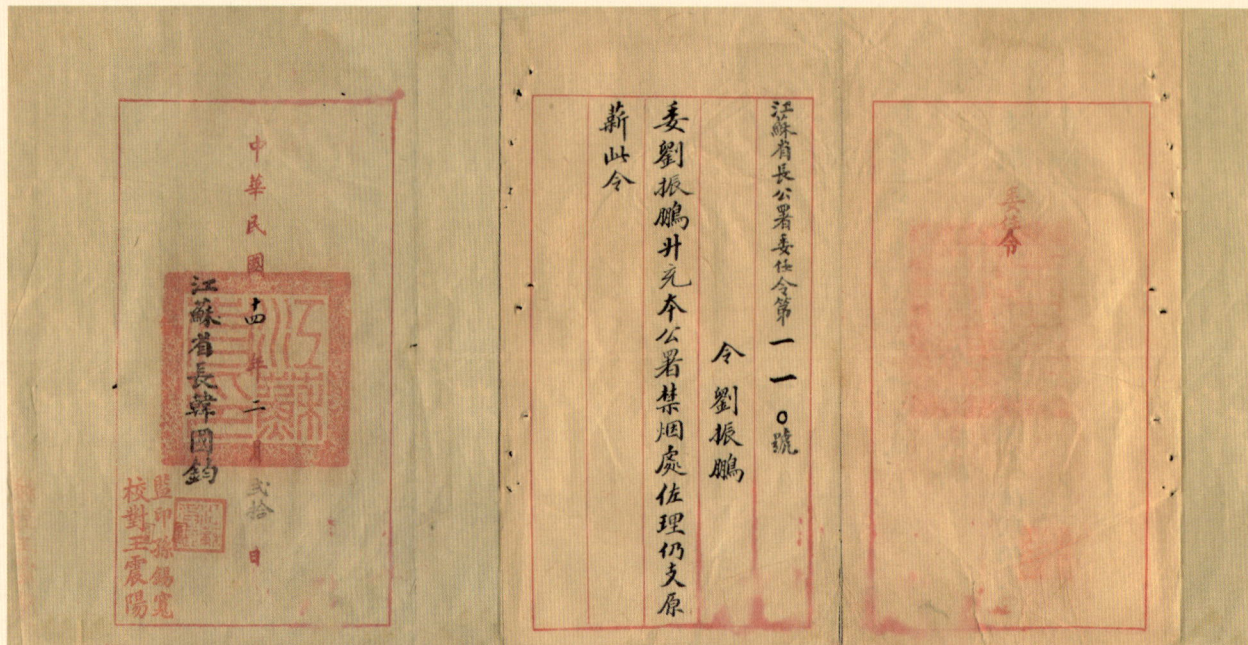

1925年江苏省长公署委任令第110号（禁烟处佐理）

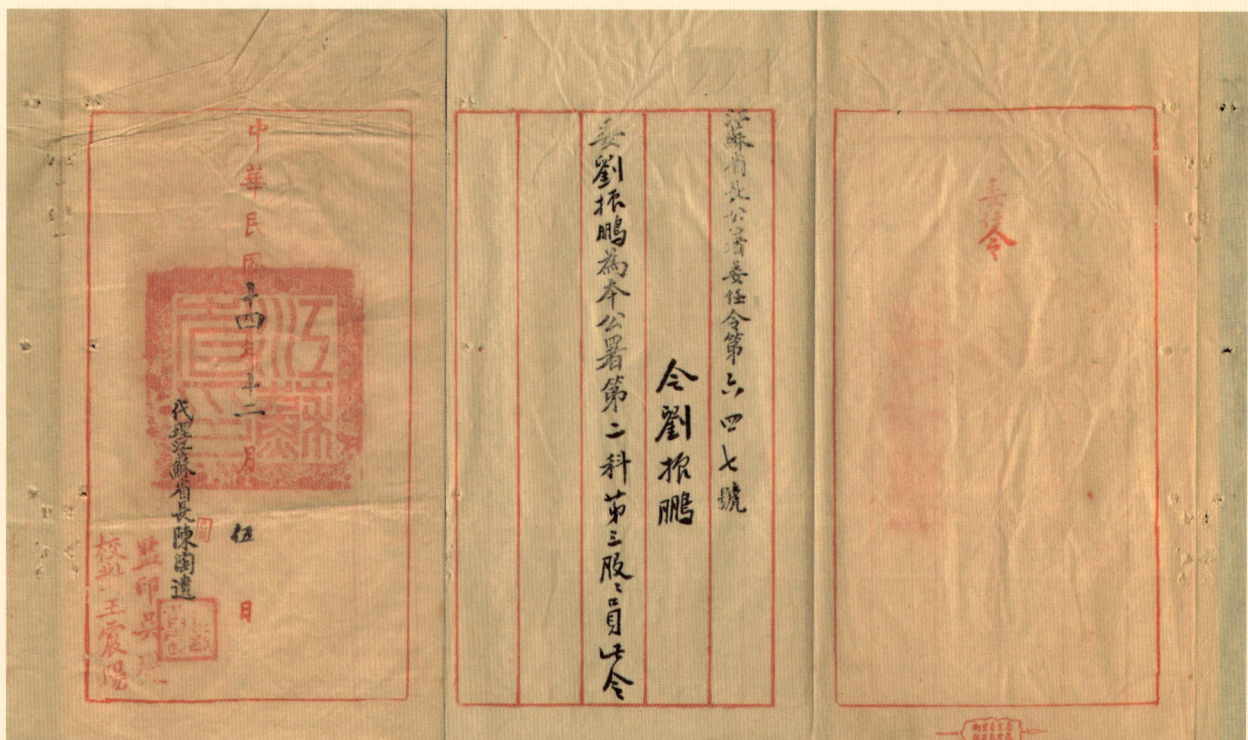

1925年江苏省长公署委任令第647号（第二科第三股股员）

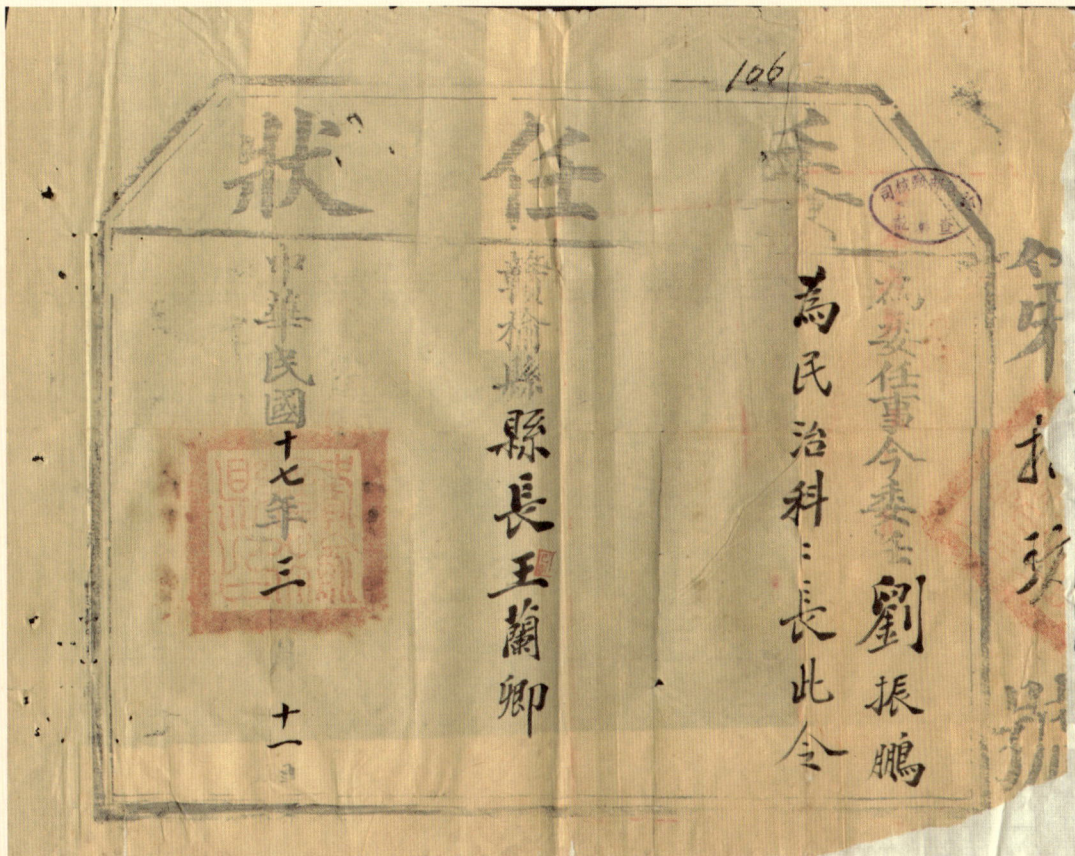

1928年赣榆县委任状（民治科科长）

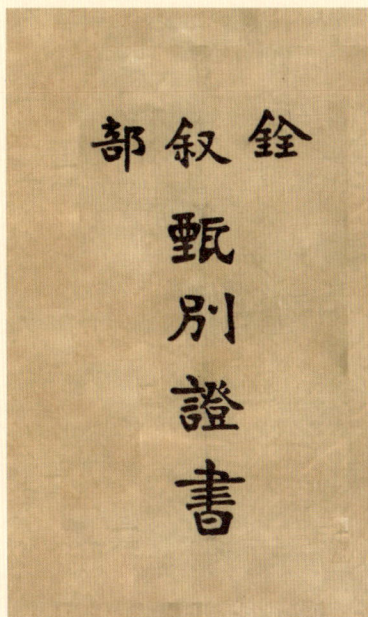

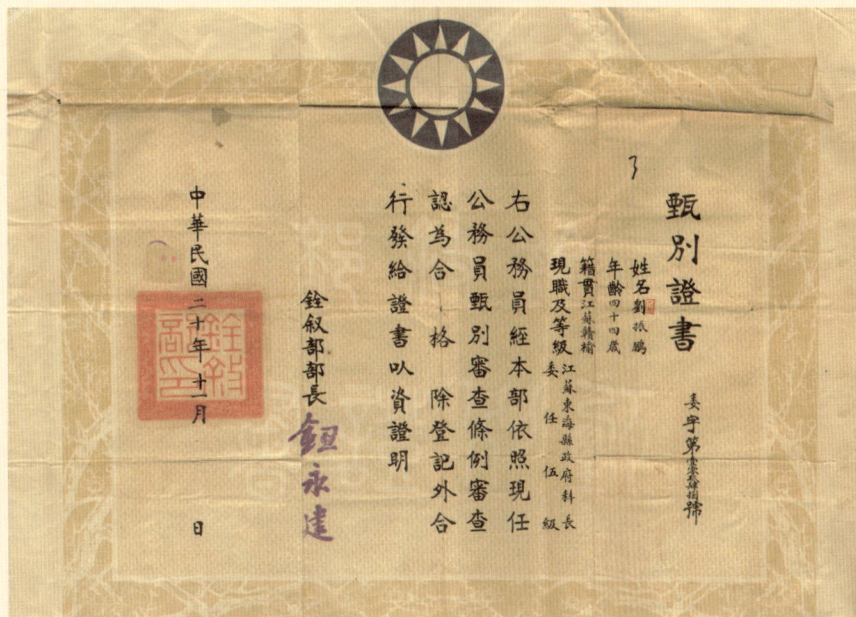

1931年铨叙部甄别证书

1945年江苏省第八区行政督察专员公署聘函

1946年江苏省第八区行政督察专员兼保安司令公署证明书

全文:

资历证件仅存叙

第二次世界大战爆发之前，赣榆于中华民国二十八年二月沦陷。时余任县公款公产管理处主任、鉴侄任第三区长、度儿任区公所助理、与敌奸对立。是年十月二日，度与钧侄、奉县令赴陷区办公，遇敌被执不屈殉难。犬侄在南京宪兵教导团受训，二十六年十二月，临时编队守城，首都沦陷、尸体无存。二十九年一月三日，敌奸又焚掠吾小墩住宅，损失惨重。（详敌奸焚掠记）资历证件之一部份，始置于陈墩，继移于下湾，后存于刘顶。另一部分，与嘉庆赣榆县志、屯庄学田案稿及吾父述修宗谱等件，事先埋藏于地窖。胜利后，检查存刘顶者，完全损失，藏地窖者大都霉朽。以嘉庆县志，文献所征，原本无多。学田案稿，教育资源，争议未已。宗谱抄本，先人手泽，抛弃有咎。本年暑期，挥汗补辑，残缺之物，聊复旧观，资历微小，卑不足道，证件亦明日黄花，更属无可介意。窃人生世上，不论成就之如何，凡其经历、胥资回忆、况世界大战所殃及人亡家破、财物荡然，其痛苦最深，其直接间接发生之败坏事实，不能以笔墨述。况积之余，爰就资历稿将胜利前证件，分损失仅存为两类，胜利后证件为一类，记时题名、而果订之。意大地茫茫，满目荆棘，雪泥鸿爪，徒滋惭疚，惟望后人阅之，痛定思痛，知所警惕，勿忘国耻与家仇。

中华民国三十六年十月 日 振鹏识

甲、胜利前证件之损失者

清宣统三年六月 海州中学第一届毕业最优等第四名文凭

中华民国元年四月 赣榆县民政府教育课长委任状

七月 第一届国会众议院议员第一届江苏省议会议员赣榆初选事务所文牍派任函

十月 赣榆县议会议员执照

四年二月 立法院议员赣榆初选事务所事务员委任令

十一月 大总统袁令奖八等嘉禾勋章执照

十三年十二月 江苏赈务处委员委任令

十四年五月 江苏省长公署第二科员委任令

十五年十二月 江苏省长公署掾属升用案列保存任职饬知

十六年一月 江苏省教育经费管理处委提东海灌云赣榆税款训令

十七年八月 南京特别市政府秘书处文书股员派任令

二十五年八月 赣榆县政府调任第八区长委任令

二十八年十月 赣榆县动员委员会委员派任令

十月 赣榆县政府西南行署政务股长委任令

二十九年一月 赣榆县财务监理委员会主任委员聘任函

五月 赣榆县公款公产管理处主任聘任书

乙、胜利前证件之仅存者

中华民国元年十二月 第一届江苏省议会议员初选当选人当选证书原函

三年三月 江苏省民政长韩委充赣榆县视学任命状

八月 徐海道尹李加委赣榆县视学饬委

四年十二月　赣榆县知事公署抄发江苏巡按使保奖八等嘉禾勋章原呈附单

五年七月　赣榆县知事公署转发八等嘉禾勋章及勋照饬知

七年九月　江苏教育厅长符委充县视学委任状

九年十二月　江苏国语讲习所毕业证书

十二年三月　江苏省长公署禁烟处办事员委任令

十四年二月　江苏省长公署禁烟处佐理委任令

十二月　江苏省长公署第二科员委任令

十五年四月　淮扬道尹公署咨议委任令

十五年十二月　江苏省长公署第二科员委任令

十七年三月　赣榆县政府民治科长委任令

九月　南京特别市政府职员考试及格证书

十八年五月　东海县政府第一科长委任令

六月　东海县政府代拆代行委任令

八月　赣榆县政府第三科长委任令

九月　赣榆县政府转行江苏省民政厅核准第三科长已饬科备案训令及加委令

二十年二月　东海县政府第一科长委任令

五月　东海县政府第一科长委任令

六月　东海县政府举行党政谈话会训令

六月　东海县政府代拆代行委任令

七月　东海县政府为县长公毕回府无庸代拆代行训令

七月　东海县政府总务科长委任令

十一月　铨叙部甄审合格证书　委字第壹零玖肆捌号

二十四年二月　赣榆县政府委充第七区长委任令

六月　赣榆县政府转奉江苏省民政厅核准充任第七区长令

二十七年三月　赣榆县政府为定期会算第八区长任内交代训令

十月　赣榆县公款公产管理处主任聘任书

三月　赣榆县政府为交代会算清楚指令

三月　赣榆县政府为据呈交代情形指令

丙、胜利后之证件

中华民国三十四年十二月　江苏省第八区专员公署参议聘任书

三十五年一月　江苏海州区日侨集中管理所文书股长派任令

二月　江苏省立东海师范学校职员聘任书

九月　赣榆县地方复员善后委员会委员聘任书

十月　赣榆县政府发给县款产管理处主任离职日期证明书

三十六年二月　江苏省政府发给甲种公职候选人合格证明书

三月　江苏省立东海师范学校转行胜利员工复员补助费核准通知

八月　江苏省第八区专保公署参议聘任书

江苏省立东海师范学校档案

保管单位：连云港市档案馆

内容及评价：

东海师范学校位于海州城内鼓楼街，前身是1914年建于灌云县板浦镇的江苏省第八师范学校。1928年与海州城内的江苏省立第十一中学合并为东海中学，设有师范科。1932年，东海中学改为江苏省立东海师范学校。抗日战争时期，1938年春，校舍被日机炸毁。1940年秋，日伪在原海师附小旧址建苏北第二师范学校，后更名为苏淮特别区东海师范学校、淮海省立东海师范学校。抗战胜利后仍为江苏省立东海师范学校。1953年改名江苏省东海师范学校。1959年更名为江苏省海州师范学校。该档案共有12卷（册），起止时间为1925至1948年，内容丰富，见证了东海师范学校的历史，是研究连云港市中等师范教育的原始文献。

1945年东海师范校门

江苏省立东海师范学校校歌

1934年江苏省立东海师范学校校刊创刊号

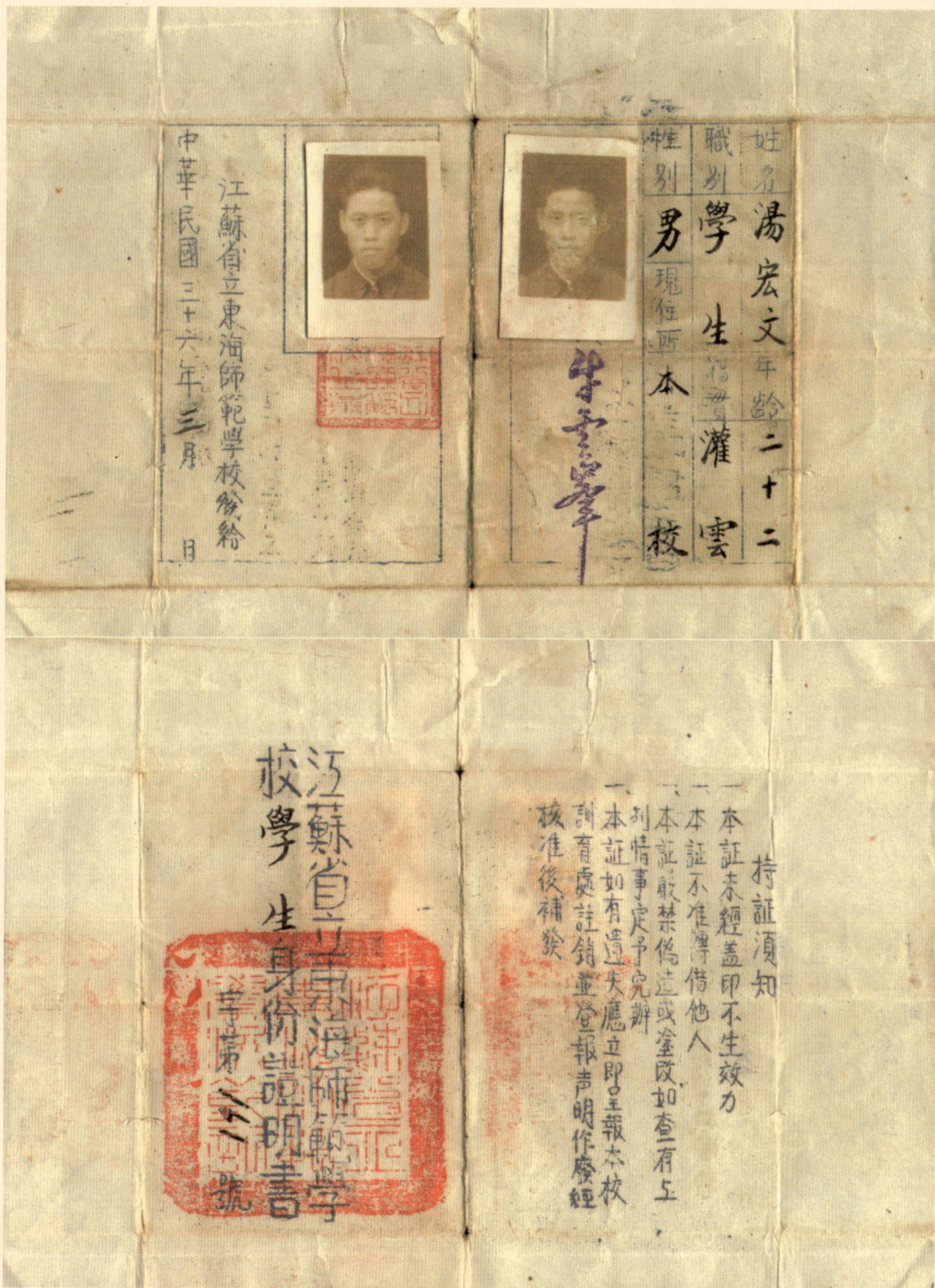

1947年汤宏文学生证

1925年唐秉善毕业证书

1948年唐经恩学生成绩报告单

江苏省立东海师范学校高中师范科第八届学生毕业合影

江苏省立东海师范学校通讯录

1947年江苏省教育厅令东海师范上报
抗战伤亡情况

连云港港口早期建设档案

保管单位：连云港港口集团档案馆

内容及评价：

连云港港口早期建设档案共11卷，内容包括：连云港扩大筑港计划；连云港陇海铁路吞吐；连云港湾引水管理办法相关训令、公函及公务电报；连云港码头费率表及码头荷役仓库改造费概算；陇海区铁路管理局概要报告书、工作计划和各种统计报表、产权函件等，以及港口施工、建设照片。这些档案真实记录了1931年至1949年期间连云港建港、筑港、铁路建设、仓储、货物运输以及经营管理等情况，对于研究民国期间连云港港口的建设和发展具有重要的史料价值，也是研究陇海铁路沿线五省合作的参考文献。

1931年冬连云港港口开工前测量

1932年港口开工前的老窑村

1934年12月一号码头第一泊位竣工使用

1935年秋连云港港口全景

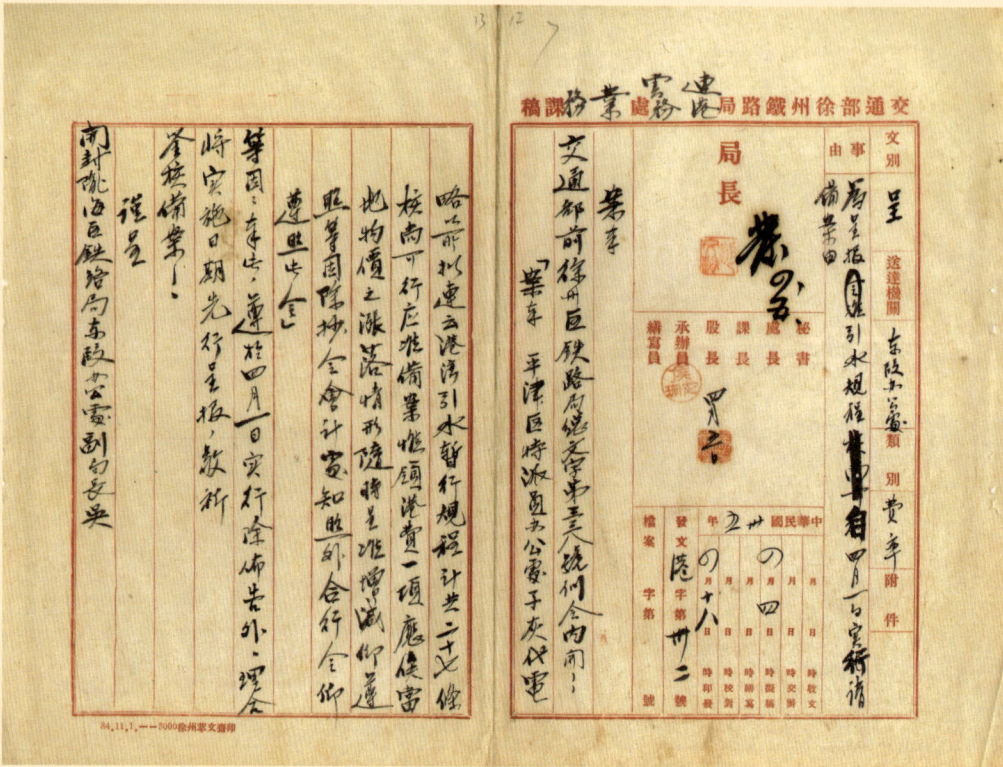

关于引水规程的呈文

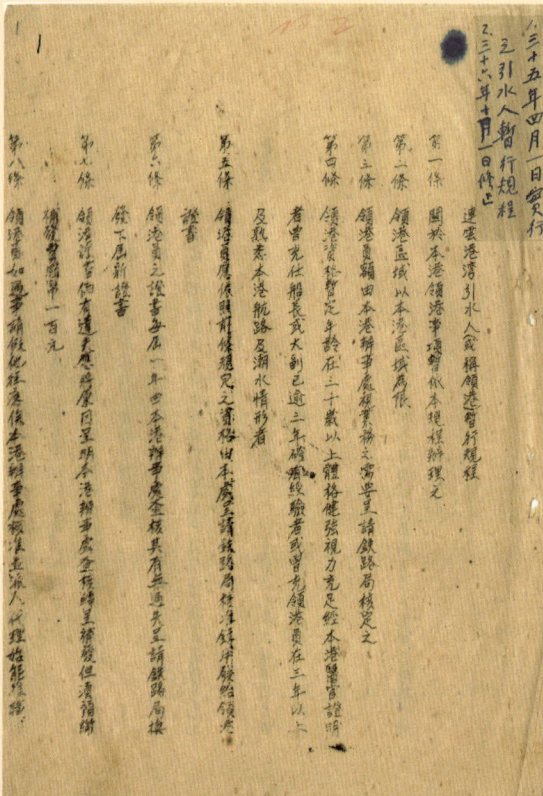

连云港湾引水人暂行规程

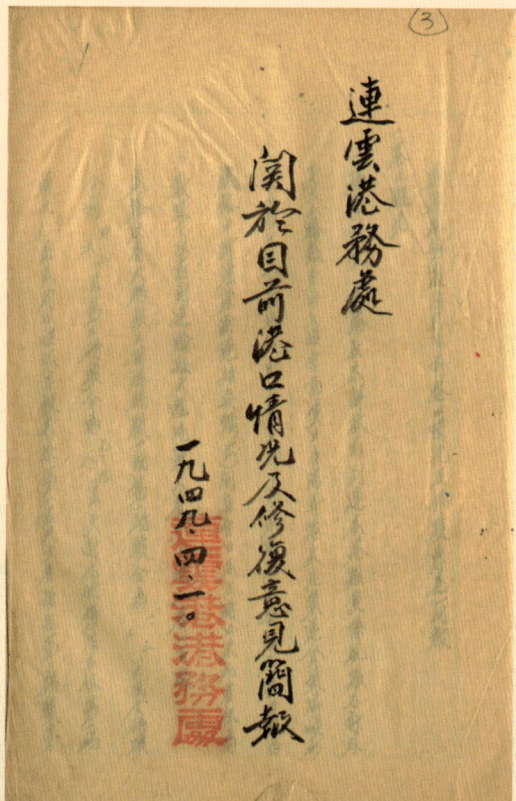

1949年4月，连云港务处关于目前港口情况及修复意见简报。

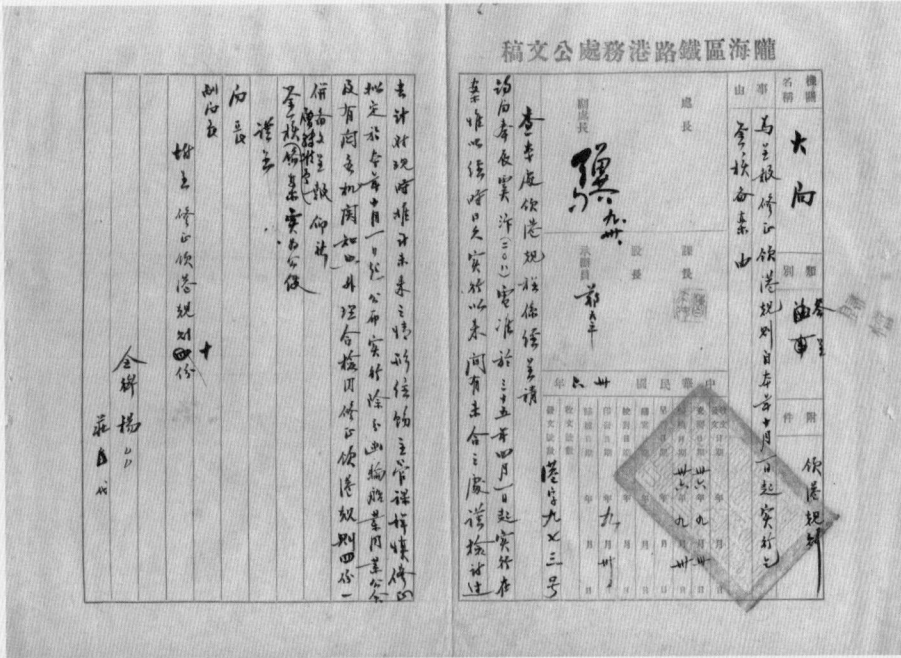

陇海区铁路港务处关于修正领港规则的呈文

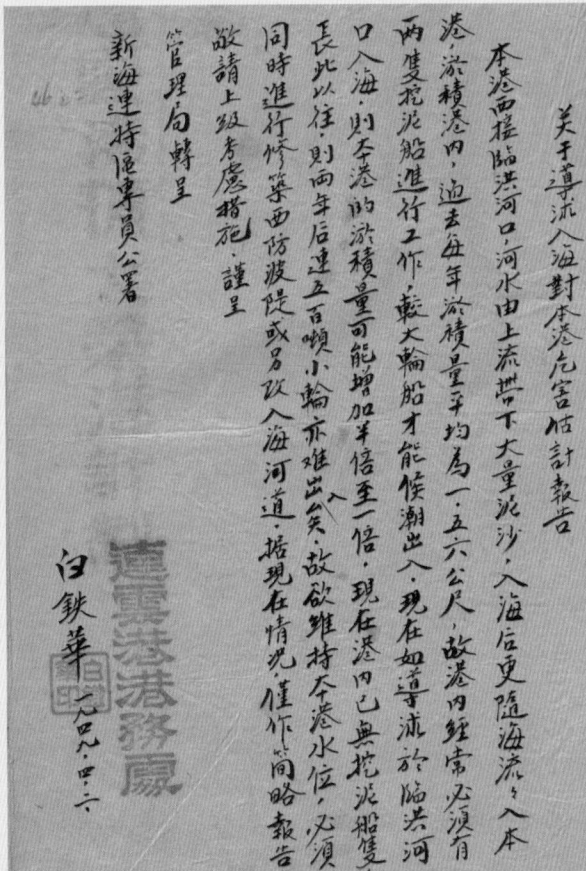

1949年4月连云港港务处关于导沭入海对本港危害估计
给新海连特区专员公署的报告

全文：

陇海区铁路管理局连海段联合办事务处三十五年路务概要报告书

甲、路务纪要

一、制度改革

连云港为本路独立开辟内国唯一军商两用港口于二十一年与工二十三年竣事当设陇海铁路管理局驻港办事处内有总务海事营业行车中转五股外有护港警察所运输大队各一配属医院护路两中队并指挥车务工务电厂学校材料所各单位二十六年抗战军与青岛危急破坏撤退二十七年五月沦陷为敌海军控制二十八年修复码头输出煤（四四零六八三五吨）盐（五六一六七吨）铁砂（二零一六七五吨）磷砂（三二七七二零吨）甚多输入军品及建筑材料亦不少三十四年八月胜利后十月由交通部平津区特派员办公处徐州区铁路管理局派员接收成立连云港港湾办事处内设总务业务建设海事四股内有稽查共分九系外设医院材料库机械工厂自来水事务所码头营业事务所各一因在军事期间往来船舶无多所有装卸工作暂用包工制度保卫武力暂由警务段兼顾三十五年四月一日铁路管理废区改线归还建制直属于陇海区铁路管理局改为连云港港务处一仍其旧维持现状以百废待理准备施工必须扩充机构加强人员至十月十六日正式扩编为陇海区铁路管理局港务处内部组织有计核工程海事储转四课另有专员会计室内共分十八股外设机电自来水三厂运输港警两队农场医院各一但以交通未复仍未健全正在进展中

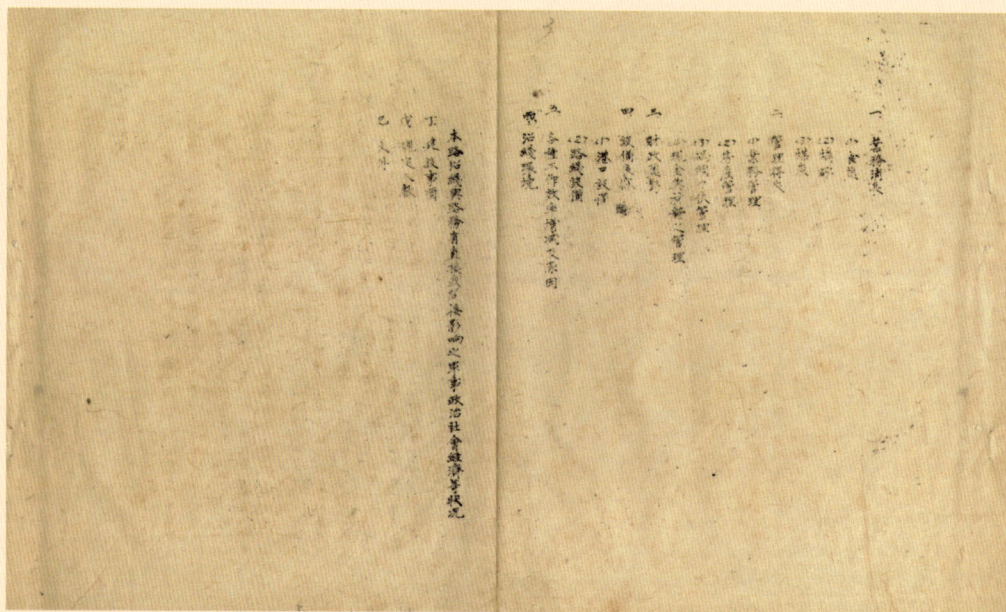

二、组织变动

本港自三十五年四月一日改归陇海铁路徐海间路线被共军破坏甚钜一时不易恢复所有连云海州各单位与路局阻隔遇事困难为补救计□应事变以港务处为中心临时组织连海段联合办事处由港务处长兼充主任一切公务亦由港务处职员兼办其余车务工务机务警务电务各段扶轮小学墟沟农场各首长为副主任每周在连云港务处各开联席会议一次决定各单位紧急事项处理办法重要者需开封东段办公处核示次要者报请备案以期迅速而便配合军事统一推进除人事及例行业务遥报各该主管处外所有站款收入薪公开支票据材

料之补充由联处遵照办公处令议决案办理八月开封东段办公处撤销遥报路局十一月墟沟农场由总务处改棣港务处又以机煤告罄另组购料组直棣于联合办事处因事实之需要下设连云海州两所收煤在连云者由港务处材料库机务段主管共同负责在海州者由车工警各段主管共同负责就地零星收购机煤以应急需

三、设备增减

（1）减少电流设备三十四年九月曾由江苏省第八区行政督察专员公署接收代管海州电灯厂供给沿线各站连云码头灯光及机厂电力嗣因烧煤缺乏失于八月间关闭以至连海间列车港口轮船夜间均皆停驶

（2）增加设备

（a）连云机厂添设柴油机及电锯手摇机一架以备工作

（b）利用接收运输车改铸铁轮行驶轨道燃汽油以代机煤本轻利薄名雨龙号自动快车以维交通而裕路收

（c）向驻军五十七师收回木驳船五只（原为船舶管理所占用福昌公司船只后该所遣散船归师部）暂作驳运附近港口盐斤之用

（d）一、二两码头敷设复式轻便铁道加强轮船装卸力

（e）修补车务段接收棚布一百一十二块交连云车站出租

（f）修整利用第七第九两船位

（g）添设自来水事务所及看守棚

（h）划分码头存货区

（i）划定风船停泊区略征费用以示限制

（g）规定发售船舶行李包裹票

四、路线移动

（1）自三十五年一月十三日由四十八公里至一百二十五公里间路线七十七公里被共军全部破坏

（2）大浦站二股道因抢修关系于一月拆去七月修复

（3）大浦久大盐场支线因修本站二股道于七月拆去

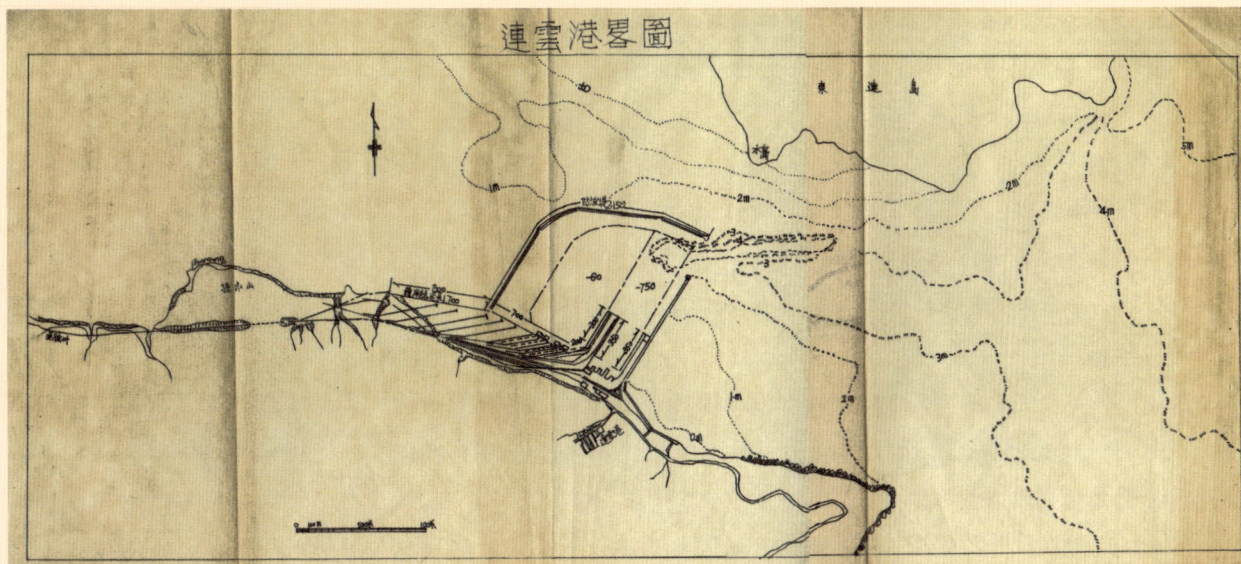

連雲港畧圖

五、与革事件管理与技术上改进

（1）本港与战前在信号山南凰窝地方依谷筑池贮蓄雨水容量为三十五万吨经过砂滤澄清及调节压力等装置按现在状况除供给机车船舶锅炉用水外尚足敷三万人饮用向无代价收复后设所管理分别收费旨在节流拥有自来水管理办法呈请核准实行

（2）所有以次□新事件均经联席会议决定拟具办法呈请路局核示后遵照实行管理

（a）自动车客货运输暂行办法

（b）各站蓬布出租办法

（c）轻便铁道风船停泊港外及近海驳运船舶随身行李包裹票等均拟定费率由业务股管理实行

乙、业务检讨

一、业务消长

本段由连云至东海仅三十七公里有机车七辆客货车一百八十辆勉可使用挖泥船一只拖轮铁驳各两只水陆运输除供给军用外所赖以维持货运者幸有食盐磷砂两大宗煤炭杂货次之兹分述于次

（1）食盐　本段临近盐场有四西为板浦临与东为中正济南除临济两场均被封锁外板中两场尚余极小一部未被共军占领而湘鄂皖赣四岸以及豫东一带食盐早已发生恐慌两淮盐局奉令抢运接济其板浦场所产者均由盐坨站向东车运到港装船转沪入江中正场所产者均用风船或汽车向西载运到港候轮是故盐斤固为出口货但亦有一部分系用船只驳运而来者先行入口集中归坨经盐局配销秤放然后装轮出口惟产量少而运商多供不应求盐局为维持平衡计约三阅月开放一次如借用芦盐鲁盐或不配销则本段货运绝少矣据查沦陷时运往日本五万六千一百六十七吨

（2）磷砂　东海南六公里锦屏山磷矿在敌降后所有房屋亦被人偷折盗卖一空及经济部派员接收时仅存矿场及东海站磷砂约一万六千吨连云码头约一万一千吨自四月至十二月由东海车运到港为一万二千三百六十吨由港运日交换物资者约一万九千一百四十五吨运至台湾者为三千八百五十五吨现在计划开采日出约五十吨据查沦陷时运往日本共计三十二万七千七百二十吨又铁砂二十万零一千六百七十五吨

（3）煤炭　连云向为东枣庄中兴公司煤炭输出港口敌伪由二十八年至三十四年共运回日本四百四十万零六千八百三十五吨投降时由陆军总部派员接收堆存本港待运煤炭六万吨除维持交通及供当地应用外并由其他各部运往青岛上海七千余吨而来源断绝以致煤荒严重除海州电厂早已关闭外而本路多方设法借用收购勉强支持幸未停车

二、管理得失

（1）业务管理　港务处在接收之初所订费率因设备较简大致均按青岛百分之八十收纳一切管理办法亦依据参酌拟定呈奉核准后遵照执行年余以来尚无滞碍

（2）房产管理　连海段所接收房屋大小二百余处因环境特殊人手不足除已往用者外几至无法管理惟地亩尚在控制中

（3）码头力侠管理　本港码头装卸力侠因时局不靖船无定期暂由两夫□包工友工会支配其名额视业务之繁简随时增减港务处未处使严格管理而流转滋多影响亦甚为节省公帑维持现状计只得如此从权办理现正因势利导研究改善中

（4）现金与材料之管理　连海段所有站□与各单位薪公杂费均由联合办事处逐日派员提解国库（中央信托局农民银行）电局报备每届月终由各单位造单领发统收统支除单据奉令存铁路局派员审查核销外

每月另报收支对照表备案并报告联会至各单位急需物料除办公消耗品按月由固定周转金项下开报外均由港务处材料库发给无存者由购料组采购应用

三、财政盈亏

港务处自去年三月份以前均入不敷出自四月份成立连海段联合办事处统收统支计四五七八等月均仍亏欠迨调整各项费率及增加自动快车收入较多除采购燃料及专案请准开支六零九一四六四零不计外由九至十二个月各月均有存款截至三十五年年底止共计盈余二三五九一三二四零元

四、设备良窳

（1）港口设备 本港东有长六百公尺宽五公尺直形防波堤西有同宽长二千一百五十公尺弧形防波堤惟尚未竣工并长三百五十公尺宽四十六公尺突出堤两座分为第一第二第三码头三面每面分三区船位而一码头一二三区栈桥腐朽未修二码头四区因与中兴煤矿公司订约关系有优先权仅五区尚可六区残破待修三码头八区原无栈桥七九两区水浅低潮仅两公尺二三港口东连岛有海关建置小型灯塔一座港外车牛山大型灯塔与信号山旗台以及航道标识均待恢复堪用挖泥船二十吨起重机各一大小拖轮各一铁驳二木驳五现有淡水而无电流设备不周无可讳言

（2）路线设备 连海段所有枕木已全部朽腐无可抽换行车速度曾低减至每时十五公里电话不灵因陋就简每日现仅开军事巡逻车及客货混合车两次以备军事及小商贩往来自九月十五日起始增加自动快车八次维持交通而已

五、各种工作效率之增减及原因

本段因时局阢陧路线中断维持现状计所有员工除百分之五调用及百分之十由收复区录用外余皆留用然经过长时之考查率多坚忍耐劳自食其力者虽物价高涨待遇低微尚能勉为其难各尽职责盖以遍地荆棘迁徙不易咸以游移情绪演成待机观变心理幸各部首领尚能整躬率属洁身自爱他往谋身者固亦间有之而大多数皆因家累太重极端困难动不如静希望将来且一面代向苏宁分署海州工作队及救济协会请求救济除员工本身外其直系亲属受患者约一千五百人一面待遇调整又领到福利金两千万元购粮分配聊资补助并于每周实施精神训练时以埋头苦干共度难关激动有加只以异党包围为争取技术人员计致未遵令检举故予以自新之路处此恶劣环境情况之下其所以咸能安心服务勤恳工作虽人少事繁并未减低者实赖宽则得众信则人任之力有以致之回意原因不外乎此

丙、沿线环境

本路沿线□路务有直接或间接影响军事政治社会经济等状况

三十四年八月敌降后即有第十战区苏鲁豫皖边区特派员唐某到海州就伪军改编党政军联络总队下设若干联络站分驻各处在连云港设有船舶管理所并组织所谓水上保安大队海防队督察队检查站等等名目繁然粮响无着就地征筹或分向民家就食人不堪扰及奉徐局令向船管所接收敌商筑港之福昌公司□□与虎谋皮接洽经年其木驳五只方行收回迨去年一月十日九十八军开到连云受降缴械正在接防十三日由白塔埠以西路线均被共军占领导本段三面包围各段所属被俘员司十九人工警一百六十四名杀掠甚众封锁物资人民流离苏北混乱一面遣送日俘侨二万二千余人所有本路接收房屋计千余间原为俘侨居中住迨七月底遣送完毕均被驻军控制家俱集中以致本路员工宿舍时遭侵占午夜搜查不遑宁处偷窃案件层出不穷即本处医院被窃至七次之多除首次偷去之医院器材当即索还及私人遗物外幸无大损失然各部仍有不肖份子勾结地痞监守自盗占房转租经商诈财窃割电线盗卖肥皂百物禁运商旅裹足仅有负担摊贩投机活动惟盐斤抢运率为军公人员以官僚资本垄断渔利申请销盐运商四百余家然绝无字号行址可寻市而金融赖北维持而港口运输司

令部卒年之内四易主管敌伪动产偷漏殆尽正当纷扰之际机关陆续添多房屋更形拥挤尤其是四月一日连云市政府成立积极进行接收港务虽经呈准未便分割移交而争房抢粮勤捐派款征兵抽夫管制检查雷索强借之事几无暇日当时彼掣我肘我求解脱平安度过迭费周章盖无论任何机关部队凡到港者所有本段房屋建设路料器材运具物品无时不受各部军警摧残其侵占越权之事每日大小交涉平均不下十余起之多视本港路产与主权实为众天之的致使一般员工生活不安精神不振维持现壮几难继续而连市人口七万抗战虽胜仍为俎上鱼肉各家各户甚有仍愿以沦陷为安者政治军事如斯而已社会经济可见一斑自愿警力单薄维护难御欲强梁力有未逮复以机煤告罄无米难炊嗣后虽商洽盐局预付运费以重价零星收购土煤亦必供给军部巡逻列车之需及盐车开行乃向盐商订定每借机煤十顿即为开车一列迫煤运到均已次弟归还时值战乱未已通车无期环境险恶如理乱丝至六月中旬胡副处长焦劳痔发被逼辞去由仲一人以总务股长代行联港两处事务周旋应付苦力支撑凡有交涉以礼不能以刚不可抵得示之以柔寓之以刚往返迁就委曲求全忍辱含垢啼笑皆非至事圆至去年九月开行自动快车方期收支平衡而初镶铁轮不能持久时生故障又由机务段长陈玉亭赴青改铸铁轮不意病故青岛该段无人主持经联会议决亦以仲兼代并为发丧浅葬以上各节俱为事实皆有案证可征影响路务莫此为甚

丁、建议事项

俟沿线稍靖全路通车所有机车车辆绝不敷用为便利交通计在煤源未畅以前先行预定大型新式自动车多列分段行驶成本较轻灵敏舒适以疏客运而维路收

戊、规定人数

港务处在三十五年十二月底现有员司五十九人职工一百五十二人连海段联合办事处共计员司二百零二人工警一千零四十七人

己、文件

上期并无未办文件全年联港两处共收文一千五百二十一件发文一千零一百五十三件本期未办四件已办件数如发文尚有无须复办者三百六十四件

连云市建设计划大纲草案

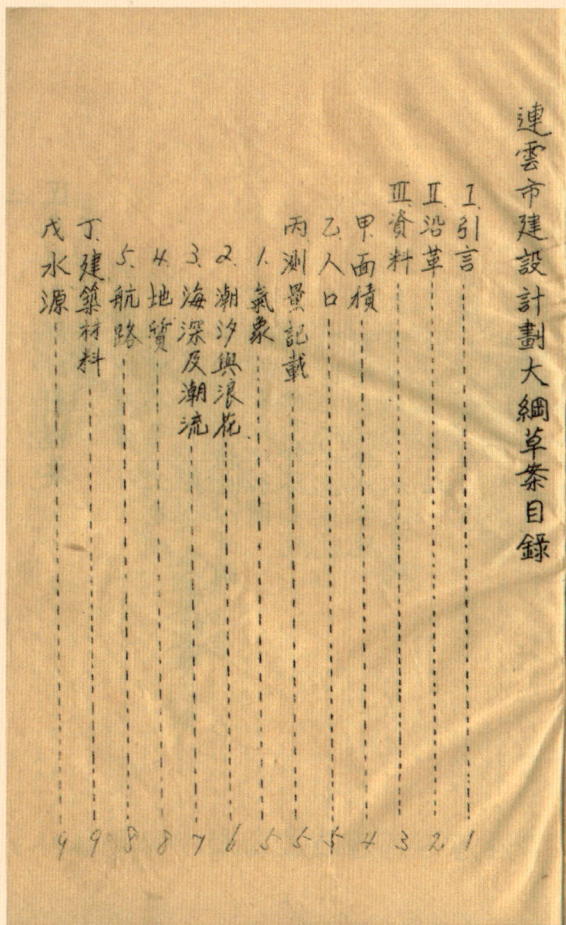

保管单位：连云港市档案馆

内容及评价：

1935年11月，连云市设市方案获中华民国行政院批准。1946年4月，张振汉出任连云市首任市长。张振汉到任后，制订《连云市建设计划大纲草案》。该建设计划大纲分引言、沿革、资料、计划概要、经费、结论等部分，提出连云市建设的基本目标、市政建设和海港建设计划。计划提出将连云市建设成为"堪与上海相仲伯，以较青岛远过之"的大港，以实现孙中山先生的宏图伟愿。该大纲至今仍能给连云港市的发展诸多启迪，一是更加充分地认识连云港的核心价值和战略地位；二是城市发展规划必须有战略思维和世界眼光。该大纲是连云市建设和发展的原始文件，对于研究连云市的建市目的、总体规划和海港建设等具有重要意义。

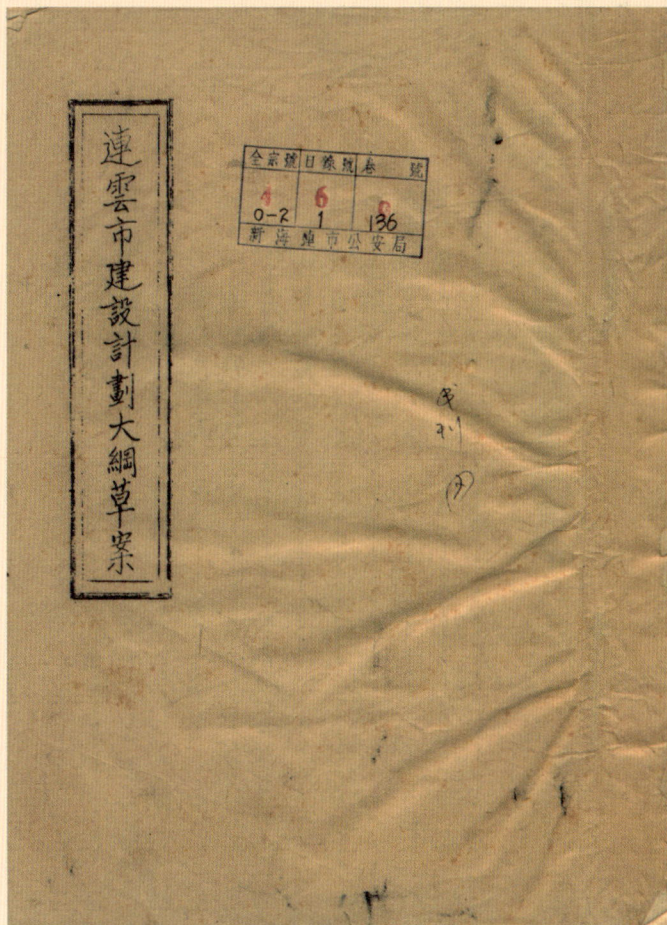

连云市建设计划大纲草案封面　　　　连云市建设计划大纲草案目录

@大港計劃

一、計劃概要

大港位入航路在本港與東西連島間之東部港口間北航線海水較深也西部港口只能容帆船及小輪駛入每日漲潮之時潮流自西南向東南來落潮則反是漲落之深港內潮流頗速每秒為一至一二公尺故退時流速最大之潮流作為出入航路則泥沙不致淤墊每年可省去不少之挖泥工作右

西港口關拳殼可增加港灣再積碼頭長度大為增加然流速減小淤墊泥沙處多船初灵得不償失矣為避免特放天錯弝見表另附詳細

計劃之先將開鑿西港口兩種辦法請全國水利委員會中央水利實驗處作模型試驗比較其結果然後決定採用何種辦法

本計劃擬將第八第八四碼頭改送並自第二碼頭起四四番築碼頭共八道及船塢一所可容三千至八千噸輪船在內修理船塢在第九碼頭與第十碼頭之間西防波堤靠近第十碼頭向東北伸出一五公里再折向東四五八公里

頭長六二八公里東防波堤在海建唇曲三二0公尺處再向東北伸出一五公里再

彎連脊更築一殼頭長一公里油港防波堤與東防波堤之間即為油港可與送西之諸港隔離以免危險自第一碼頭延向東來築反

但殼大之碼頭即為油港防波堤第一碼頭西側交第十碼頭可容萬噸油

頭可容離頭以工之船求入水深保持低潮下十二公尺漲潮時即可得而

至二五公尺之深度第十四碼頭東側與第十五碼頭為油港可容萬噸油

船並入水深在低潮下十公尺

大港计划

全文（节选）：

连云市建设计划大纲草案

IV. 本市全部计划概要

甲. 都市计划

A. 关于测绘者

1. 测绘全市小三角网

欲计划者市，必须以精密之地形图为根据，测量地形之先必须设立控制网，面积小者，测量导线即可控制，范围大者非以三角网控制不可。本市范围，宜于作小三角测量，估计全市可设立三角站数约七十。

2. 测绘全市二万五千分一地形图

先以小三角网为根据，作导线测量，再由导线施测地形，从港埠区起，向西依次施测，其次序为（1）港埠区，此一带之平地及可辟市街之山地，皆须测量；（2）墟沟区；（3）北固山区；（4）行政区及北商业区；（5）南商业区；（6）西商业区；（7）工业区；（8）南城飞机场区；（9）文化区；（10）高公岛区；（11）东西连岛区；（12）北产盐区；（13）南产盐区；（14）前云台山；（15）后云台山。

3. 测绘全市精密水准网

凡干线道路、市街上下水道、航道、筑港等工程必须以精密水准点为依据，本市精密水准网，宜绕全市一周，再于中间沿陇海路测东西横贯线一条，在后云台山南麓前云台北山麓及西麓，各测南北横贯线一条，直通北海岸，在东西连岛周围，亦须作一精密水准闭塞网。

4. 测绘各区地形图

各区之有市街计划者，均须测量五百分之一或千分之一地形图，自东至西，依次测量，盖本市之发展，亦将由东而西也。

5. 测绘全市干路系统

全市干线道路，首须修筑，故测量亦须提前，计纵横断面及地形测量，其精密水准测量同时举行，尤为便利。

6. 测绘全市水道系统

除已有之临洪河、烧香河、半边河及运盐河外南北商业区，拟用开挖之排洪河道，亦须测量，以便计划本市航运及排水。

7. 测绘全市水源地

凡可建蓄水池之山谷，皆须测量五百分之一地形图，山谷之纵横断面图，以供设计，给水工程之用，可以凿井之处，亦须测其地形。

8. 测绘全市下水道系统

宜与各区市街计划配合，从市街测至出口处。

9. 设立气象站

本市宜设气象站一座，经常测雨量、风向、风速、湿度、气温等气象，绘成记录图表。

B. 关于计划者

1.市区现况

港埠：在本市北部，为港口所在地，几全属山地，平地甚少，开港以来，人口忽增，沦陷期间，敌人在此建筑大小办公房屋及住宅达数百幢之多，旧有房屋，仅数小幢，占全数尚不到十分之一，所建房屋杂乱无章，下水道亦漫无系统，街道宽度及坡度，亦不合规定，非加以整理不可，现有人口约一万。

墟沟：在港埠西八公里，地势较平坦，旧式街道亦有整理之必要，每年渔市在此集中，收入在战前达十余万元，敌人在此建一酒精厂及一制水厂，惜均已停工，内部设备亦多半丧失，现有人口约五千。

大浦：在墟沟西二十公里，西临临洪河，昔日千吨以下轮船，在此靠岸，陇海路先以此为出口，后因在连云港辟港，铁路展筑至港口，临洪河日渐淤塞，故此处亦日渐衰落，不若昔年之繁盛矣，久大精盐厂设于此处。

兴隆镇：为新浦镇之东市，临临洪河，并靠近铁路。

西墅：为墟沟西北四公里之渔村，滨海。

新县：为前云台山麓之大村庄，昔为县治。

南城：为本市大镇之一。

小板艒：为驳盐河与烧香河十字交叉口，有四节制闸，南通板浦中正二盐场，东通高公岛及海口，西通南城，北通黄九埝。

此外尚有村庄三十余，人民业农者多，渔盐次之。

2.划分市区

昔日计划都市者，每以蛛网式及棋盘式等集中式样为准则，此次大战证明此等式样对于军事上，尤其防空上最为脆弱，以其易受集中轰炸也。最理想者莫如带形式样，原子弹之破坏力，对于带形城市亦较小。本市计划新都市之始，即以此种式样为根据，采用现代都市设计理论，复参照本市地形及前市政筹备处计划，略加变通，预期三十年内发展情形而计划之。其划分之区域为：

a.港埠区

b.商业区及行政区

c.渔业区

d.产盐区

e.工业区

f.住宅区

g.文化区

h.飞机场

i.风景区及绿地

a.港埠区

连云港上较平之地势不多宽至一百公尺至四百公尺不等，再进则山地，只能开辟二三街道，迤西约七百公尺，石壁陡峻，干线两旁无法建筑房屋，再西二公里至孙家山，南边亦为山麓，不甚险峻，宽自二百公尺至七百公尺不等，再西至墟沟车站，山麓平均宽三百公尺，凡铁路以北沿海一带填平之地，则为敷设铁轨建筑仓库堆栈及港务机关房屋之用均划为港埠区，铁路南山麓一带，则为该一带人民小商业区及住宅区，可容纳人口约十万。

b. 商业区及行政区

铁路以南，墟沟迤西，自小山起，有两片广大之平地，可作为行政区及商业区之用，其一在后云台山之南，自唐圩铁路迤东，南至大金湾一段长形平原，面积约十四平方公里，定名为北商业区，其一自虎山迤东，南经牛王庙黄梅岭一段狭长形平原，面积亦约十二平方公里为南商业区，此两区均位于高山之间，人口密度以每公顷二百人计算，约可容纳五十万人，再于马山至猴嘴铁路以南至新县一块平原，辟为西商业区，此区平地面积，约九平方公里，可容十八万人。

c. 渔业区

本市东海岸之高公岛，北固山东之海头湾，其西之西墅及西连岛均有渔村，拟将此四处辟为渔业区。总理实业计划中之头二三等港均同时有渔业港之设备，故开辟渔业区，对于国计民生大有裨益也。

d. 产盐区

盐为主要民食之一，又为化学原料，市区内墟沟至大浦一带海滨，烧香河出口之海滨，早已成为产盐地，利用海水晒盐成本既轻，品质亦佳，政府设立两淮盐务管理局于此，征收盐税，以裕国库，故现有之产盐区，宜尽量予以保留，必要时且可扩充，以供化学工业之需要。

e. 工业区

拟选定大浦新浦一带临洪河与铁路间平原为工业区，将来并宜疏浚临洪河，使通航运，此区之优点有六：

1. 地面平广可供长久发展。
2. 水陆交通均极便利。
3. 原料丰富，沿陇海铁路各省均可供给无尽之原料，如水道系统打通，则淮河流域之原料，亦可供给也。
4. 地质低廉，此一带平原。久为荒芜之咸地，划为工业区，可节省大量之不动资本。
5. 距商业区及住宅区远，凡工厂嘈杂之声音，机器之震动，及煤烟之污浊，均与他区无扰也。
6. 燃料价廉，中兴煤由本港出口，故工厂动力之成本不高。

f. 住宅区

除港埠区一带山麓作为港埠住宅区外，在商业区两旁山麓较高之地，亦高辟为住宅区，既已近市，又复倚山，估计全市住宅区面积约为三十平方公里，可容六十万人。

g. 文化区

前云台山之南，烧香河以北，大岛至山东庄一带，地势幽静，划为文化区最为相宜。

h. 飞机场

刘舷新浦以南，南城以北一带平地，可辟为飞机场。

i. 风景区及绿地

本市可辟风景及绿地计有：

一、黄窝风景区及海滨浴场，此处为一大山谷上有一储水池，风景幽美，其下为海湾，有沙滩，可作海滨浴场。

二、北固山风景区及海湾海滨浴场，墟沟之北海滨，西起黄石嘴东至墟沟车站一带，山峦耸翠，海岸湾曲，距海岸一公里之海中，有岛名曰鸽岛，在黄石嘴海湾处，亦可辟一海水浴场及一公园。

三、西连岛风景区

四、绿地，本市绿地除沿海一带海面，前后中云台山，北固山及东西连岛、鸽岛、竹岛，诸天然绿地外，平地上尚有广场盐田、耕地、河道及飞机场，亦可列入绿地，若以面积计算，当不［少］于建筑面积之两倍也。

关于各区之市街计划，须待详细测量及设计后，方可确定，

j. 道路系统

本市干线网如后：

a. 港口至新浦线（中山路）自港口起，经孙家山、东西陶湾、墟沟、平山庄、虎山南麓、狮子山北麓、猴嘴、宋跳，而达新浦，全长约三十二公里。

b. 新浦至南城线（林森路），全长约六公里。

c. 南城至大板艞线（中正路）自南城起沿烧香河东行，经小岛山南麓、凤凰翅、小板艞而至大板艞，全长约二十二公里。

d. 大板艞至港口线（连云路）自大板艞起田湾、柳河、高公岛、黄窝、涛连嘴而至港口，全长约九公里。

e. 小山至猴嘴线（江苏路）自小山沿陇海铁路经虎山、马山北麓，而至猴嘴全长约十公里。

f. 猴嘴至大浦线（天津路）全长约四公里。

g. 大浦至宋跳线（广州路）全长约四公里。

h. 西墅至大板艞线（南京路）自西墅起经唐圩沿后云台山南麓，而至大板艞全长约十六公里。

i. 黄孟庄至凤凰翅线（北平路）白帽盒顶山麓黄孟庄起，经弁雾山与华盖山之间，沿南商业区而至凤凰翅全长约十公里。

j. 猴嘴而南城线（汉口路）自猴嘴起沿前云台山西麓而至南城，全长约十二公里。

k. 大村至宋艞线（重庆路）全长三公里。

以上干线十一道，总计长约一二八公里，至于各区道路系统，俟详细测量，再为计划，又陇海铁路改线不易，拟将路线两旁，划为绿面地带，以期与各区隔离。

4. 水道交通

a. 疏浚临洪河；

b. 疏浚盐河；

c. 疏浚烧香河；

d. 疏浚半边河。

以上四项工程，恐非本市所能顾到，宜与两淮盐务管理局及全国水利委员会合力完成之。

5. 公用事业

本市应办之公用事业如后：

a. 电力厂。本市应设大规模之电力厂，以供全市各种用电之需要，其电力之大小，以预期三十年之发展为大致标准约为十万启罗瓦特，拟分六期完成，每期五年，每一期开办，以三千启罗瓦特为度，以后逐期扩充之，此厂宜设于工业区，应因该区用电最多也，开办之时，即预留三十年发展之用地面积，以便扩充，如市政府能力不足，可奖励商办。

b. 公共汽车。本市市区分散东西，最远距离，达三十余公里，非有交通工具，不能迅速连络，拟先办港口及新浦线公共汽车，沿途设站，以便各区市民上下之用，以后市区发展时，公司亦随之扩充购置车辆，增加路线，其分期扩充情形，详于实施程序表中，此项事业可由工务局自办。

c. 电车。市区交通工具，以电车为最廉，运输量亦最大，本市发展至相当阶段时，仅恃公共汽车，必感不足，故拟于第五期（即第五个五年）中，开办电车公司，逐渐扩充，至第六期将全市电车网完成，此项事业工程浩大，宜奖励商办。

d. 飞机场。本市与外埠连络交通工具，除火车、长途汽车、内河及海洋轮船外，宜更有空中之交通工具，以资敏捷之连络，惟需费甚钜，可由中国航空公司举办。

e. 菜市场。本市将来发展，当系由东而西，故菜市场之建筑，亦须随各区发展情形，逐渐增加。估计港埠区宜建十处，墟沟区海头湾区及西墅区共十处，行政区及南北两商业区共三十处，西商业区十处，工业区十处，西连岛渔业区二处，前云台山西麓住宅区十处，南城镇三处，文化区高公岛渔业区二处，其他村镇及产盐区共二十处，总计全市应设菜市场共约一百一十处。

f. 屠宰场。本市市区分散，故宜分区建筑屠宰场，以供需要，计港埠区、墟沟区、南商业区、西商业区、工业区、南城镇、西连岛各一处，共计七处。

g. 公墓。本市墓地，宜集中一处，免碍观瞻，拟划定后云台山法起寺附近山地为公墓区。

h. 车站。在本市行政区附近，设置大型车站一处，车站前置一广场，与市区马路交通相联络，另于港埠、墟沟、新村、猴嘴、新浦设置小站，便利旅客上下，货车站则分设于港埠、墟沟、新村、新浦四处，与调车场密取连络。至于调车场及停车场因占据面积太大，影响市政发展，宜置于市区以外，新浦至东海间之平原地带。

i. 电话。安设电话，先从港埠区着手，次第西发展，至完成全市电话网为止。

6. 给水系统

本市因地势及水源关系，只能采用分区给水办法，可供市区饮用之水源有二，一为在前后云台山，北固山山谷间建蓄水池，一为在前后云台山及北固山周围山麓沙地凿井，蓄水池之容量，每日供给之水量，及坝之建筑费，各处不同，须待测量设计后方可确定，至于水井之数量，供给之水量，以及工程费，亦须待往各处详细调查及探验后，始能计算，但本市水源之供给量，可大致估计之如次：根据陇海铁路之雨量记载，连云市之年雨量为700.5公厘，以整数700公厘计之又前市政筹备处计算全市之总面积为430平方公里，平地及盐田区河流之水，因距海甚近，咸不能饮用，故除去其面积296平方公里不计，仅存134平方公里之山地，可供蓄水之用，而此面积又不能全部利用，兹假定至多利用一半，以作降雨流域，即约69平方公里，再减去蒸发量及渗透量各三分之一，则每年可供储蓄之水量为69×1/3×1,000,000×0.7=16,100,000吨，此水量若能于各山谷间多筑蓄水池及在山麓多凿水井，完全储蓄利用并以每人每年18吨用水量计算，则可供给16,100,000÷18＝900,000人之饮用，如本市人口发展90万以上，则非在他处另觅水源不可。

7. 下水道系统

下水道系统，因地势关系，不能采用集中制，最好分区排水，较为经济。港埠区排水，采用雨水污水分流制，雨水用管引入山沟，污水则另设污水管，总汇于最低处放入海中；墟沟区亦采用分流制，污水出口或放入东部海中，或引至西北边灌溉农田；行政区及北商业区排水，因地面低下，据前市政筹备处测量结果，该区地面平均高程约为五点四公尺，与陇海路所测最高潮高程几相等，若有意外高潮，潮水有侵入之虞，故亦不宜采用合流制，又本区两边峻岭对峙，一遇急雨，山洪立至，平地排水迟缓，不免汛滥，故为排水迅速起见，可于平原两边与山坡交界处，各辟河道一条，使山水直泻入海，再于平原之中，将半边河疏浚整理，以排泄平原本身之水，故此平原共有平行河流三道，中河使通航运，南北两河则专排雨水，掘河所得之土，以之填高街道，最为适宜；至于污水排泄，不能顺自然坡度流出，故只能在污水总汇处，用抽水机升高，引至他处，灌溉田亩。

…………

乙．海港计划

A．关于测量者

1. 设立水文电站及水位站

在东连岛对岸设立水文站一处，东西连岛各设水位站一处，必要时尚须于临洪河及大潮河口设立水文站一处。

2. 港湾测量

自棺材山西北端之猪嘴岛起，至后云台山东南之烧香河口止，举凡海内地形潮汐含沙量等皆须详细测量绘制图表。

3. 港湾地质钻探

凡在筑港范围内之海底地质均须详细钻探研究作成记录。

B．关于计划者

1. 港湾现状

连云港第一第二两码头及靠近第一码头之防波堤，前由陇海路于民国二十一年计划，荷兰治港公司设计，承修两码头各长350公尺，防波堤长950公尺，靠近第一码头靠船处挖一长1050公尺宽260公尺深在水平零点下5公尺之深水区，以备停船，在靠立墙处则更加深一公尺。全部工程于二十二年七月一日正式动工，完工不久抗战即起，我军于撤退时加以破坏，敌人占据后只顾目前使用，略加修理并在西部加修防波堤一道1.5公里工程，极为草率，且将码头之全部钢板墙拆去，致堆石塌下船不能靠岸，敌人乃加修木栈桥，以使靠船及装卸货物。八年以来，木栈桥饱受风雨浪潮及海虫之侵蚀，腐朽日甚，若不速加修理，势将倾犯，危险殊甚。港内淤积亦日益加高，现有挖泥船两艘均系战利品，非大加修理不能使用，兹将战前现在水深及进出船舶之大小列表于后以供比较。

	战前	现在
航运水深（公尺）	5.0	3.5涨潮时为4.5
码头水深（公尺）	6.0	2.5涨潮时为4.0
船舶吨数	八千吨船可以进出	三千吨船可以进出

2. 扩充计划

陇海铁路如全线通车，保持现有之两码头何能担负此庞大之货运势非大加扩充不可查东西连岛横峙连云港门前，为天然之防波堤，岛上山岭严若屏风，东西长五公里余。港阔最狭处亦有二公里，宽处且过之，以之筑港及扩充，仅有余地。现拟定二十五年扩充计划，完成后吞吐量可达四千五百余万吨，两三万吨之航洋巨轮亦可出入，堪与上海相仲伯，以较青岛且远过之。兹假定每年运输货物种类及数量如下：

（大港）煤炭矿石类	17,725,000吨
杂货	9,275,00吨
粮食	8,350，000吨
盐	360,000吨
机械	4,350,000吨
石油	3,000,000吨
木材其他	1,940,000吨
共计	45,000,000吨
（小港）鱼盐其他杂货	500,000吨

a.大港计划

一、计划概要

大港出入航路在本港与东西连岛间之东部港口,因此航线海水较深也,西部港口只能容帆船及小轮艇出入,每日涨潮之时潮流向西南而来,落潮则反是。涨落之际港内潮流颇速,每秒为1至1.1公尺,故选定流速最大之路线作为出入航路则泥沙不致淤垫,每年可省去不少之挖泥工作。若西港口闭塞,诚可增加港湾面积,码头长度大为增加,然流速减小淤积泥沙必多,恐仍是得不偿失也。为避免铸成大错起见,最好在详细计划之先,将闭塞西港口与不闭塞西港口两种办法请全国水利委员会中央水利实验处作模型试验比较其结果,然后决定采用何种办法。

本计划拟将第一、第二两码头改造,并自第二码头起,向西添筑码头八道及船坞一所,可容三千至八千吨轮船在内修理。船坞在第九码头与第十码头之间,西防波堤靠近第十码头,向东北伸出1.5公里再折向东4.58公里,共长6.08公里。东防波堤在涛连嘴西350公尺处,再向东北伸出1.5公里,在涛连嘴更筑一较短之油港防波堤,长1公里,油港防波堤与东防波堤之间即为油港,可与迤西之诸港隔离,以免危险。自第一码头起向东再筑五个较大之码头,第十五码头之东即为油港防波堤,第一码头西侧至第十码头可容万吨以上之船出入,水深保持低潮下十二公尺,涨潮时即可得十四至十五公尺之深度,第十四码头东侧与第十五码头为油港,可容万吨油船出入,水深在低潮下十公尺。

凡装卸杂货机械粮食之码头均须建筑仓库及棚厂,各码头均须铺设铁轨二道或四道甚至八道,俾与陆上连络,且须有起重机装煤机等设备,油及粮食之装卸须有特别设备。上下旅客之码头、候船室及海关检查室等房屋亦不可少,各突出码头之中央均须铺筑洋灰马路一条,并于各码头间之护岸处设备小型船舶,货物装卸各突出码头后方业经填平之地,均须设备公路及铁道,凡道路所包围之空地按区域设备仓库及棚厂若干,以作出入货物临时贮藏之用。

疏浚港内停泊区及航路所挖出之泥沙共约四千四百万立方公尺,但其土质属细软,可择其中比较良好之沙土以作填垫海岸浅杂之用,其数量可达一千二百万立方公尺。又由孙家山可采取沙土至少六百万立方公尺,涛连嘴可采土二百万立方公尺,合计可供填垫之泥沙共达二千三百万立方公尺之□以上。填孙家山以西墟沟海岸约九十万平方公尺及第一与第十五码头间约五十万平方公尺土地,向东连岛及涛连嘴之岩石可开采作东防波堤及油港防波堤之用,西连岛及孙家山之岩石可开采作西防波堤及护岸之用,其碎石沙土即用以填垫地面,孙家山及涛连嘴开石地带一经整理平坦后即可于其上敷设铁道线若干,以作煤炭矿石盐等之堆积场,并可利用设置造船厂坞机车修理厂仓库推栈以及住宅基地,将来货运增加时可于防波堤第十码头之上架设西船位装煤机,使装卸速度增加,疏浚港外航路总长十五公里,宽一百公尺,应疏浚至十二公尺,深挖出泥沙量约一千三百万立方公尺。

另外为使东西连岛与港埠连络起见,利用西防波堤修筑公路一条,并择海峡最狭处建造活动钢桥一座,长约三百公尺,可由港埠直通东西连岛,巩固国防及发展对于东西连岛之渔业必可多得裨助也。

兹将拟筑各码头之号数、长、度、宽、度、停泊处水深、运输货物种类、一年间运输业及停船大小(以吨作计)列表如下:

码头号数		长度(公尺)	宽度(公尺)	输出入货物名称	一年千吨数	深水	停船吨位及只数
第一码头(改造)	西侧	350	80	杂货旅客其他	325	-6	三千吨三只
第二码头(改造)	东侧	350	100	煤炭矿石等	1.025	-6	三千吨三只
(新筑)	西侧	300		煤炭	900	-8	五千吨船三只
第三码头(新筑)	护岸	300		装煤机四架	2.400	-8	五千吨船二只
第四码头	东侧	350	50	煤炭矿石	1.000	-8	五千吨船三只
新筑	西侧	350		煤炭矿石	1.000	-10	一万吨船二只
第五码头(新筑)	东侧	350	150	机械旅客	600	-10	一万吨船二只
	北端	150		机械旅客	150	-9	八千吨船一只
	西侧	350		机械旅客	600	-9	八千吨船二只
第六码头(新筑)	东侧	350	150	粮食旅客	150	-9	八千吨船二只
	北端	150		粮食旅客	150	-9	八千吨船二只
	西侧	350		粮食旅客	600	-9	八千吨船一只
第七码头(新筑)	东侧	350	150	杂货旅客	600	-9	八千吨船二只
	北端	150		杂货旅客	150	-9	八千吨船一只
	西侧	350		杂货旅客	600	-8	五千吨船三只
第八码头(新筑)	东侧	350	50	木材旅客	970	-8	五千吨船三只
	西侧	350		木材旅客	970	-8	五千吨船三只
第九码头(新筑)	东侧	350	50	杂货旅客	1000	-8	五千吨船三只
	西侧	350		杂货旅客	1960	-8	五千吨船三只
第十码头(新筑)		350	50	(装煤机四架)煤	2460	-6	三千吨船三只
第一码头(改造)	东侧	600	80	杂货旅客其他	3000	-12	二至三万吨船三只
第十一码头(新筑)	东侧	600	200	粮食旅客	3000	-12	二至三万吨船三只
	北端	200		粮食旅客	1000	-12	二至三万吨船一只
	西侧	600		粮食旅客	3000	-12	二至三万吨船三只
第十二码头(新筑)	东侧	600	200	煤炭矿石	3000	-12	二至三万吨船三只
	北端	200		煤炭矿石	1000	-12	二至三万吨船一只
	西侧	600		煤炭矿石	3000	-12	二至三万吨船三只
第十三码头(新筑)	东侧	600	200	杂货旅客	3000	-12	二至三万吨船三只
	北端	200		机械旅客	500	-12	二至三万吨船二只
	西侧	600		机械旅客	2500	-12	二至三万吨船三只
第十四码头(新筑)	东侧	600	200	石油	1500	-12	一万吨船三只
	北端	200		煤炭矿石	500	-12	一万吨船一只
	西侧	600		煤炭矿石	1500	-12	一万吨船三只
第十五码头(新筑)	西侧	600	100	石油	1500	-10	一万吨船三只
一年吞吐量总数	合 计				4500		

二、工程说明

子、栈桥

第一、第二、第四、第八、第九码头之两侧，拟筑大型栈桥之基地，因海底过于松软，为巩固桥脚计拟下筑井筒式大管，上筑钢筋混凝土桥身，以期耐久。

丑、突出码头

第五、第六、第七、第十一、第十二、第十三、第十四诸突出码之周围，以混凝土筑井筒式桥脚，其背后填筑土壁，壁之内侧，先倾入碎石，再由孙家山或附近挖取良好之砂土以填垫之。

寅、装煤机

装煤机之设置地点，因地质过软，亦应打入基础桩，再用井筒沉下，施工方法，宜用适应软地质之建造法，护岸前面筑独立栈桥四座，并于每座各设装煤机一部，及其附属设备。

卯、装卸场

于填垫护岸之内各码头根基部之中间地点，筑货物装卸场，以备小型船舶装卸货物之用，但其地基之土质皆属松软须打入基础桩，然后于其上筑成货物装卸场。

辰、铁道

铁道除须敷设于码头及货物装卸场外，并须铺设存煤存矿及调车场等大规模之铁道，但因本港后面填垫地区狭小，附近又无平地，故仅可铺设本区域不可缺少之少数铁道。关于大规模之存煤及存矿场用地，应于孙家山嘴与墟沟间之填平海岸地带敷设之。至于正式调车场及附属设备，应于新浦以西之平原地带建筑之。

巳、仓栈诸设备

棚厂、仓库、道路等设施，俟工程完竣后，于新筑之七大突出码头上面详察地质情形，而打入基础桩，建造新式混凝土棚厂及仓库。并于货物装卸场之后面，建造小型棚厂，旅客货物两用码头上宜建候船室、行李检查场、税关事务室及旅客出入必须设备，且应于码头棚厂后面仓库地带敷设道路及行人道等空地上必须栽培树木，并设置旅室及员工之正当娱乐场所，码头及道路应有下水道、电灯、通信等一般之设备。下水道之设施无宜注意，盖后云台山之树木过少，山势陡峻，夏秋两季，山洪暴发，恐有破坏之虞，故应将水沟加宽加深，力求避免曲折，以策安全。

午、防波堤

自孙家山嘴起（如图所示）筑成六点〇八公里长之西防波堤一道，与第十四码头一点五公里之东防波堤顶端毗连，留三百公尺宽之出入口，则其中可包容六百四十万平方公尺之海面。此堤之功用，为防阻波浪及泥沙，查由西北风袭来之波浪，最高约有一点五公尺，故其构造用简单之投石施工法，但海底地质松软，有逐断下沉之可能，故最下部与上面宜用较大之石块，其内部填入碎石，但无论内外各部，皆须混用尺寸不等之石块，务使减少其缝隙为宜。其施工法如在可能范围内，宜准备多数帆船，由采石工场专任海面搬运石块，沿防波堤之计划线，至少需要五百公尺以上为一段，同时投入石块，堤顶之宽度，至应建铁桥处止为十七公尺，其上为公路，经铁桥直通西连岛上公路宽十一公尺，西旁人行道各宽三公尺，各种树一行，由铁桥处至东防波堤止，与东防波堤之堤顶宽度皆为三公尺，一公里长之油港防波堤亦然，施工中可利用潮流或波浪，使石块充分下沉，互相粘合经过相当时日后再施工，即可于防波堤上敷设铁道，用火车运送石块则工作更为迅速。

未、存煤及矿场

煤炭及矿石堆存处，计有（甲）第二码头上面及其后方附近填垫之地，第三码头后方填垫地，共有面积约十九万平方公尺，存煤量约二十八万五千吨；（乙）第四码头上面及其后方与第五码头东侧后方间填垫之地，共有约面积六万平方公尺，存煤量八万九千吨；（丙）孙家山嘴停泊地，第十码头填垫地面约八十一万平方公尺，存煤量约一百二十万吨；（丁）第十二码头上面及其其后方填垫地，其面积约二十四万平方公尺，存煤量约三十五万五千吨；（戊）第十四码头上面之地面及其后方填垫地，其面积约九万平方公尺，存煤量约十三万三千吨。存煤场总计可堆存二百零六万五千吨，每年存取十回，可处理二千零六十五万吨对于每年应办理输出之一千七百七十二万五千吨货物，尚有余裕。

申、棚厂仓库用地及其他

第一、第五、第六、第七、第九、第十一、第十三诸码头上面，及其后方填垫地，有七十万平方公尺之面积，可供建筑棚厂及仓库之用。每年处理之货物，至少可达三千万吨，对于应办理之二千七百余万吨货物，当无问题。

酉、筑港工具

关于机械方面，需要蒸汽机、马达、抽水机、打桩机、开山机、起重机、碎石机、水泥混合机、压缩空气机等；关于搬运材料方面，需要小型机车、小铁轨、运料车及其他搬材料器具；关于疏浚工程、专用船舶名称，数目详列于后。

frunling式疏浚船	大型二只	大型二只
唧筒式疏浚船	大型八只	
灰斗式式疏浚船	中型四只	大型三只
拖驳(一百五十吨及二百吨)	六只（六十吨）	四只
运土船(容积一百立方公尺)	三十只	

其他驳船材料船给水船等亦须设备齐全。

戊、其他杂项工程

航路标识系船浮标工程用办公室仓库，盐工房员工宿舍医院福利机构、通信、电灯、上下水道、道路、栅栏等工程亦须妥筹设施之。

b. 小港及渔港计划

小港为停泊小型轮船及帆船之用，其地点拟置于海头湾自北雁嘴起向鸽岛筑一防波堤与之连接，长约七百公尺，再由陇海路墟沟车站西约八百公尺处之海岸北向鸽岛筑一防波堤长约八百公尺其末端与鸽岛之间尚有二百公尺之距离，可作船舶之出入港口，将停泊区疏浚至低潮下三公尺利用挖出之沙土填垫海岸，即于其上设置货物装卸场，如果将来事实需要超过港之容量，可在北固山西北之西墅再辟一小港以作辅助。

海头湾及西墅在都市计划已划为渔业区该处海滨常有渔船停泊，故此小港可兼作渔港之用，铁路应自墟沟车站敷设支线至小港以便运送出入货物。

c. 实施程序

海港建设费用浩大，非短期所可完成兹拟分为五期，每期五年至第五期即可全部告竣。列表于下：

海港建设实施程序表

期别	工程名称	备考
第一期	1.测量：第一、二年完成港湾测量设立水文站水位站。 2.大港：改造第一、第二码头，新筑第三码头及西防波堤长4280公尺，疏浚港内停泊区及内外航路至六公尺水深。 3.小港：完成两防波堤共长1.5公里，疏浚港内停泊区及内外航线至三公尺水深。	每期五年建筑码头包括各项工程如公路、铁路、上下水道、仓库、棚厂、起重机等在内
第二期	1.大港：新筑第四、第五、第六三道码头，疏浚停泊区内至九及十公尺水深，疏浚内外航路至八公尺水深。 2.小港：完成港内之护岸码头一千三百公尺及防波堤码头一千五百公尺。	
第三期	新筑第七、第八、第九、第十共四道码头，其中第十条防波堤东侧之码头填垫孙家山以西一带，九十万平方公尺土地面完成港内船坞，建筑港埠通往东西连岛之海峡钢桥。	
第四期	改造第一码头东侧延长西防波堤至6.08公里长，新筑第十一、第十二两道码头建筑东防波堤长1.5公里，疏浚港内停泊区至十二公尺水深及港内外航路三十二公尺水深。	
第五期	建筑油港防波堤长一公里及第十三、第十四、第十五共三道码头，其中第十五码头靠近油港防波堤，第十四码头在东防波堤之东西两侧填垫码头后面之海岸并建筑储油池。	

赣榆难民档案

保管单位：连云港市档案馆

内容及评价：

1947年苏北发生水灾，11月江苏赈灾救济委员会发放各县市灾民赈灾款，赣榆县4亿元（法币），东海县3亿元，灌云县1亿元，连云市5千万元。1948年，赣榆县、东海县又发大水灾，赣榆县家畜几乎死亡殆尽，江苏省赈灾救济委员会发放赈灾款18.8亿元。连云港市档案馆现存赣榆县1947年和1948年难民证17件及1948年8月连云市难民救济协会会议记录1件。这部分档案共有18件，真实反映了1947年至1948年国民党统治时期灾荒连年不断、饿殍遍野、百姓苦不堪言的生活状况。该档案对于研究苏北水灾和社会状况具有一定的参考价值。

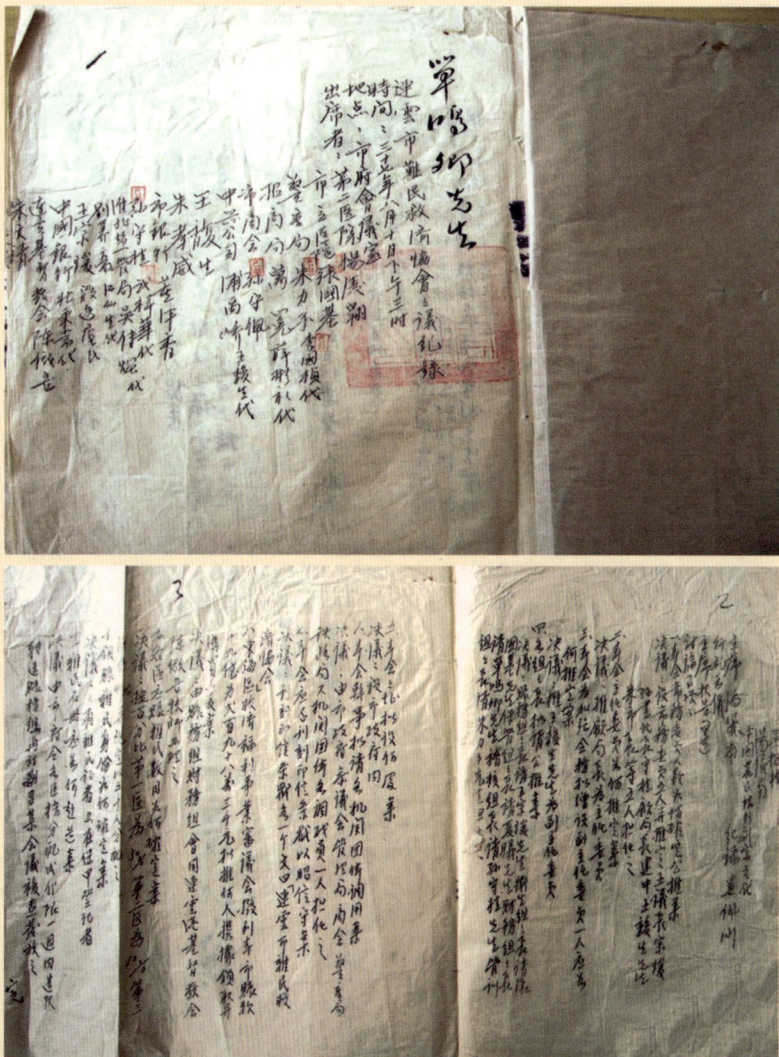

连云市难民救济协会会议记录

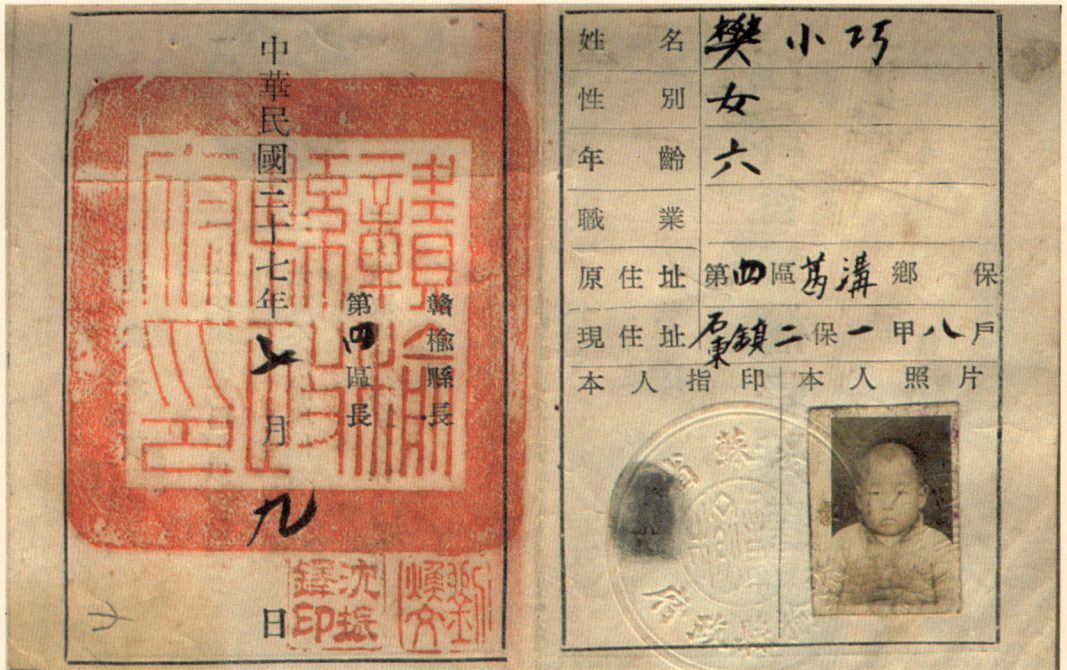

年仅六岁的樊小巧难民证

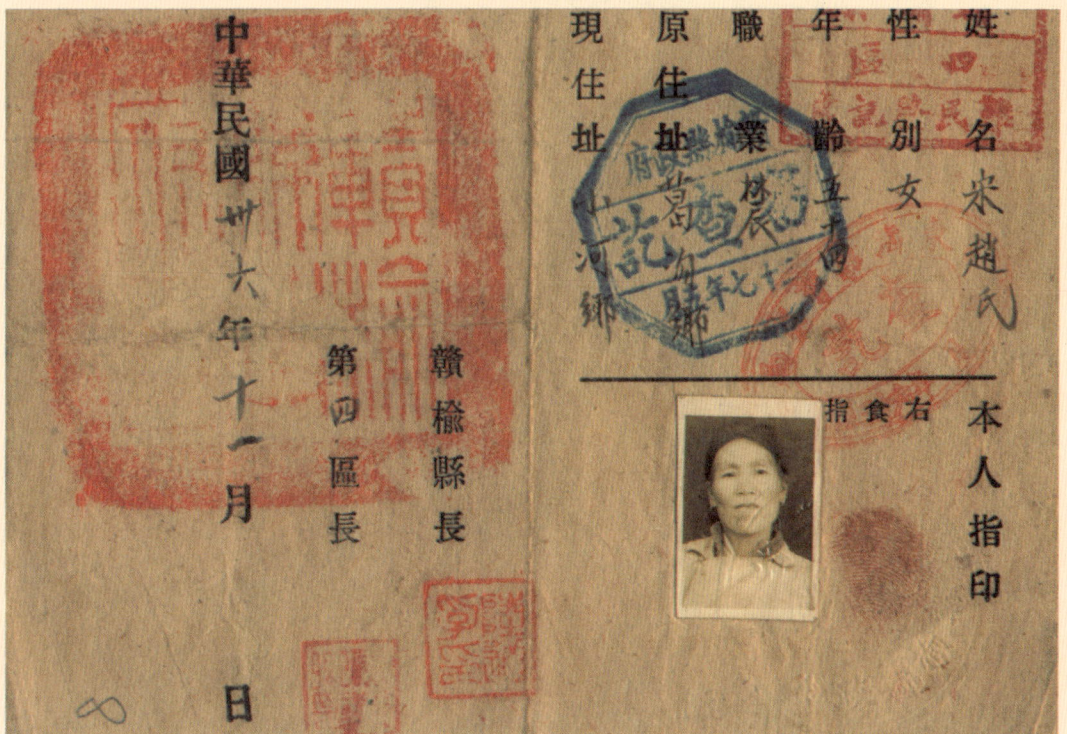

宋赵氏难民证

接收海州日本领事馆和居留民团档案

保管单位： 连云港市档案馆

内容及评价：

1939年2月海州（今连云港市）沦陷后，日本军国主义者在海州成立日本人会社，后更名为海州居留民会、海州居留民团，这一组织是日本军国主义在连云港进行政治、经济、文化侵略的重要工具。1943年10月，为加紧掠夺连云港的粮、棉、磷、盐等战略物资，日本军国主义在海州设立领事馆。抗战胜利后，日伪组织机构解散，国民政府中央信托局苏浙皖区敌伪产业清理处派驻海州专员办事处接收了海州日本领事馆和居留民团的房屋家具。该批档案共3卷，起止时间为1947至1948年，内容包括中央信托局苏浙皖区敌伪产业清理处派驻海州专员办事处、江苏省第八区行政督察专员公署兼保安司令公署关于接收和处理敌产的文书；海州日本领事馆和居留民团的组织机构、人员名册及房产家具的移交名册等。该档案揭示了日本帝国主义对连云港的侵略史实，对于研究日本在连云港的侵略罪行和民国敌伪产业接收政策，具有重要的历史价值。

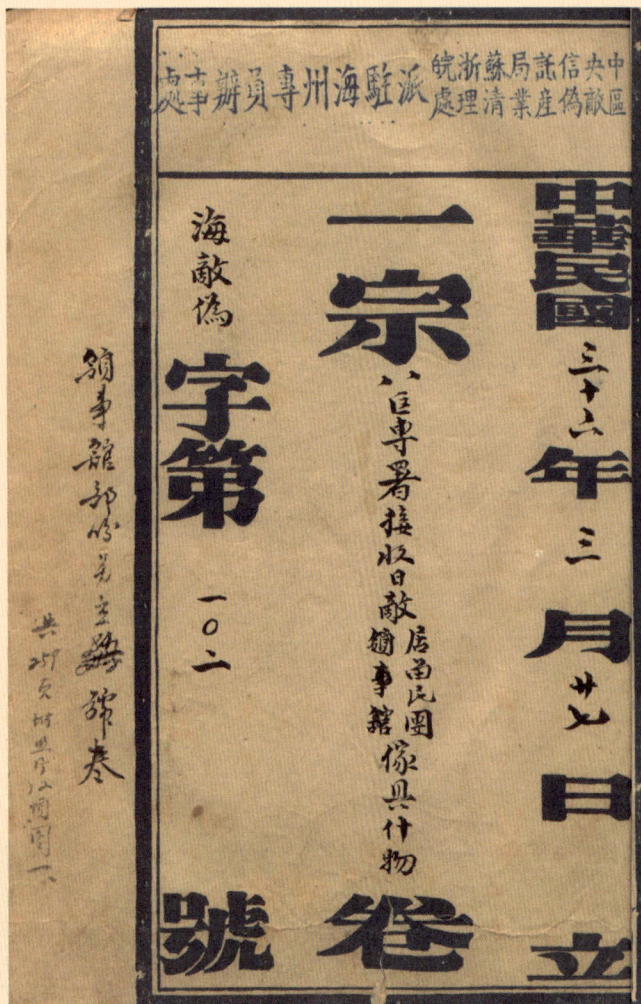

中央信托局苏浙皖区敌伪产业清理处派驻海州专员办事处、江苏省第八行政区专员公署关于接收日敌居留民团、领事馆家具什物的案卷

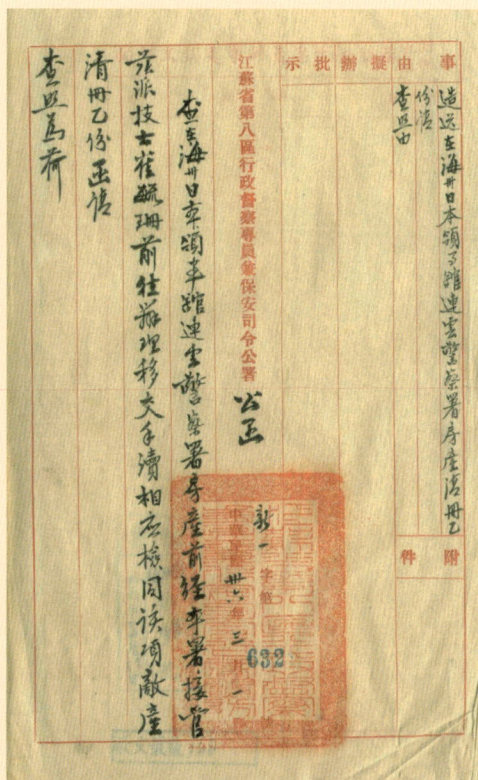

江苏省第八区行政督察专员兼保安司令公署
关于接管海州日本领事馆房产的公函

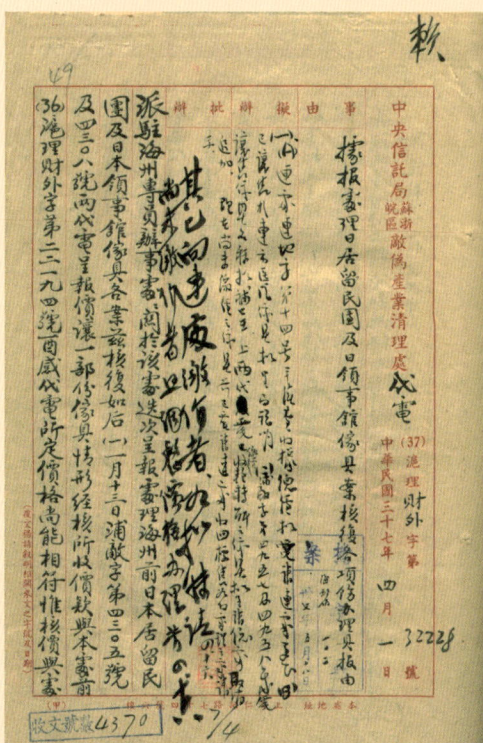

中央信托局苏浙皖区敌伪产业清理处派驻海州专员办事处关于处理海州日本居留民团及
日本领事馆财物核复的文书

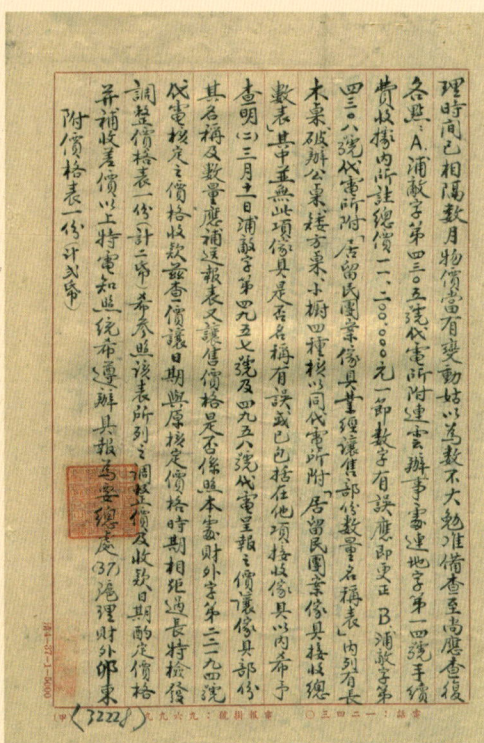

中央信托局苏浙皖区敌伪产业清理处派驻海州专员办
事处关于海州日本居留民团建筑物接管及处理情形表

纪绳武申请发还被日军强征房屋的呈文

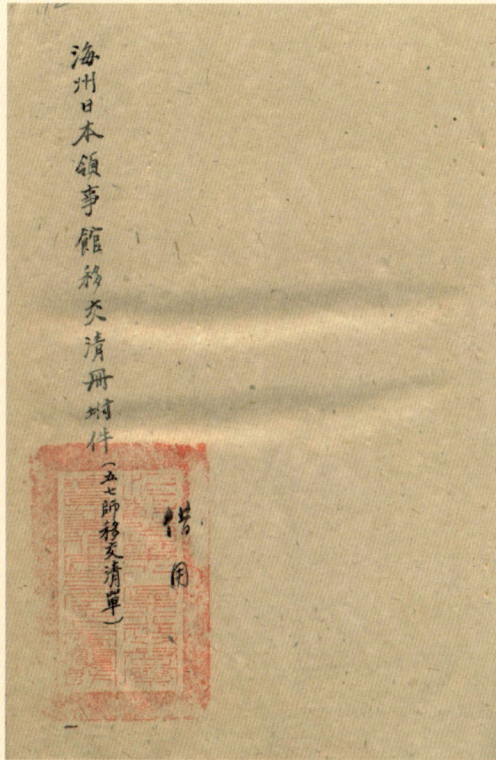

海州日本领事馆移交清册附件

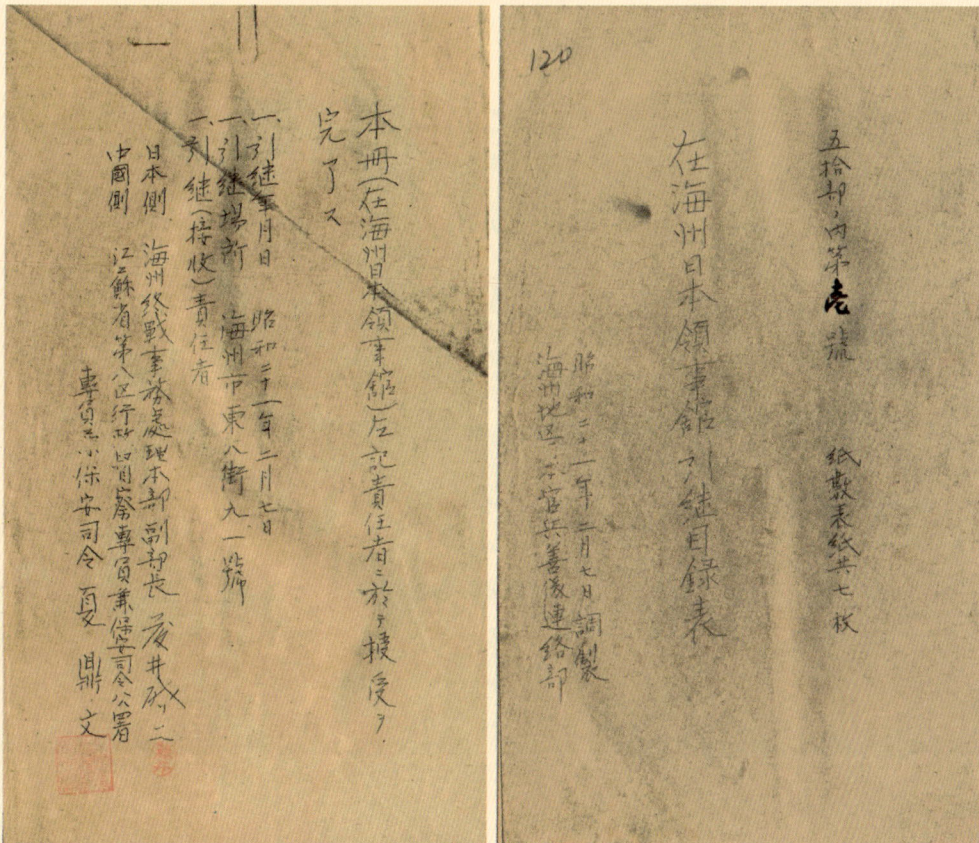

海州日本领事馆移交目录表

海州日本领事馆职员名簿

海州日本领事馆房屋平面图

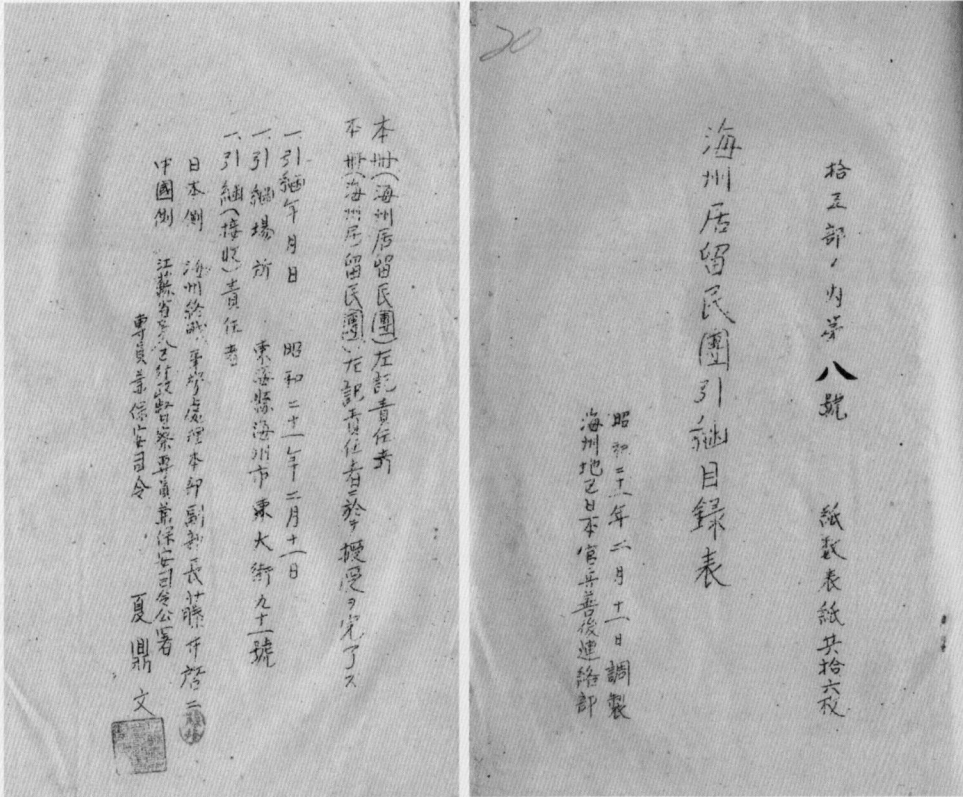

海州居留民团移交目录表

海州居留民团职员表

海州居留民团机构一览表

海州居留民团印信

全衔手呈者 公函

抗战时期新四军使用的部分地图

保管单位： 灌云县档案馆

内容及评价：

　　该档案共106件，起止时间为1941年至1948年，是皖南事变后新四军在苏北地区创建抗日根据地、开展抗日斗争过程中形成的。这些地图在新四军打击日伪军的斗争中发挥了重要作用，同时也为解放后苏中、苏北地区开展水利建设提供了参考，具有珍贵的历史价值。

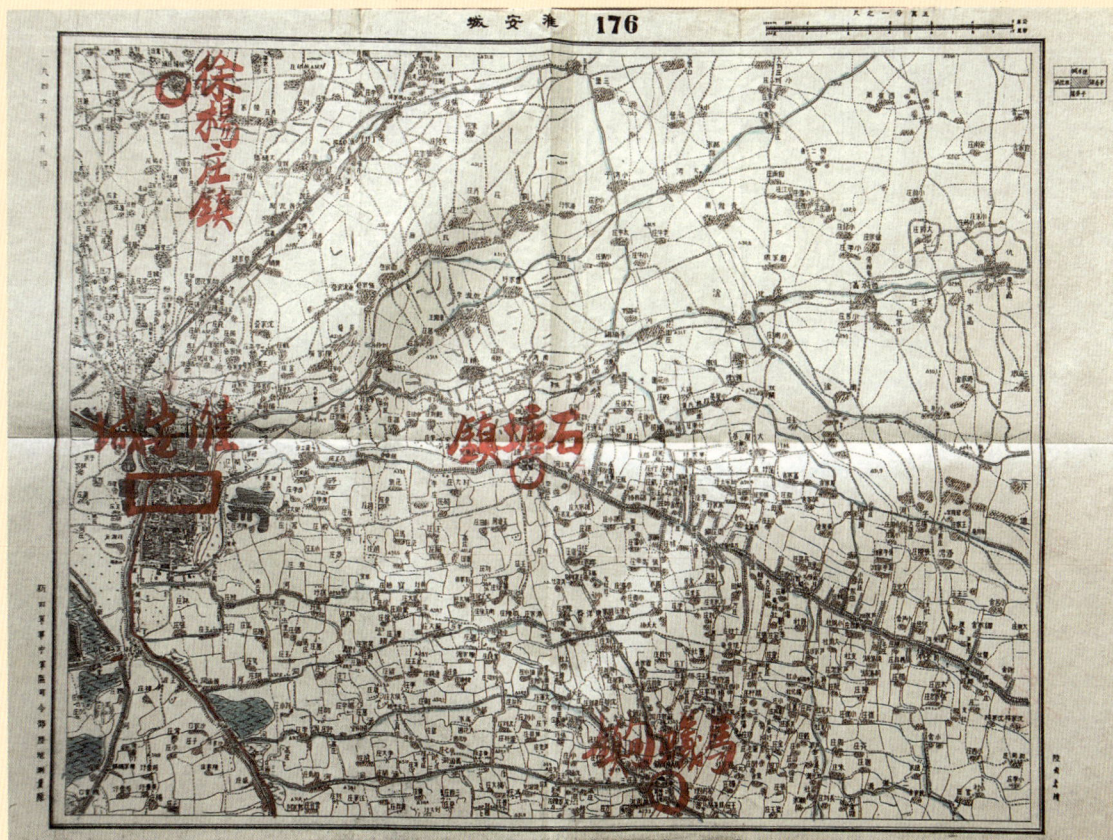

1946年淮安城图

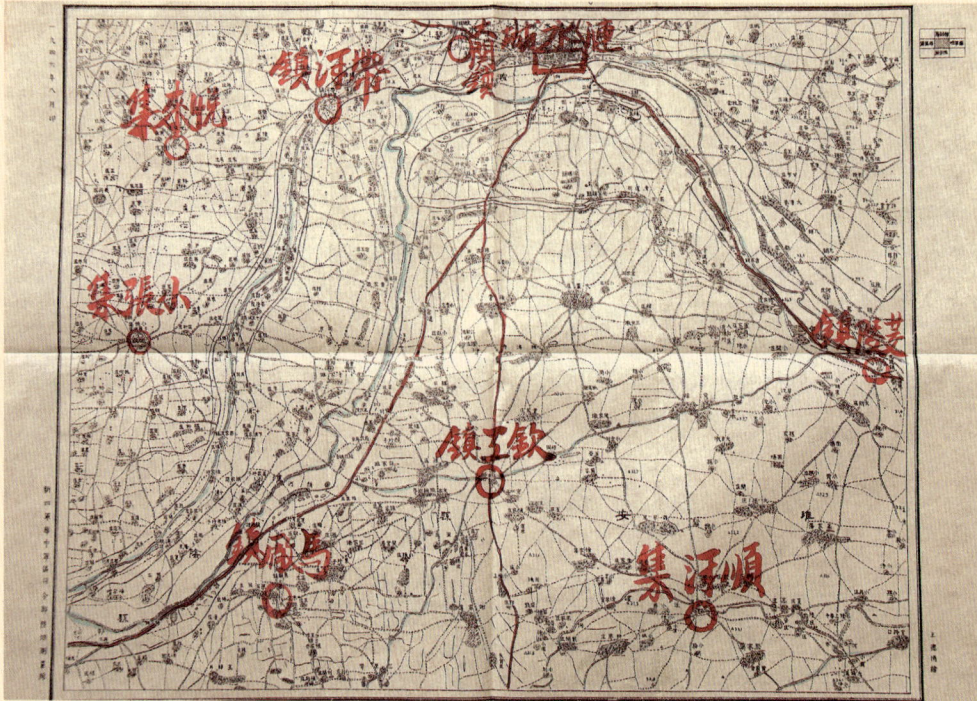

1946年涟水城图

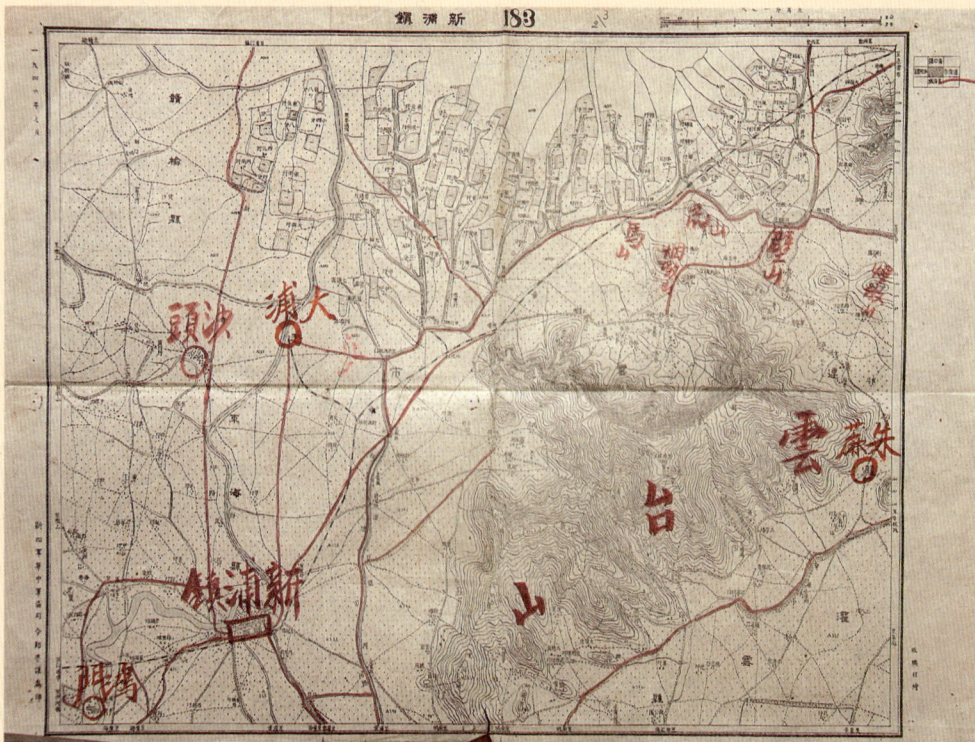

1946年新浦镇图

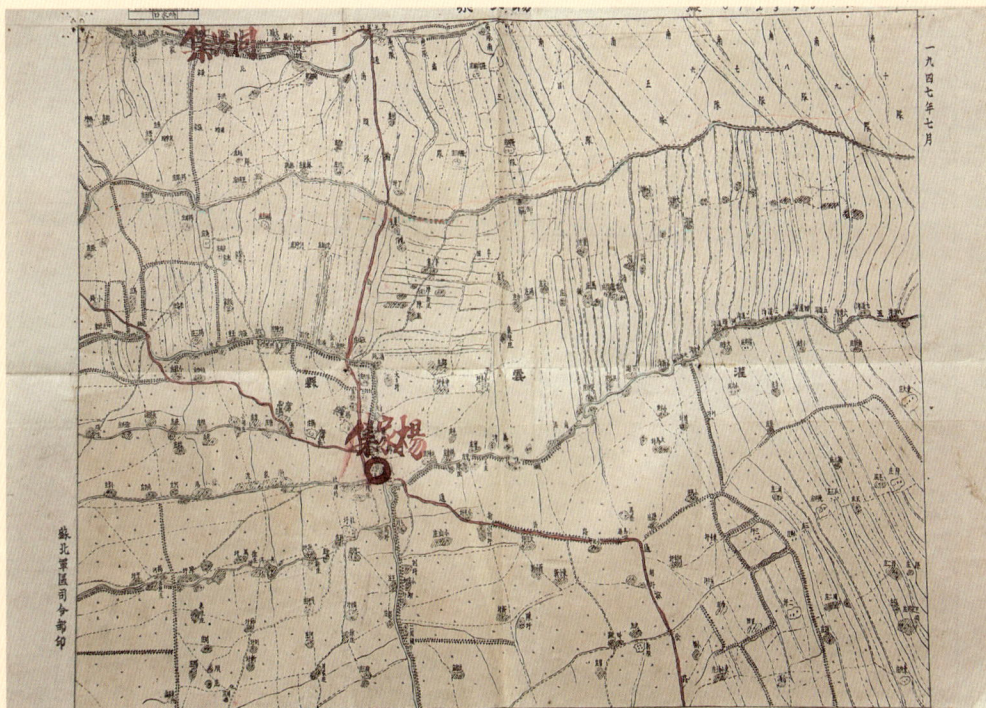

1947年杨家集镇图

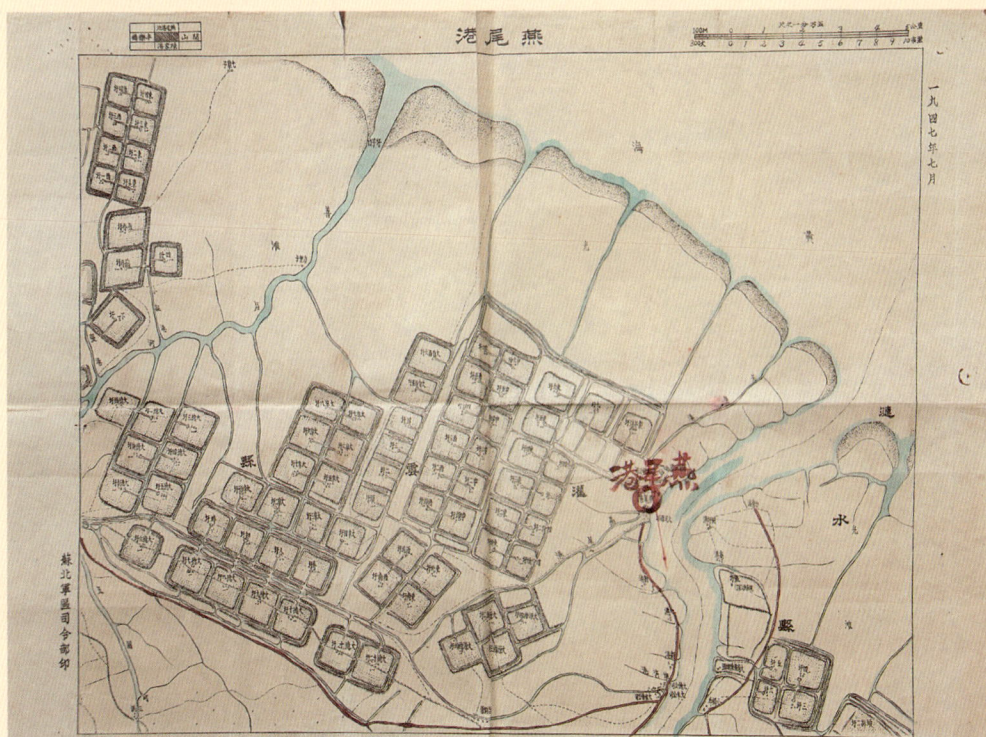

1947年燕尾港图

1947年连云市图

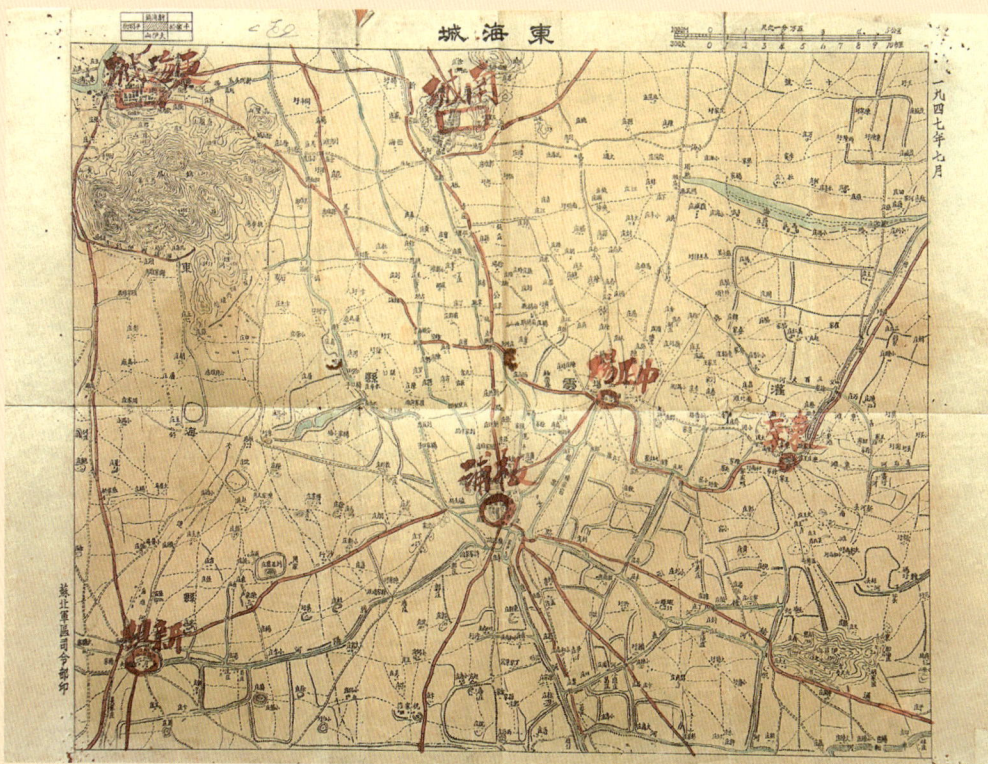

1947年东海城图

新海地下党组织档案

保管单位：连云港市档案馆

内容及评价：

新海地下党组织档案文献为1948年11月7日新海连解放前夕新海地下党组织向上级汇报的材料，共10件，其中7件曾在建国后上报国家军事博物馆展出。其内容包括：新海连党的发展及党员现状；新海连党的发展及每时期特点；解放前党员登记表；小唐材料；政情调查；云台山大村农民暴动牺牲人员登记表等，特别是还包括"东山一支"档案。"东山一支"是1945年10月在新浦地区发展的"新浦地下工作支部"的代号，档案涵盖组织建立、发展环境、活动状况等。新海地下党组织档案文献较完整、系统地记述和反映了新海地下党组织的发展、斗争策略以及领导人民群众斗争的经验与失败的教训，是研究连云港市党的组织发展和革命斗争历史的第一手文献，也是进行爱国主义教育的好教材。

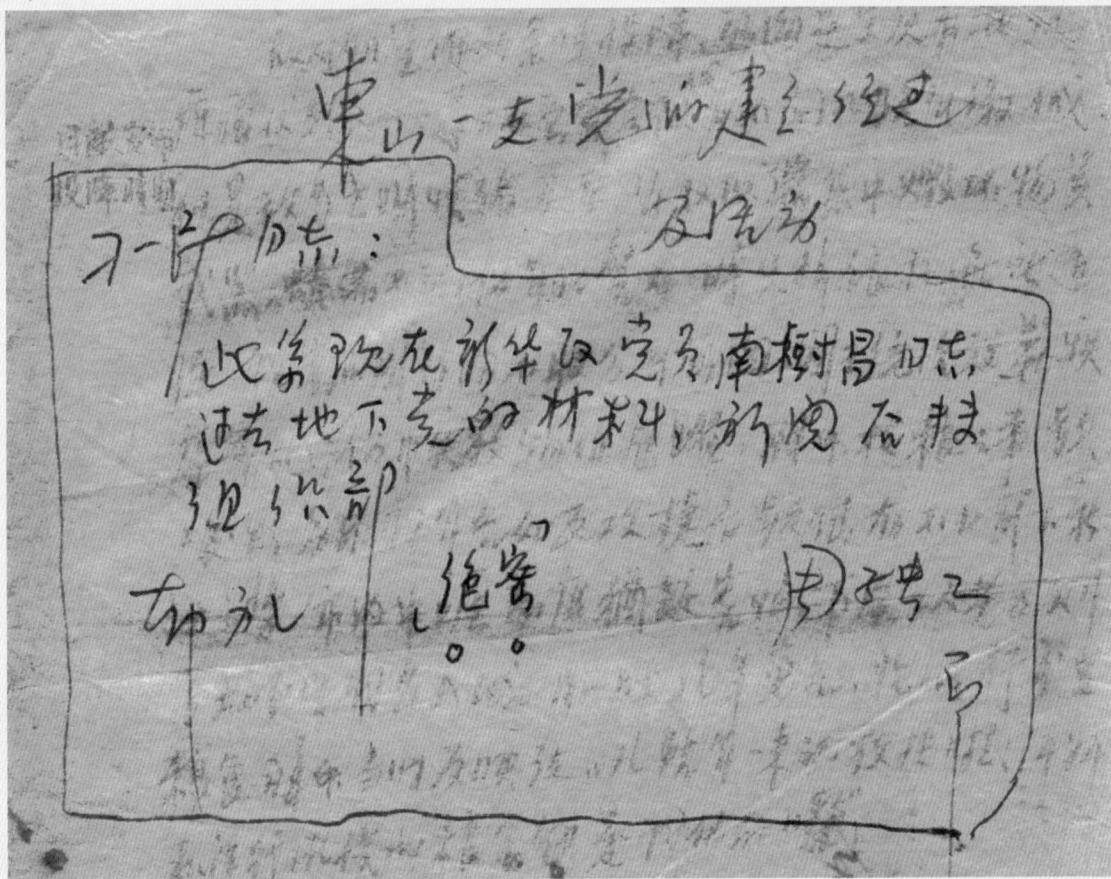

"东山一支"材料封面

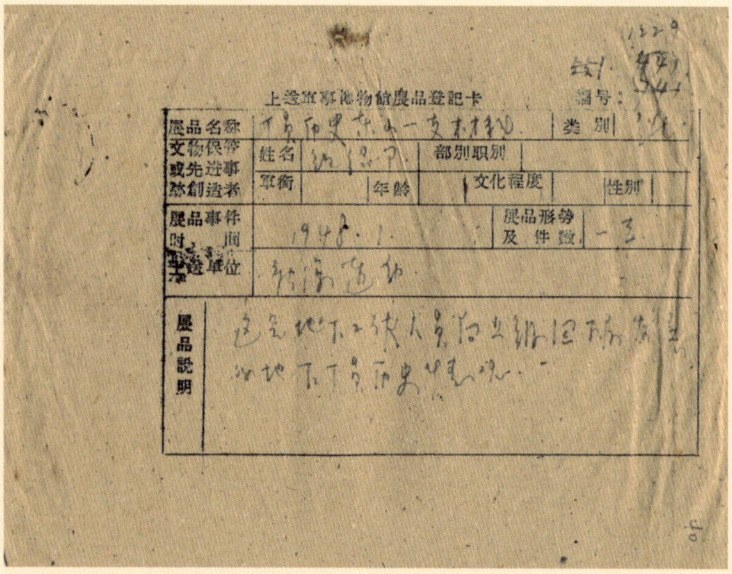

上邊軍事博物館展品登記卡　　編号：

展品名称	党员历史东山一支材料					类别	
文物保管或先进事迹創造者	姓名	[illegible]		部别職別			
	軍銜		年龄		文化程度		性別
展品事件时間	1948.1			展品形勢及件数	一套		
上送單位	[illegible]						
展品說明	[illegible]						

“东山一支”党员历史材料上报军事博物馆展品登记卡

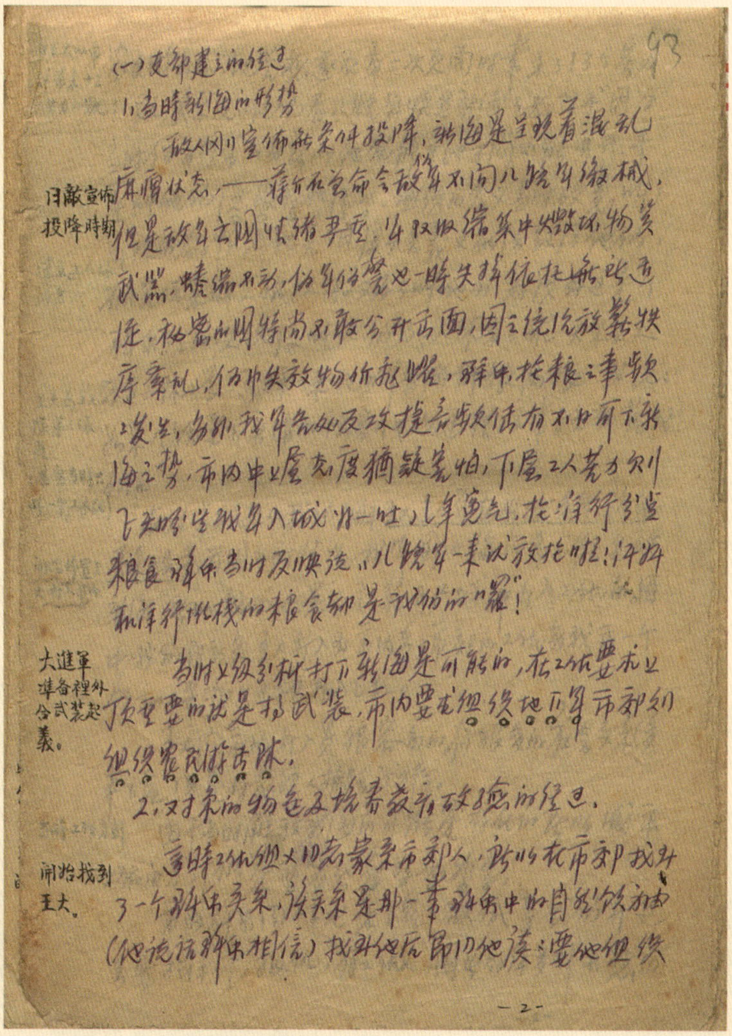

93

（一）支部建立的经过

1.当时新海的形势

[illegible]

日敵宣佈投降時期

大進軍準备裡外合武装起義。

開始找到王大。

2.[illegible]

[illegible]

-2-

“东山一支”支部建立过程

108

6.破坏的敌人扩兵阴谋:

对这部 我们中有一个是河北人是铁路工，为被敌人征调来部
份译名中 队已大半年了仍有石家人，后来零散了只教十人，敌人
有了解病 投降后布内石叶萧采该部工人零散共计生汽报告
党的基础 维持 当时已是改年扩兵之际，欺骗宣传说:
予以掌握 谁当兵豪后，即给安家费 粮食调动待遇云，掀动
使了解它 多了会议告.
不受反动
派的利用 当时部队又人即连为豪后当兵率王二晚时中妹
长，王二即将青况反映给太部后王大又向别1团
报适个情况当时研究讨论说如何破坏这个计
划在他没进行发前，提两意.

党对于   A.安家费多孙人的豪员之后都吃未染米
译名的教   依倾以吃研究参兵意.
育认识   B.挽成情利13再当兵未死山不值已.
并指挥   C.当兵后不可团案了（这似人兄,宋）
生的方向   开四王二在他边身上提起说关对平因而这几人这计
          划征算了（王作地份中自的饭细）开研究未会加告:
          A.连引潜迅给,找当伏斗姚党员.
          B.改行为力高放下苦加吃饭.
          C.宋给人才指在党（王二生病绝加帮的银人）
          因此这几人的参兵计划没开场了.

—17—

"东山一支"领导开展的破坏敌人扩兵阴谋斗争

43

党员的简历:

从小贫苦农民

跑买卖
连云修码头
连水修黄河
挑糖球
干于修公路

抗日初期(39年)
颂[?]政府征建

修自卫团收[?]

敌盐警班长

1. 王大晚年30岁是市郊某里汉人自小在蒙班地蒙班十几人三十亩[……]地不够生活的困苦开佃种地去一部修土地斗他14岁时因失收蒙班地卖多给儿歇连耕牛也卖了,地便无法种了。因失爷三个便做买卖以三四粮食[……]钱来往同西北乡贩卖粮食私杂货到18岁斗自己[……]连云修码头珍当苦力二人一年多后来又斗连水去修黄河在严寒天气中衣破食不堪干[……]围[……]工程磨破[……]不久许便偷跑了拜别师父挑糖球以斟[……]招会又有当卖。后来又在干于北郊修[……]当工人有几个月[……]要[……]修围[……]也回蒙跟了。

那时国民党斗[……]米爱周在他蒙乡一带活动,有一次鬼子[……]已斗他完[……]米爱周[……]警兄[……]巧王大父亲[……]看见[……]便[……]心意:连忙米爱周[……]将米藏在他蒙[……]粮球店来围[……]鬼珠[……]免于祸。米为这[……]很感激他[……]这一部修钱给他蒙[……]4[……]另[……]先斗一部分枪藏在王大家,加上匪知道了于一天夜向[……]斗王大蒙[……]才找枪在[……]里[……]什么[……]便将王大父亲胸部打了[……]枪[……]土匪以为[……]斗[……]受[……]斗[……]就埋在鬼子医院又[……]因为他[……]这个土匪[……]势月后再块[……]报复[……]王大同他父[……]都投奔米爱周那边去。那时米爱周在游击队在干于北郊及云[……]一带活动。

取来那是王使给他带信去[……]要[……]中头[……]这时游击队在干于朱乡挑任一个麻[……]鬼[……]叫大宫押在鞠政府许多[……]期间区鬼子开胃给他糟[……]因为王大[……]小头[……]此也[……]同他开胃给他点烟吸[……]以及儿童[……]那鬼[……]当时很感激他。

米爱周的时[……]队是一坚土匪米本人也不知为何[……]游击高名以便[……]鬼子一次[……]便牲[……]西了。干于[……]队[……]多了[……]若米素有矛盾的以等一任即全了[……]米来那出联名王大因也[……]试回家了。但连市府[……]那个土匪[……]在蒙望也斗当了斗[……]了。他在米爱周[……]一时期[……]那土匪再[……]以斗游击队,找他写[……]因与他[……]投奔本年[……]杨双(任[……]卫团长),因为他回他处面不错就以斗他那[……]付给他服[……]徐[……]来同卫队[……]给为望斗王大周[……]地随月起了连[……]当[……]巧[……]重[……]去押在干于那个鬼子[……](因他[……]教投)那鬼[……]在望斗[……]当中[……]在斗王大为[……]对王大报[……]气[……]善派王大斗望斗当班长,但因为那部份[……]河南张[……]的[……]队[……]

— 3 —

"东山一支"党员材料

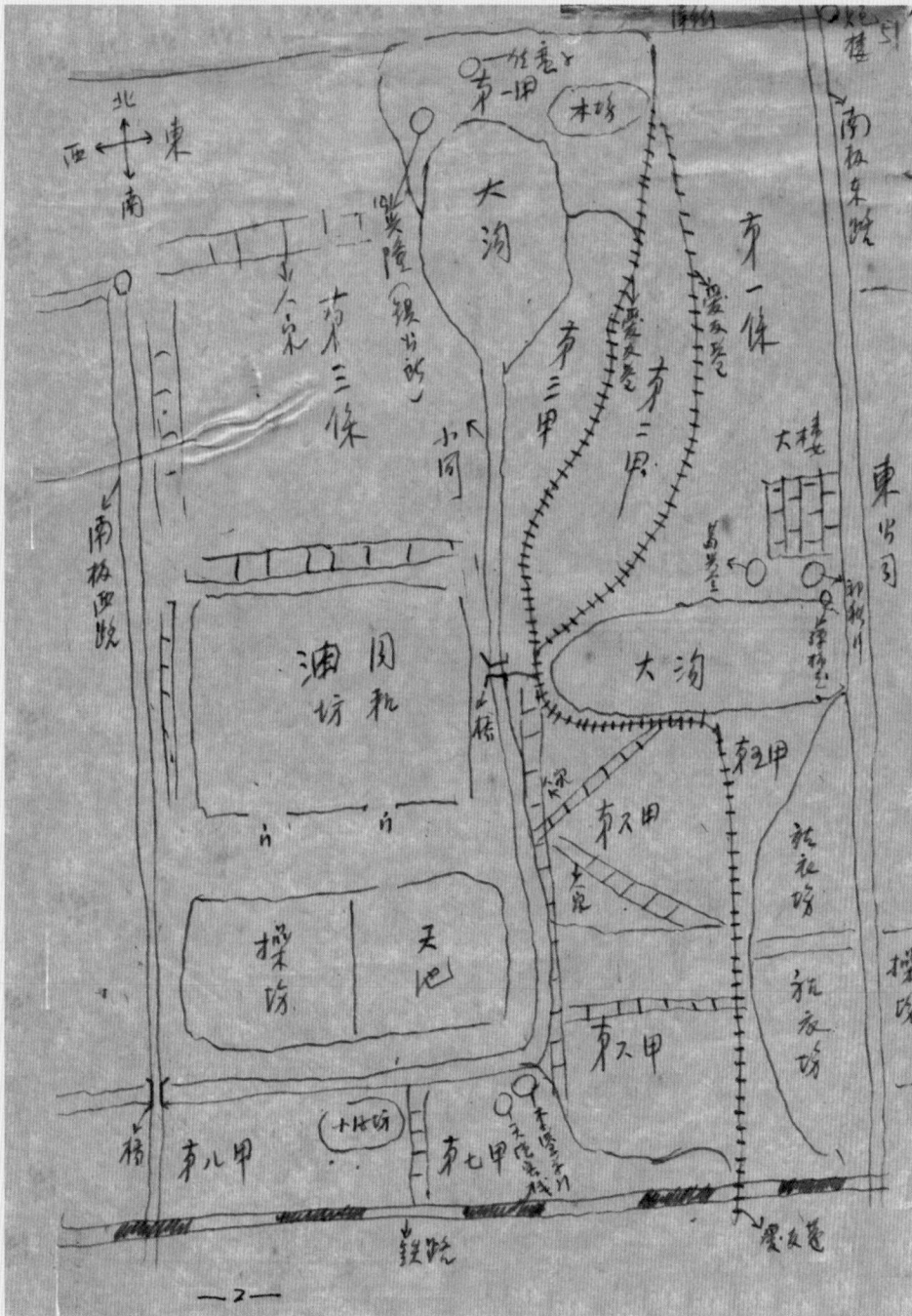

"东山一支"发展环境

"小唐材料"档案

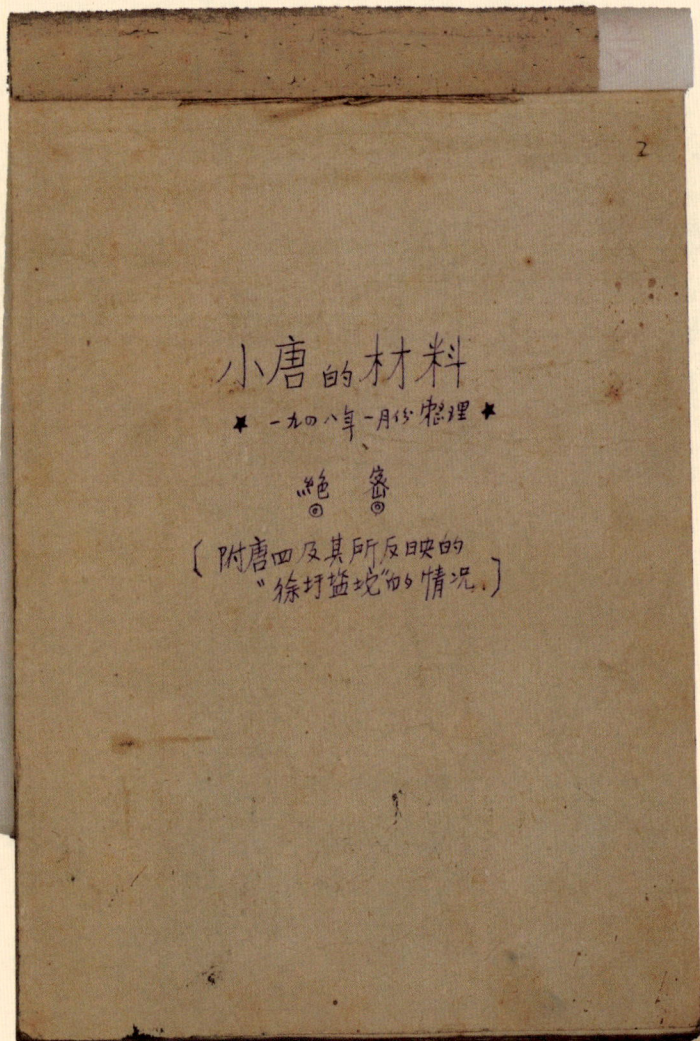

"小唐材料"上报军事博物馆展品登记卡

新海连军管委、特委、专员公署档案

保管单位： 连云港市档案馆

内容及评价：

　　1948年11月7日，新海连全境解放，11月9日，中国人民解放军鲁中南军区新海连特区军事管制委员会成立，谷牧任军管委主任；12月12日，中共新海连特委成立，谷牧任特委书记；同时军事管制委员会撤销，军管时期结束。在上级党委及时指导下，新海连军管委和中共新海连特委克服了诸多困难，很好地完成了城市接管工作，为随后解放的大批城市顺利接管提供了宝贵经验，并为之输送了一批管理干部和建设人才。该档案共86卷，涵盖新海连军管委、中共新海连特委、新海连市政府等党、政、军领导机构下发的决定、通知、训令等文件以及工作总结、工作报告、经验介绍、人事任免等，充分说明中国共产党不仅有能力领导人民开展革命斗争，而且有能力占领城市和管理城市，开展经济建设和社会建设，迅速恢复社会的活力。该档案对于研究党开展城市的接管工作和新海连解放初期的历史具有重要的价值。

新海连特区军管委员会关于评定物价标准的通知

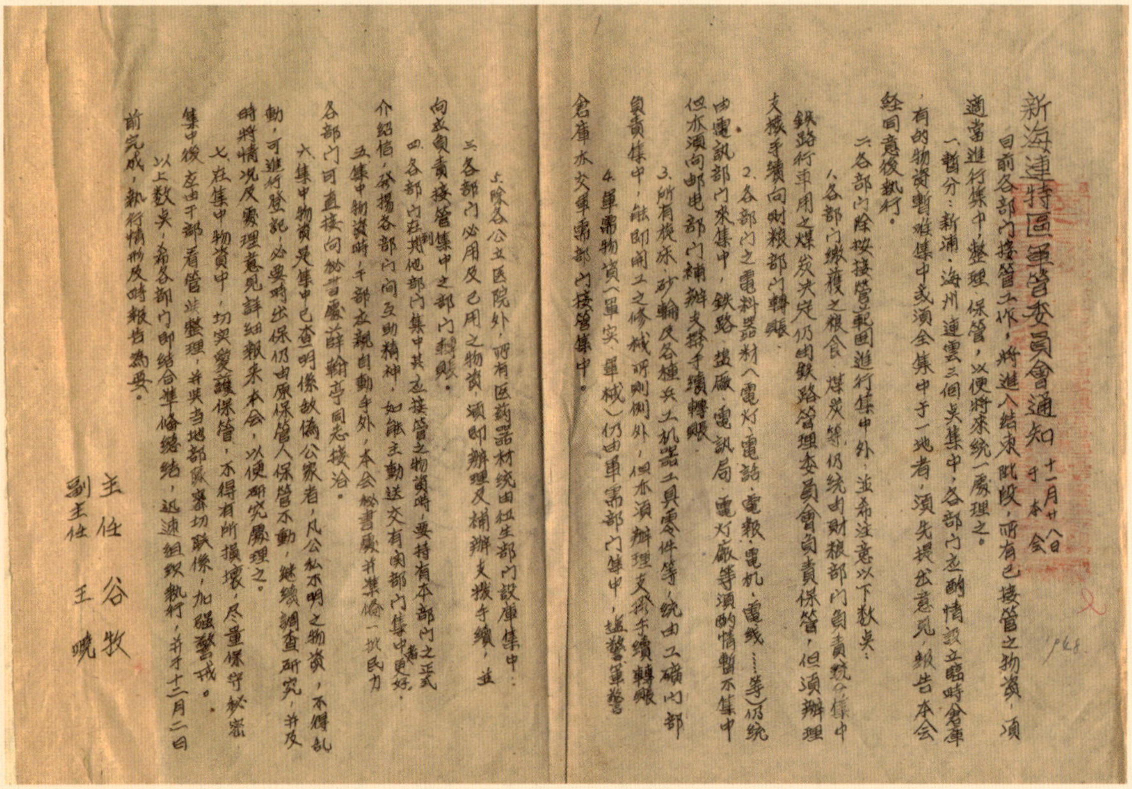

新海连特区军管委关于物资接管问题通知

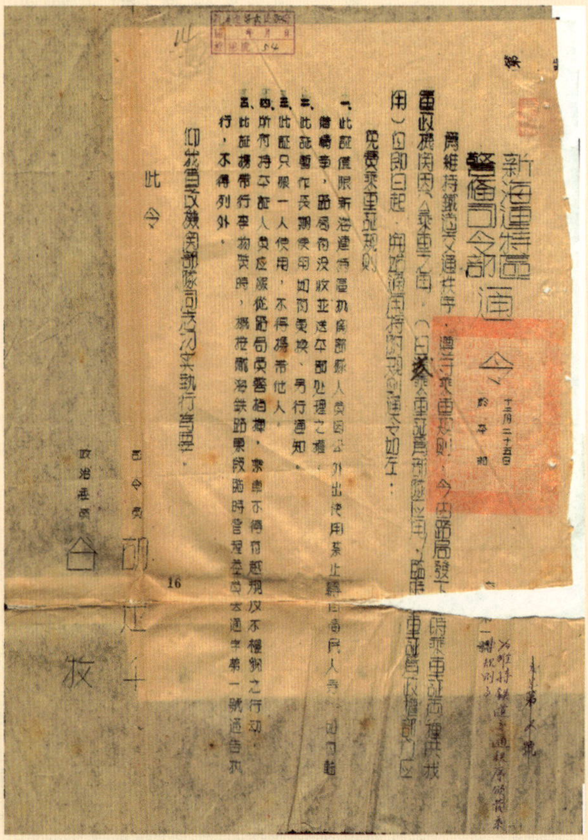

新海连特区警备司令部关于维持铁路交通秩序问题通令

新海连临时军事管制委员会通行证

新海连特区警备司令部剿匪工作总结

新海连特区军管委《关于物资处理及旧职员工任用工资问题的决定》

第一次政务会议决议案

一、军政人员乘大车问题：沈现定军政乘车证由入机关指定之，以常务进车真对事务由司令部较核发。

邮递人员的乘车，其车及邮件暂时发累，随时有邮递付予办理其他手续。

并办供给系统选形平次算付上级批示报销。

二、邮电局的问题：

八、电话机股费的题：折报车师工商叶发将商家宽金欲復展状费利加多久种价位不市因此感觉，经力所规定容神需费同价日近市常要修云严左商家撤机子损约有研营叮决议由特查著。

邮电局三方南共同提古其保重见王报上级批教修公在未批准前仍场上级规定执行

机关所用之电话机于十二月廿日规定之我政章支纲各种费用不以借做抵托不文。

人从新備到运云旧金电缆属通讯竹子破坏，及使令保证通法刑电力本易要抓紧撤查子由去到

通令民派政府初勤督奖稀叛政负责着有保护

三、富安附近之拂棵项以及那首一段公路被牟事压坏不能通车，应抓紧修理由分等

八、路易市附近之人员领予本科荣材田已署负责。

四、北门的问题：

2、成立外滩管理委员会由二商府份为公司财办平张州财委会由批州居员成立。

3、金融亊场管理问题，甚不实办调查材料研究後。

1、对残存商民手中场全九餐的处理—通知商会限集中办理手续斩包武以以再发现即役收由

给松听负责办理。

五、接收敌伪物贷援成失金令收由派理故庄委安全颂支并核批拨手续。

六、商民在敌伪时期所祖公家产地儿已到期者应即办现接纳议租等手续。

第一次政务会议决议案

新海连特委关于财委会及锄委会组成人员通知，谷牧任锄委会书记。

新海连特委关于组成人员分工的通知，谷牧负责特委全盘工作。

新海连特委各直属机关干部登记表

通知

特委各委員會党組及連雲市委部份幹部，己經區党委批准，今公佈如下
以便分別執行工作：

（一）特委鋤委會：以朱禮泉、王景武、孟英、崔北海 四同志為委員，
朱禮泉同志為書記。

（二）特委財委會：以張雲樹、高玉峯主晚、封建乾、糕保搾、趙丹帆、
宋秋白七同志為委員，張雲樹同志為書記。

（三）政府（助）特委委員會兼委：以張雲樹、牛景五、周手虹、朱禮泉、糕保
搾、封建乾、書伯衡、新漢三同志組成張雲樹同志為書記。

（四）特委職工委員會：以陳林、馬于犀、李明倍、崔北海、張斌、楊德、高會東 九
同志為委員。

（五）特委農委會：以馮亞達、陳克東、張麝通、杜継高 四同志為委員。

（六）特委青委會：以趙志堅、劉𣇉、艾力、曹伯衡 四同志為委員。

（七）特委婦委會：以王平、林克、周瑞、范錦雯、肖紅立同志為委員，王
卓同志為正書記，林克同志為副書記。

（八）趙丹帆、薛漢鼎、白歡華、楊德四同志均提任連雲市委委員，楊
德司志兼任職工委員會書記。

此致

新海連特委
八月九日

存查

新海连特委关于特委各委员及连云市委部分干部分工的通知

全文（节选）：

新（浦）海（州）连（云港）特别区两个月工作的初步总结

（1948年11月8日至1949年1月8日）

第一部分　新海连特区概况……

第二部分　几个主要工作的总结

新海敌人于去年十一月六号逃走后，七号中午地委部分干部首先进来，这时因各地干部部队尚未赶到，公家资产被抢掠破坏甚为严重。我们到后，首先成立军事管制委员会，并将干部分成小组，以新海市为主，分头到各镇去进行工作，开始工作方针是，坚决制止抢掠，建立革命秩序，加强宣传工作，全面进行接管。经过一月时间，各地干部陆续到齐，各种组织也粗见规模，接管工作大致完绪，因之便结束军管会的工作，建立党政军的正常工作。这时方针是：加紧剿匪，巩固革命秩序，健全各种组织，继续开展形势和政策宣传，组织群众生产，并在可能的基础上大力支前，有计划有步骤地恢复发展城市工商业。兹将几个主要工作总结如下（但这只是着重新海连市的各种工作情况，至于农村土地、灾情、鱼盐、等问题正在整理中，以后再继续总结报告）。

甲、制止抢掠，建立革命秩序及公安工作的建设

第一、敌人逃走后的抢掠破坏，与我们的制止抢掠问题

新浦敌人是十一月六号走的，连云是九号解放的，新浦于敌走后，即发生抢掠。开始抢的是敌伪军政机关、公共仓库，人数由数十人、数百人甚至千人；地点从几点蔓延至各处；从无组织的至有组织的镇、保自卫队持枪抢掠。从公共机关仓库而至私人商店货栈，从六号下午至七号上午，此起彼伏，抢掠不止。七号上午，我地方部队及少数几个干部入城，虽全力制止，但收效很小。八号后，我部队及干部陆续赶到，抢掠才制止下来。但个别抢掠仍不断发生，延续达一周之久。连云解放之际，由于我军进城，忙于肃清追歼残敌，干部随军入城者仅十余人。坏分子有机可乘，抢掠破坏亦极严重。据不完全统计，损失的主要物资……

（一）抢掠原因有如下几个：

1. 坏分子乘机发洋财与特务破坏分子的暗中鼓动领导……

2. 群众生活的穷困与历史的抢风……

3. 敌伪长期的压榨摧残，激起了广大群众的仇恨……

4. 群众对我政策的错误认识和少数干部糊涂观念……

（二）制止抢掠的过程

我们入城后成股抢掠仍然发生，秩序极度混乱，商人恐慌，纷纷要求组织自卫。我们当时由于干部少，情况不了解，所以首先确定对主要地方主要物资派武装看守。继而布告禁止，并广泛宣传我党城市政策，说明我们坚决反对抢掠破坏行为，对不听制止的抢掠分子，初步了解情况后，便进行逮捕。但由于当时的干部缺乏，捕来的犯人无人看管处理，很快就释放了。后来干部入城的渐多，成立了公安处，纠正了随捕随放简单处理的偏向，逮捕镇压了一部抢掠分子（游街、叛徒刑、罚苦工等）。这样以来，公开抢掠虽被制止，但秘密破坏不时发生。如我市郊电线一度每夜都被严重破坏，起初认为是特务问题，后经破案审讯了解情况，主要是邻区有些部门到这里大批地收买军用物资如电线等，引起一些坏分子偷盗公家物资随又卖给公家。我们了解此情况后，一方面出布告禁止军用品的买卖，一面清查物资，查出后没收，有的还要受罚。如此，偷盗才被彻底制止。

（三）几点经验与体会

1. 准备工作不够。除了时间短促，来不及准备外，入城前可能条件下的准备也没很好的进行，工作没有组织分工，进城乱抓差，秩序混乱，我们自己也混乱。首要的治安工作无专门干部负责掌握筹划与领导，造成秩序不能够迅速走向正规。

2. 要想迅速制止抢掠，首先必须解决干部思想问题，对制抢问题开始干部存在着"人道主义"的可怜思想，狭隘的群众观念，处理上的简单化，捕起无条件释放，"小孩子不该捕，他们都很穷，我们应该管饭"等。我们必须教育干部：

A. 今天的城市是人民的城市，任何抢掠破坏，都是反动的倒退的东西，因为今天我们要建设发展城市。

B. 可怜少数坏分子，放松了对他们的处理，忽视了广大群众的利益，就是群众观念不强，而严格处理坏分子，保护广大群众的利益，就是真正的群众观念，城市繁荣了，群众一切问题都能得到解决。

C. 要明确认识，流氓无产不是我们的基本群众，而这些流氓无产，正是我们城市治安工作的对象，对他们的抢掠破坏行为，要坚决反对，任何可怜、原谅、不严肃都是错误的，我们要明确认识，在城市严格的法治精神是非常需要的。

3. 对抢掠破坏分子的主犯，必须坚决的镇压。群众的觉悟程度，即使是工人阶级，也须有个教育过程，觉悟才能逐步提高。何况这样的城市，并没有什么大产业工人，只是贫民和苦力，在这种情况下镇压主犯是非常必要的，一方面群众习惯于旧的法制，另方面又表明了我们的坚定态度与言行一致的精神。

4. 侦察工作与制抢工作的结合，因为敌人逃跑的城市，制止抢掠安定社会秩序是进城后的中心工作，因此，侦察工作必须结合这个中心任务去进行，了解抢掠破坏的组织的政治内幕，及时发现特务分子与首犯，进行逮捕镇压，以更及时有效地制止混乱。这次我们侦察工作就未做到这点，所以虽然开始就注意到镇压首犯，但没有及时找到必要对象。

第二、治安工作……

乙、宣教工作与复学问题

第一对外宣传

（一）军管时期的宣传攻势：

一、解放后各阶层的思想动态：……

二、军管时期的宣传攻势：

根据军管会制止抢掠，建立革命秩序，开展宣传攻势的总的方针，宣传工作以目前形势与城市政策为中心进行宣传。

形势宣传：以扩大胜利宣传，说明蒋必败，我必胜，揭发美帝走狗蒋介石之反动本质；说明不仅要解放徐州，而且要歼灭敌人主力，淮海战役一定胜利；表明新海已是永远为人民所有的解放城市，我们一定要保卫它。

城市政策宣传：着重宣传发展生产、繁荣经济、公私兼顾、劳资两利的政策。宣传提倡劳动生产、正当营业，反对抢掠破坏，否则依法惩办；保护工商业，发展建设新城市的方针。解释我党的一切政策都是从人民利益与发展生产有利出发，因而农村要平分土地，才能发展生产，城市则是保护发展工商业，不能平分，说明发展生产要服从人民须要，战争需要，合此原则者就大量发展，不合者自然会缩小，就应当考虑转业，并宣传对伪组织人员政策与知识分子与文化教育政策。

宣传方式：召开了各行业的座谈会、镇民会、各阶层座谈会，张贴报纸与宣传品，出壁报、宣传单，娱乐晚会，涂写标语，阅报室等。

强调宣传政策的统一，制定了时事宣传提纲，规定统一政策、宣传内容不知者不能胡答，制定统一的标语口号，不准乱写。强调在统一的宣传方针下，各区、各单位具体宣传内容还要经过组织讨论，或主要负责人审查。

三、这一时期宣传工作的检讨：

这一时期由于没有把握住新解放城市各阶层的思想规律，在宣传内容上有些被动应付，把握不住重点与要害。

对敌人特务的谣言及敌伪长期统治下给予群众的思想毒素估计不足，因而有调查有计划地进行思想斗争不够。

对城市的集中性与新解放城市各阶层迫切要求了解我党政策的有利条件，开始掌握不够，因而有些缩手缩脚，不能够迅速满足各阶层要求，因而表现不够有力。

对乡村来到城市的干部，一般是害怕退缩，这一点没有掌握没有把干部以我为主的思想树立起来，只强调统一、慎重（对的）而没有同时提出大胆宣传，因而一般对上层宣传不大胆，个别同志对伪组织人员放弃斗争，失掉立场。

（二）以庆祝徐州解放为中心的扩大宣传：

徐州对新海人民极关重要，人民解放战争能否胜利？他们首先从徐州看，徐州解放对新海工商业极为重要。因而徐州解放后，特委决定以庆祝徐州解放为中心，扩大胜利宣传，提高胜利信心，推动当前支前生产工作。

宣传中心：以徐州解放联系全国胜利，说明全国胜利形势为主，并揭发蒋贼美国，说明美援无用，动员加紧生产，支援战争，依此制定统一的宣传提纲与口号……

第二、干部教育：

（一）干部思想情况：

一、入城以前没有来得及作思想准备，表现严重个人主义……

二、由于从农村到城市，事先又无思想政策准备，表现在工作作风上，怕穿大褂、留洋头的，工作小手小脚，不敢动；有的对反动分子也不敢进行斗争，缺乏以我为主领导城市的思想……

三、城市工作的政策水平很低，忙乱摸不着头绪，但在学习上的要求很迫切。

（二）干部教育：

开始时根据军管时期工作方针，学习时事与城市政策，对干部思想重视不够。

以后发现干部思想混乱，则提出学习时事，澄清思想，整顿组织与制度，政策学习是与当前工作结合作专题报告。

关于时事学习，以中央评军事形势与大众报社论为学习内容，并由负责同志作了报告。第一段是弄清基本形势，特委一级及市委级机关都进行了讨论测验，现已转入以中央声明与新年献词为学习内容，主要弄清蒋美反动本质，认识蒋美阴谋。

关于思想问题，都开了几次干部会议，进行思想问题的报告，提出克服享乐思想，保持无产阶级本质，树立以我为主思想，加强学习，加强组织性、纪律性，加强团结等问题，普遍组织两次干部的思想检查。

关于政策演习：约法七章布告，工商政策，对伪组织人员政策已进行了学习……

（三）检讨：

一、从朴素的乡村进到繁华的城市，一段干部思想上都要起些变化，因而掌握干部思想经常进行思想教育很重要，这一点开始时期领导上掌握不够。从农村工作转到城市工作，干部政策水平低，学习要求高，因而加强学习的领导很重要。这一时期的干部学习，缺乏组织性、计划性，有些自流。

二、这一时期学习与总的任务结合上是密切的，但从政策的学习中与工作的总结中提到理论原则上教育干部，提高理论水平作得不够。在政策的学习中，条文办法学的多，从精神实质上研究则很少，在纠正害怕的退缩中，有的单位强调"不要看他们识字多，政治上不如我们"，而没有强调学习党的政策与虚心向群众学习，因而形成干部盲目高大。

三、干部的生活问题，没有及时的适当的解决，也影响到干部的思想情绪与学习情绪。

第三、恢复学校：

（一）学校的政治情况：

新海的学校是国民党、三青团活动的中心场所，校长、教导、训导主任绝大部分是党团的负责人，教员大部分是党团员，私立新民中学是团的活动中心，普爱是国民党夏派的大本营，海州的教育界如陈廷福、吴鲁星等尚有民族气节较正派，海师学生中也有部分进步青年，大学生占团员二分之一左右。解放后，学校主要负责人大都跑掉。

（二）恢复学校的过程：

解放后，首先组织了当地的干部，作了初步的调查研究，初步了解了学校的政治情况与师生、家长的思想顾虑（看第一部分），掌握了几个较好分子。之后，我们提出迅速复学的方针，结合形势教育与知识分子政策的教育，以安定情绪，筹备复学，保管校舍校具。依此召开了教职员的会议、工友会议。会后主要公立学校派人接管，各学校都成立了复课委员会，学生报到，整理教具等。约一周时间（从解放之日起有半月）全部复学。这一时期初步安定了情绪，普遍开了学，但顾虑仍多，因而报到者多，到校者少，小的多，大的少；男的多，女的少，总计报到者估计有全数二分之一，实到者三分之一。而且学生中，还有特务活动与某些反抗行动为，如新华小学开会的标语，会后即被撕掉。杨正小学学生质问教师为什么"以前说蒋大总统万岁，今天又说他是卖国贼"？有的学生口号不呼，这为第一时期。

以学校为中心纪念"一二·九"。方针确定为：以学动的历史结合当地情况，揭露蒋匪卖国独裁，迫害学生的罪行，宣传我之教育方针（新民主主义的，正规化，长期打算，文化教育为主等）达到学生全部到校的目的。依此在学生中组织了一次"一二·九"的单元教学，运用大都市中参加过学生运动的和受过蒋匪迫害的教师，召开了教师的"一二·九"座谈会。召开了一次教育方针的研究会。这一宣传紧接着庆祝徐州解放又进行了形象教育，组织了秧歌、戏剧、赛球等文娱活动，发动了写慰问信，表现得很活跃。经过以上工作，学生大部到校，"打倒蒋介石卖国贼"、"拥护毛主席"等口号，在师生的心理上已很合法，共产党胜利已相信，部分学生急于要求进步，但由于对蒋美的反动本质，揭露尚不够具体有力，缺乏具体调查研究，与当地蒋匪罪行结合不够，因而师生中尚存在着："蒋介石为什么卖国"、"美国军事保护，蒋军是否会卷土重来？"等顾虑……

（三）几个具体政策：

一、由于教职员中党团主要分子已跑掉，我们教育干部太少，对他们确定了教育改造大胆使用的方针，采取每周一次集会，讲课（政治课）的研究会等办法，加强政治领导并掌握了一部分较好分子，吸收了一部分被排斥的教师作骨干。

二、对私立学校，采取鼓励协助其复学的方针，有严重政治背景的新民中学合并到新海中学，普爱换上了一个较好的校长，继续民办。在私立学校中，不提减免学杂费的口号。

三、课程除"公民"、"童子军"等全部取消，历、地、自然科学等，将原本修改使用，高级班作了适当合并。

（四）检讨：

一、学校是过去国民党三青团活动中心，我们调查研究，结合当地情况，揭露蒋美反动本质，作的不够深入有力。

二、领导掌握重点不够，中小学校都没有搞好一个典型，以影响推动全局。

丙、发动组织群众复工就业恢复生产：

（一）结合支前组织平车运输……

（二）介绍装卸工人就业初步调处其纷争……

（三）组织扫粪、晒粪工人生产……

（四）号召下坡拾柴，解决生活问题……

（五）号召组织公私营企业、工厂、作坊复工复业：

新海市基本为商业城市，工业较少，有较大几种企业（电灯厂、面粉厂、磷矿）均在解放前遭国民党拆卸破坏（电厂、面粉厂）或停工（磷矿），部分的民营工厂、作坊（铸锅厂、铁工厂、织布机房等），也因国民党统治、封锁、苛杂繁重，洋货充斥，弄得歇业停工，奄奄一息。解放后，本我党建设城市的方针与生产政策，在上级的具体领导下，进行政策宣传与动员，扶持私营工业，逐步恢复公营企业。

1.结合支前扶持汽车业的运输生产：

全市原民营汽车二十八家，汽车一百零九辆，均系蒋匪统治时期商人或手有积蓄的司机凑股经营，车很破烂，解放前仅三十部可开用，营业萧条，六个月仅收运费五百元伪金元券，蒋匪逃窜时拉走二十一辆。解放后，市府帮助把仅有的九辆，组织起招揽客商，定班开车，来往于胶县、潍县、周村、临沂及市附近之城市，行程约万华里，得运费三千万北币。商人认为有前途，经济可解放了，大家开始修理破车，于十二月初，结合支前，组织汽车运输大队。由于公家直接扶持（预借工资汽车），他们突去修理。五天后，加原有之九辆，即共四十三辆参加到徐州支前，连国民党拉到徐州的二十一辆也参加了运输队，共六十四辆参加支前任务，不到一月完成上级指示的任务，已大部复员（现除十一辆尚在徐州支前外，四十三辆在市内运盐到新安镇跑商，并有二十辆正在积极修理中）……

2. 推动号召铁工厂、织布机房复工生产：

新浦的织布业，事变后发展到一九四七年秋，扩大到三百张铁机。解放前，铁工厂三户，铸锅厂八户，手工业铁匠炉二十三家。因国民党统治，原料销路困难，税重粮贵，因而多停工歇业。解放时，织布机四十张开工。铁厂停工有八个月、十个月，但因国民党摧残歇业多负债生活。铁匠炉也生产很少。解放后，我大量输入煤粮，与解放区打成一片，销路很广，因而织布机恢复到六十张。铁工厂全部复工，且增加工人。如义隆工厂，原十六人，现增加九人，共二十五人。铁匠炉参加打道钉，现除对我政策满意外，多数织布机房，准备复工，并要求我们贷款扶持。

3. 几项公营企业的复工与重新恢复：

为有利于恢复发展工商业，在上级指示把需要与可能的几种企业，已抓紧恢复如：

① 邮电局：解放前员工三十二人，市内电话机用户三百零二家（机关军队等六十三户，商用二百四十九户）。邮局为二等局，员工十七人。解放后邮局职员随敌逃走九人，其他邮电员工均未走。解放后于十一月十日，我接收开始办公，于十二月开始通电话、通邮，现在已恢复市内电话用户一百七十四户（内机关部队四十户，商号一百三十四户）。长途电话已通海州、连云港，灌（云）、临沂等城市，邮汇寄信等工作已走入正规，留用原员工及起用被敌开除的员工与我们派去干部共九十四人。

② 自来水厂（附专门材料），蒋匪溃退时，该厂原员工大部未离职，负责保管，故自来水厂一切设备未遭破坏，完好无损，接收后整理，于十一月十六日即正式营业。现每日水量三千担，水价每担本币一百元。原员工二十七人，厂长逃跑，余多数留职，经我们接管进行教育，稳定其情绪，即依靠他们进行整理（我无干部派）。现整理后，设总干事一人，技工一人，技工兼售票员一人，收票员、制票员、事务员各一人，售水员十六人，工友二人，共二十四人。但因我们教育不够，贪污现象很严重。

③ 电灯厂（附专门材料），解放前，已停办三年，但机件拆卸搬走破坏很严重，国民党仅留少数员工看守，解放后员工仍负责保管，未遭大的破坏。我们在工人、工商界的要求下与上级指示，即筹备恢复。先教育现有员工和他们商量研究恢复的计划，发挥他们积极性与创造性，先用菜（柴）油发动机发电，一方（面）送电市内，一方（面）继续修理大锅炉。现有工人二十九名，计电汽工人十三名，机械工人十三名，通讯员、联络员各一名，已于今年元旦开始送电。

丁、接收工作中的几个主要问题：

（一）自去年十一月七日至十二月十二日军管期间，将海（州）连（云港）段百里陇海铁路七个机车及全部器材设备港务处（修理厂、灯塔、码头、轮船、旗语台等），全国有名的淮北盐场、锦屏磷矿，以及伪中（央）、中（国）、交（通）、农（民）等十余银行，两个自来水厂、电灯厂、邮电局等主要敌伪资产与千五百旧职员工，基本上接收完毕，并且铁路、自来水、电灯厂等大部早已照常开工营业。但在这一期间，对于分散隐藏的大批物资未能及时普遍进行清查，只清查出一小部分来，在接收工作中有以下几项主要问题：

（二）强调了军管会的统一集中领导，这种地区分散（新浦、海州、连云等，东西相距百里）和干部少（且是多方调来，继续赶到）经验少的条件下，这点尤其重要。

1. 在初期军管会强调"看管起来，不准乱动"的方针，大家共同努力，迅速将发现之主要敌伪资产保管下来，制止了继续抢掠破坏现象。

2. 迅速划分了接收范围，进行有组织有分工（由五个部门分为十三个部分）的进行接收。停止了接收范围不清、关系不明的混乱现象。

3. 在接收政策上强调了："慎重从事，宁缓勿乱"的态度，每一政策上的实施，均须经军管会批准，因此除个别部门（工部部门不经批准私自运走七船公私不明的盐及标新立异地自称新连出入口管理局，自出布告等）犯错误外，一般没有发生大的政策上的错误。

4. 在物资支拨上军管会强调严格手续，先经军管会主要负责人批准，按三联单（军管会一联、请批机关一联、拨出机关一联）。手续进行批拨，基本上防止了乱批乱拨现象。

（三）抓紧时机及时清查出分散隐藏的大批物资，是我们此次接收中的主要经验教训之一。此地敌人逃窜，我们未及时入城接管，凡无旧职员工看管保护之公共房屋、门窗破坏无余，家俱物资抢掠一空，新浦南大街大片公房，几全遭破坏。这些家俱物资，当时一般皆在附近，如抓紧时间，迅速普遍深入进行清查，至少可清查一部或大部，时间拖延，则多转移或隐藏起来，再清查就很困难，这也是接收敌人逃窜的城市必须注意的一点。

1. 清查物资与群众工作，必须密切结合起来进行，否则难于收效……

2. 不少干部对于"宁缓勿乱"之精神认识模糊……

（四）接收工作中应贯彻："有功者奖，有罪者罚"的政策：

1. 军管会对于敌逃我来之际，凡保护公物有功者，实行了奖金或名誉奖励。铁路员工将机车、仓库、文件等全部保护下来，港务处员工二十三人，带头在混乱中将修理厂及其他资产全部保护起来。其他如银行、水利办事处、新民中学之员工，将全部房产、家俱、仪器等，保护完整无损。我们分别给予百五拾余万元之奖金，这一收获极大……

2. 在清查中奖励检举、自报物资者，为清查分散隐蔽物资。军管会特成立一敌伪物资登记处，宣布奖励办法，收到了一部分成绩……

（五）关于公私合营企业之接收处理要掌握"以我为主，双方同意"的原则，来对待一切问题。锦屏磷矿是公私合营，成立临时保管委员会，商方二人，我方三人组成，处理旧人员也是双方共同处理，该矿三辆汽车归公使用，也是双方同意，并出价（或在公司中公股作价）接收，且采取先商量再郑重办理手续的步骤进行，该矿代理人赵理斋老先生很满意。

对于今后继续经营，也是双方共同研究，共同负责筹划，不要轻易将私股搬出，以影响生产。

戊、组织建设

关于组织建设，干部情况及建立各种制度等分述如下：

（一）此地解放后二十天，干部才陆续从各地到齐。由于干部少，到的慢，到的时间不统一，一时情绪难于掌握。军管时期的许多工作又亟待推行，因之对旧有组织开始时是采取维持现状慎重的、逐步的改造的方针，将各地调来之干部有重点（以新海市为重点）的以工作组形式，分别派往各镇掌握工作。对旧有组织提出约法三章（有的四章的），使其遵守政府法令，不再欺压群众，暂时利用他们做一些事情（如通知召开各种会议等）。我们认为开始这样作是对的。因为对城市情况不够了解，干部未到齐，过急地撤换伪组织，容易造成混乱，对旧有组织采取有条件的、有掌握的利用一时，以维持现状，达到稳定群众情绪、建立革命的新秩序是很必要的。

但这一办法，不得拖得太长，否则是有毛病的，而我们的缺点恰恰是拖得稍长一点（约一周左右）干部已到齐了，也都派下去了，仍是以工作组的形式，政权未很快抓过来，未直接联系群众，未及时有力地宣布敌伪组织的非法；对其气焰未予镇压，因之有的仍敢继续作恶，压抑群众，打击群众。而我们的干部，则畏首畏尾，缩手缩脚不敢动。结果群众不满，群众不敢接近我们，对我们怀疑为什么还用他们（指伪保甲长，下同），鬼子在这里是他们，国民党来用他们，现在还用他们。共产党为什么不建政（指政权）呢？造成脱离群众的严重现象。

（二）在解散伪组织的方式上，区、镇应以公开命令方式，出布告委任某某为区长，市（县）政府召开伪保长会议，或书面命令他，要其限期交待，并明白宣布几项交待手续及要求（如账目要清楚，枪支数目要交待，随传随到，不窝藏坏人）。公开布告并开会宣布伪组织为非法。这样会有力地打击伪人员的气焰，树立我们革命政权的威信。乡、街组织，我只能做到派一两个干部去。因之开始时，一般根据工作情况，成立一种过度的组织，以我为主，吸收初期工作中所发现的积极分子或较好群众参加，共同主持工作（如新海之支前生产委员会）以代替乡（镇）村的组织。再通过这一组织，培养乡镇干部对象，以便进一步成立乡（镇）村（街）政权组织机构，现新海除浦西六个乡已成立外，其他各区共有二十八个镇，都还是生产支前委员会，委员成份都很好（如新华区五个支前生产委员会，三十九个委员，其中干部五人，平车工人二十二，贫民十二），均尚未过渡到政权组织。连云市六个乡、五个镇，已全部组成。云台只过渡了五个乡、两个镇，并提拔了干部，其他均是生产救灾委员会。

（三）在干部作风上：开始强调凡事调查研究，慎重处理，不得轻易决定问题，这是对的。但以后发现农村干部初到城市，情况不了解，政策不熟悉，缩手缩脚，不敢动，斗争无力，特别对敌伪上层，表现了软弱无力的现象。又强调以我为主，以党的政策为主，大胆地做工作，纠正退缩软弱的现象。但仍没有解决问题，一直到群众初步的动了，工作有了头绪了，我们的干部有了群众的实际行动所鼓舞，情绪才高涨了。如新海的支前中、云台的生产救灾中，开始干部普遍地不安心工作，强调言语不同，城市特殊，做群众的尾巴。但当群众自动报名支前、组织生产等，群众动起来了，我们的干部也安心工作了。

（四）我们的干部大部是从农村调来的，散慢游击习气相当严重，特别在各方面条件比较集中的城市是对工作有很大妨碍的，曾经过数次研究与整理，规定了几种制度如集体办公、会议汇报、考勤制度、一定的作息时间；请假、会客等的制度，但还仅是布置下去了，具体转变还是不大的，散慢习气仍很严重。如不按时到会，不遵守办公时间，报告会议等制度不严格……等，还须经过一番深入的动员教育，始能够贯彻。

（五）运用旧职员工

A. 根据不完全的统计（缺铁路工商部门）有如下数目……

B. 对运用旧职员工有以下几点经验：

① 开始对待他们过分的强调了团结，又加我们在农村工作的散漫性带来。因之对他们之态度不严肃，工作上抓的不紧，他们的主动性又较差，是影响工作的。但他们遵守制度是好的。所以今后对待他们，除生活上加强团结外，主要是在政治上应以党的严肃性，加强对他们的帮助，使其在政治上得到改造。并且在适用于城市的各种严格制度上，除批判地接收一些旧有的规定办法外，我们一面启发其自动性，同时也要严格地规定各种制度，以便于城市中进行工作。

② 在工作上要大胆的使用，这对他们是一个很好的启发，因为开始他们对我们是不了解的，主要是从实际工作中看我们的态度，如果我们一方面从生活上、政治上诚心诚意地帮助改造他们，在工作上

大胆地使用，他即自觉地安心工作，并逐渐依靠我们的。如连云市邮局旧职员反映："今天叫我们做工作，而且将东西交我们保管，这是过去所没有的，我们再不全心全意作工作，那还要良心吗？"朱歧山并自动将他从原电信局拿家去的东西当面交出，这一点是很重要的。

③ 不要过分单从照顾生活，主要还是应启发他们树立为人民服务的思想，以免其单纯依靠薪水或要求帮助家庭等。

总之，对旧职员工的运用，只要宣布了党的政策，表明了我们的态度，在生活上、政治上加强对他们的改造，并大胆地交代任务，对恢复工作，特别是城市里一些企业化性质的工作是必要的。

第三部分：综合这一时期的工作有以下几个主要经验教训：

一、对敌人主动撤走的城市，入城后第一件工作就是坚决制止抢掠，维持革命秩序，同一切的破坏行为作坚决的斗争！

国民党主动撤出的城市，我们一般的都很难做到及时入城，在敌军撤走我军未入城前的一段时间，在特务的主使流氓坏蛋的乘机破坏，城市贫民的报复和为生活所迫而乘机抢掠，几种复杂情况所形成的破坏活动是极广泛极严重的。这种抢掠破坏一般是首先抢公家的，然后抢私人的，如任其持续两天以上的时间，则一个一般的中小城市就会被毁坏的无法收拾。制止这种抢掠破坏是我入城后第一件必要抓紧的工作。

A. 要有明确的思想、坚定的态度：

我领导思想上，必须首先确定全力制止抢掠，保护人民的城市是我入城后第一个最最紧急的任务。必须将这一思想，在全体干部和部队中充分的进行动员。批评藉口"群众穷"、"难免的报复"等等，不利于这一任务的贯彻的错误的思想。领导上要用出布告、开会、划分防区、规定任务等等办法，对此表示坚定明确的态度。

B. 全力以赴：

入城的干部、部队公安机关必须全力以赴，以维持治安，制止抢掠。在不影响战斗情况下，部队为执行上述任务，可适当地分散使用，部队少时，可有重点的，首先管看重要物资、重要企业部门或重要的地区。部队够用时，应划分防区，分区负责。军管会对这一任务，必须每日督促检查数次，发现情况及时追求原因，追究责任。

C. 有力的贯彻：

只是泛泛的宣传而没有有力的贯彻，仍不能有效的制止抢掠，维持革命秩序，而且会引起"八路明禁暗纵"（上层）、"八路军是爱穷人的不打紧"（下层）的误会。我们开始时，方针是明确的，主要是贯彻上没有力量。一方面公安组织没及时建立起来；另方面处理具体问题也软弱无力。如第一次捉到几个抢东西的群众，一问是穷老百姓，很快就放。第二次捉到人，只游了游街，连取保的手续都没有又放了。又一次捉到割电线的，问了一下说，"没有政治问题"又放了。这些无力的措施，实际都多少起了些纵任的作用。纠正了这些偏向，革命秩序才逐步地建立起来。

D. 群众性的奖惩应及时有力的开展：

在全力制止抢掠、维持革命秩序的时候，对群众中自动保护公产、公物有功者（新海地区特别是铁路工人和各银行的行役，在这方面是有成绩的）和检举破坏分子、检举告发敌人散存物资有功者，及时进行奖励；对首要的破坏分子，慎重而又及时地进行惩办，是非常必要的。这样才能树立群众中的正气（群众中的大多数是反对抢掠，是要求建立革命秩序的），使我党的正确主张、政府的法令与群众的正气相结合，取得群众的积极支持拥护。我们在执行中，奖得既不及时，罚得也没有力量，是一大教训。

二、强调军事管制委员会的统一，集中领导，严格防止和反对各单位、各部门的各自为政与无组织无纪律状态，在军管时期是非常必要的。

初入城市的军管时期，一般是各种组织都不健全，干部到的迟早不统一。另一方面是部门多、头绪乱，再加上我们接管工作没有经验，因之在进行接管工作中间，很容易我们自己内部首先乱起来，争房子、争汽车、争资材、乱抓一把，影响各项工作的进行，造成对群众很不好的影响。我们的经验：

1. 必须强调军管委员会及其分会的统一集中领导，无管是来自那里的干部，无管是什么性质的部门，统一组织于军管会及其分会的各部门中，明确宣布在军管时期，军管委员会及其分会是代表上级党委，在当地的最高的负责组织，任何人、部门都要对他负责。不准闹独立性，不准藉口业务、垂直关系，而无组织无纪律的各自为政。

2. 军管会应迅速颁布统一的有关接管的政策、方针、手续、范围的决定。并把这些决定在各部门中一再讨论，变成各部门自觉遵守的准绳。各部门可根据军管会的统一决定，制定自己的接收计划。根据实际情况，军管委员会可以修正补充自己的决定。但不准任何人擅自修改这些决定；特别有关政策部分，更要强调这点。

3. 军管委员会要多开会（我们是每日一会报），及时检查各部门、各分会的工作，特别是薄弱的环节，要加紧检查，及时帮助，因军管会时期，许多事都是很紧急很匆忙的，如不抓紧，短短的几天，就会搞出很大的乱子，就会造成很大的损失。

4. 在各种活动上继续贯彻组织性纪律性的教育，坚定及时地向错误思想展开斗争。

我们对以上几点，一般是注意了。特别是财办派来新海的干部队，在尊重当地党委的统一领导，是很模范的。但连云方面，由于领导弱，由于个别部门强调业务系统，不尊重军管会的领导；曲解或对抗军管会颁布的统一接管手续的范围的决定，结果造成自己内部很大的混乱（详见接管工作部分）。军管会发现后，及时纠正了这些偏向。并派负责同志亲往坐镇了几天，才终止了这一混乱。我们的缺点是，继续贯彻这一思想教育不够；及时地向错误思想展开斗争不够有力。如连云以后又兴现了自出布告，标新立异、自立名义的问题，没有抓紧解决，由于几个干部的调动把问题没结论地拖下去了。

在各部门（党、政、军、民）都正式建立起来，革命秩序也初步建立，接管工作已大致告一段落之后（一般一个月左右），就应及时结束军管会的工作，建立各部门的平常工作，否则军管时期拖长了，就会妨碍各部门正常作用的发挥。对群众的心情来讲，军管时期也不应拖得太长，军管会的未完和没有部门可交待的工作，可成立敌产敌资清查委员会，仍继续其工作。

三、迅速地恢工复业复学是稳定群众情绪恢复发展城市的基本环节

初步的建立革命秩序，开展宣传攻势之后，就要及时抓紧复工复业复学等工作。这是群众从实际中测验我们的政策、测验我们行动的标志。

我们解放新海后第六日，即提出了复学的号召，当天各中小学均成立复课委员会，并均贴出定期复课的布告，半月内小学已大部开课，中学亦开了几处。一月后，庆祝徐州解放时，学生即成为全市活跃的中心。秧歌话剧，拥挤毛主席的歌曲流传各校，互相比赛。较大的学生已开始不满学校的一般教育，要求学习新的东西。

不是单纯救济，更不准分抢或破坏工商业，也不是随便增资。城市工人、苦力、贫民的生活问题，基本靠复工就业，从恢复发展城市工商业的方针中来求得解决。我们开始即掌握了这一方针，但由于全

面情况一时掌握不起来，和主观能力（人、财）有限，我们采取了逐步的、有把握的作一件算一件的方针，即开始首先抓紧了运输问题（组织生产部分）、粪夫问题，首先恢复了新浦至连云的通车这不但是支前的需要，对稳定工人及一般市民的上情绪起了很大的作用。以后又抓紧修路与修复电灯厂的问题，建路问题宣布后，全市人心振奋，各行业复工复业的要求，都积极了起来。经过这一时期复工就业的工作，加上部分小本贷款（供贷款一千五百七十二万元）和部分救急，以新海市本身来讲，群众生活已初步解决了，靠近我们了，全市也逐渐活跃起来了。

我们的缺点是：由于主观力量不足，领导上抓的不紧，若干重要生产部门（如面粉厂、磷矿公司等）。一直到现在尚未着手复工，特委由于全部的调查研究不够，尚提不出一个全面的恢复发展的计划，复工复业仍陷于点点滴滴，作一点算一点的状态。

四、新地区的人力及运输力是可以迅速组织起来投入支前的。

新海连地区解放不久，就接受运盐运粮支援淮海战役的任务。开始时，许多干部对这一任务没有信心，强调（　　　），时间短促，工作没基础，不好完成任务。但事实证明，只要我们掌握了以下几个环节，动员新解放城市的运输力投入支前是完全可以的。

（一）深入的战争动员，把广大群众多年对蒋匪的仇恨心激发起来。

（二）支前与群众运输生产相结合，解决了工人苦力的生活问题。

（三）光荣支前与若干人的带罪立功（许多伪保甲长在支前中，表示要带罪立功，工作很积极）相结合。

（四）干部工作深入及时体贴工人各种困难。

（五）干部的缩手缩脚不敢动，不敢同伪势力作斗争，是开始时的主要偏向。

我们开始进入城市强调了组织性、纪律性，一切调查研究慎重处理。这是对的，而且事实证明是非常需要的。但以后发现，除个别部门无组织、无纪律的情况依然不能放松注意外，但总起来说，干部缩手缩脚，不熟悉城市情况，不敢动，甚至不敢同伪势力斗争是主要偏向。开始时的利用伪组织，有些人就成了伪组织的尾巴，没有明确宣布伪组织为非法，而又约法几章，命令他随传随到，为我服务，以后干部到齐了，群众中的积极分子初步发现了，仍不敢及时撇开那些伪组织人员，甚至伪势力公开猖獗吓唬群众，不敢与之作斗争。因之，群众也就不敢靠近我们，群众对我们不满，以后提出了这一问题，指出要以我为主，以党的政策为主，大胆的工作，大胆的同伪势力作斗争，才逐步地转变了这一偏向。而当我们撇开了伪组织伪人员，公开宣布他们为非法，直接组织领导群众生产支前，帮助群众解决困难，群众也就大胆地靠近了我们，群众情绪也就活跃了。我们干部在群众情绪的支持和鼓舞下，信心也提高了，过分估计城市群众滑猾的错误想法打破了，尾巴主义，不敢大胆领导群众斗争的情况也改变了。这一事实告诉我们，开始入城时，不但要注意干部的缩手缩脚不敢动，不敢同伪势力做斗争的偏向，而且只有从正确的掌握政策、发动群众中，才能正确有力地解决这一问题。

（六）、抓紧干部学习是工作，同时又是学校：

大部干部均来自农村，城市工作，从领导上到一般干部均没有经验。因此，在入城以后，强调注意干部学习问题是非常需要的。应当运用城市的比较集中的条件，多开会及做报告，多总结工作，把点滴的经验，均能及时总结出来教育干部，根据不同时期的工作中心，组织学习党的各项政策，建立周会制度，严格学习两小时制，这一均应放在领导思想上的重要部分，有时宁少做一些工作，也应当先学习政策，调查研究情况，弄明白了，然后再做，我们在重视这一工作上仍很不够。

新海连特区首届各界代表会第一次会议档案

保管单位： 连云港市档案馆

内容及评价：

新海连解放初期，面临着巩固政权、完善政治体制、实行民主改革和动员广大人民群众进行生产自救等一系列重大历史任务，为争取、团结和利用各阶层进步人士，倾听人民群众的意见和建议，商讨稳定社会秩序、平抑物价、生产救灾等重大工作事项，1949年9月16日至18日新海连特区首届各界代表会议第一次会议召开。出席会议的各界代表共188名，中共新海连特委代表苏羽在会上作政治报告，张云樹作政府10个月的工作报告；经民主推荐，中共新海连市委书记刁一民当选为首届各界代表会议主席，工商业界代表张荣山、商业界代表张晋阶当选为副主席。会议期间，共收到代表提案175条。这是新海连解放后召开的具有里程碑意义的重要会议，也是新海连历史上第一次由人民代表和社会各界人士参加的会议，拉开了新海连政权建设的序幕。这部分档案共4卷，是新海连市解放初期关于政权建设、民主改革、社会稳定和经济发展的重要文献，具有珍贵的史料价值。

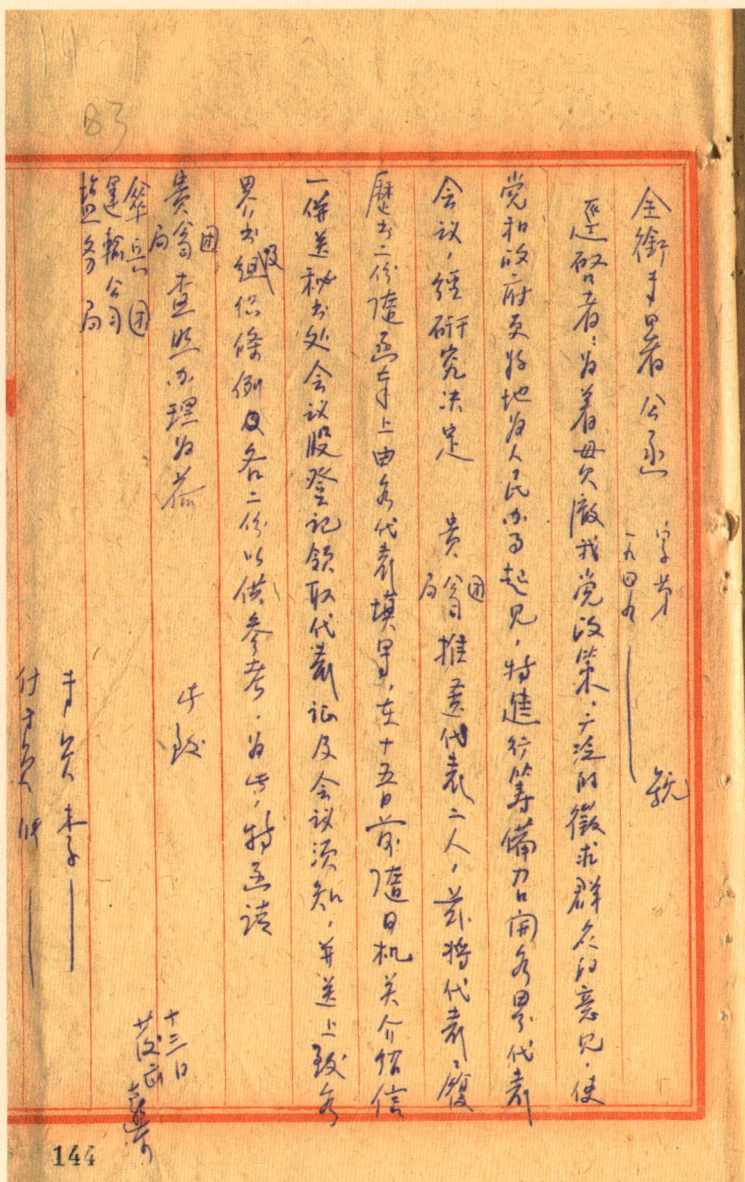

关于代表名额分配的文件草稿

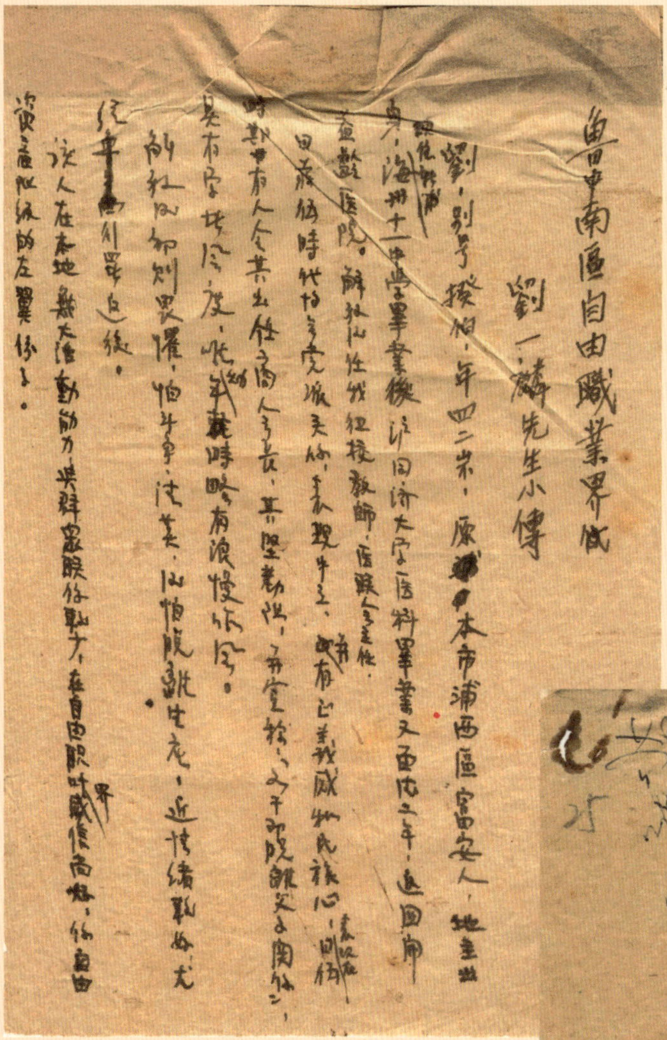
鲁中南区自由职业界代

刘一麟先生小传

刘，别号掞伯，年四二岁，原籍本市浦西区富安人，地主出身，海州十一中学毕业后，入同济大学医科毕业又...

会议代表刘一麟先生小传

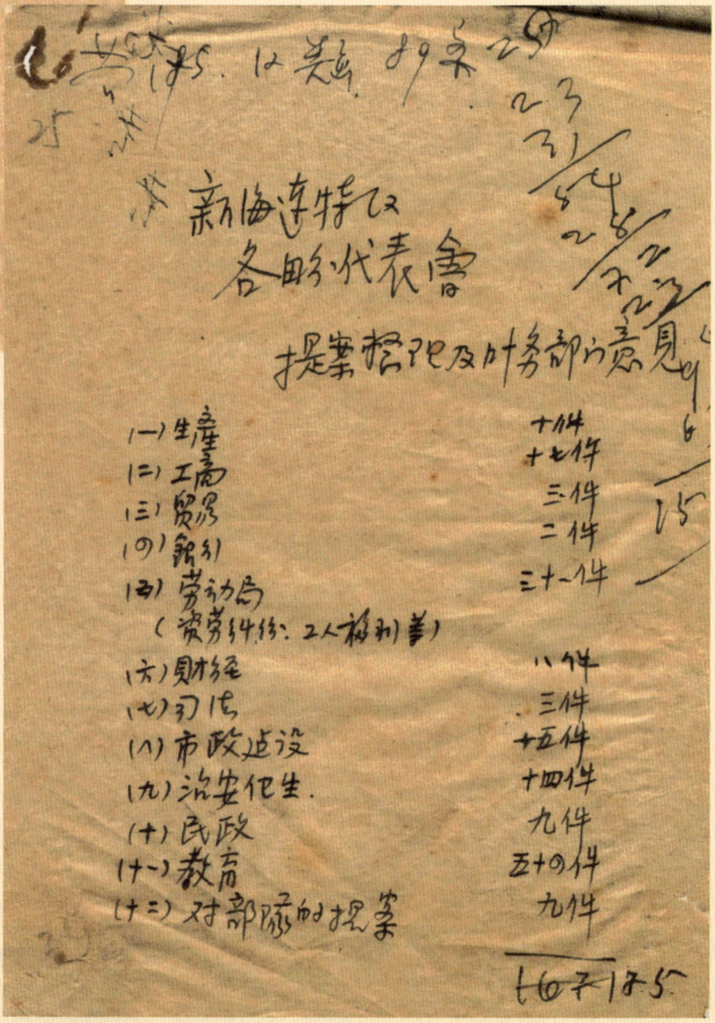
新海连特区

各界代表会

提案整理及财务部门意见

(一)生产	十件
(二)工商	十七件
(三)贸易	三件
(四)银行	二件
(五)劳动局	三十一件
(资劳纠纷、工人福利等)	
(六)财经	八件
(七)司法	三件
(八)市政建设	十五件
(九)治安卫生	十四件
(十)民政	九件
(十一)教育	五十四件
(十二)对部队的提案	九件

新海连各界代表会提案整理汇总情况

程觉书代表履历书

关于工商业十七件提案的解答（草案）

新海連特區行政專員公署

關於召開各界代表會的總結報告

一九四九年九月二十八日

紙號 229

召開各界代表會的總結報告

一、籌備及概況。

依據今年四月開始籌備，由党政民各部門先事磋商而后吸收了各界，教育界，自由職業界八人參加正式成立了籌委會，籌備期間專署發師了給各界書及代表會組織條例，會商召開各界座談會說明各界代表會性質及任務並宣佈代表產主辦法廣泛徵詢人民意見於大會打下了思想基礎。

原確定代表名額：

1. 中共代表三人。 2. 專署代表四人。 3. 軍事代表四人。 4. 東北幹部代表四人。 5. 職工代表五十八人。 6. 新青團代表六人。 7. 婦女代表十六人。 8. 學校代表七人。 9. 青年代表六人。 10. 工商界代表八人。 11. 國營企業代表十三人。

新海连特区行政专员公署关于召开各界代表会的总结报告

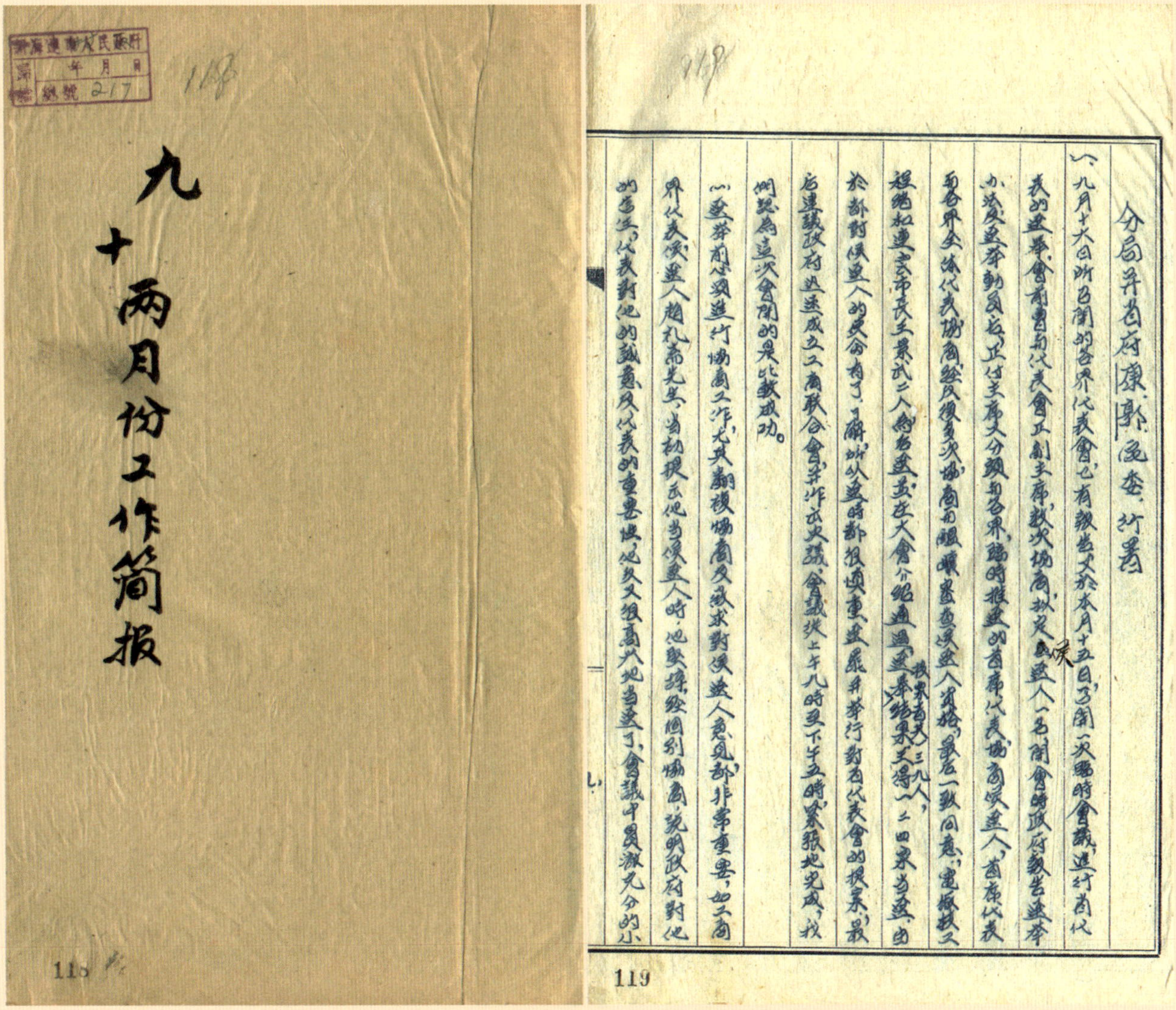

新海连特委报山东分局关于9—10两月份工作简报，详细汇报了各界代表会议召开情况。

全文：

新海连特区行政专员公署对各界代表会的十个月政府工作报告

一九四九年九月十五日

各位代表！新海连解放已十个多月了，我代表人民政府向大家报告十个月的政府工作，大家听了这个报告，希多加指正。

新海连区系中小城市，过去是服务大城市，也是为帝国主义推销洋货与吸取土产资源而服务的，因此，工业不发展，带有很深厚的半封建半殖民地的性质，新海连地区虽然有渔、盐、磷矿等天然财富，但在腐败无能的国民党政府统治下，贪污横行，苛杂严生，去年十一月间匪徒逃走时，盗劫机器，破坏建筑，焚烧工厂，把新海连弄得支离破碎，民不聊生。

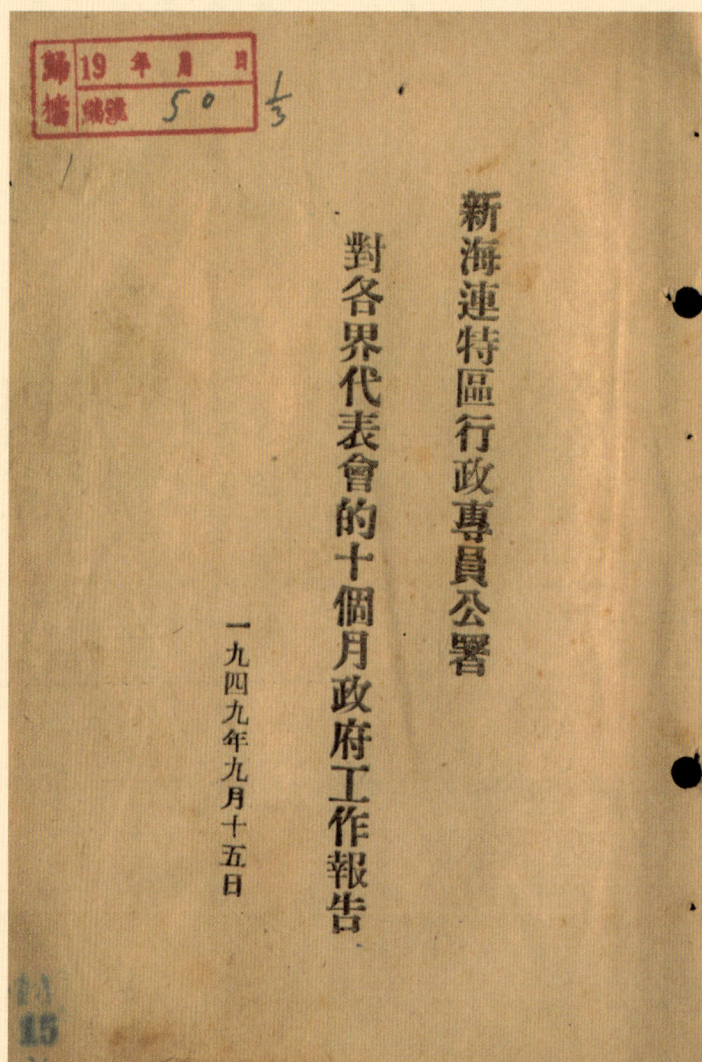

（一）入城来我们做了些什么事……

1. 入城后，我们首先是严禁破坏抢劫，停止混乱，保护了人民的城市，迅速建立革命秩序，在工作上总方针是把新海连区的消费城市，变成生产的城市，因此，我们的中心工作，就是如何恢复与发展生产，但我们不利的条件很多，是在机器破缺、技师缺少、经济困难的条件下去惨淡经营的。

在工业上

首先恢复电力，以推动工业发展，海州电力公司在国民党盗劫机器的破坏下，残缺不全，可是经过全体工人的努力，终于四九年元旦日，用柴油机开始送电，六月份又恢复了五百一十基罗小锅炉的送电，目前已有工业有电十一户，新海面厂四个月来出面五千余袋，油厂出油十四万一千余斤，豆饼一百三十二万斤，均供应了市场。海州面厂、火柴厂及铁工厂，均能于最近复工。为了更进一步的发展工业，现在赶修一千六百基罗的大锅炉，以资使磷矿复工，使盐田电气化，增加生产，增加人民财富。目前在公营工厂中已有职工二百四十一人的生活得到保障。

在私营工业上

也有些变化，织布业解放前二百二十六张机只开动六十八机，解放后已开动增加到一百五十张机，铸锅业解放前九户，解放后增加到十一户；锅的销路，城乡沟通，农民需要，故营业很好；肥皂业三户，解放后由于大批供应农村，销路亦不错；其次铁厂、印刷、面粉、酱园、制木各业均先后复工。同时在政府方面，也从各方面予以扶持与协助，在贸易公司调剂市场，解放后即调剂生油十余万斤，特别在旧历年关时，为避免物价暴涨，贸易公司又抛售出粮食、生油，使物价稳定，免去投机商人的操纵剥削。十个月来共调剂生油十七万五千二百九十三斤，粮食八十七万三千二百三十七斤，六月间平津与宁沪物价波动甚大，为了免吸收小麦一千多万斤，运出麦粮四百多万斤，换回工业品布纱等物，使农业品与工业品逐趋平衡，而利于工农业正常的恢复与发展。十个月来共调剂细布三千八百八十四，纱一千五百多捆，火柴九十箱，在为建立革命交易秩序免除中间剥削，掌握供求正常，打击投击，成立了油粮交易所。

在银行金融工作上

曾为扶持小本生产发放小本贷款二十一万六千二百元，使平本一百三十五辆得到修理开展了运输，发放渔贷八百九十四万六千七百五十元，使八百四十二户渔民下海，捕鱼计一百八十万六千多斤，在新海连农村区连年灾害失收，为了加强农业生产，曾发放农贷六十万九千多元，给一千四百三十六户，农民得及时购种耕耘。在工业上，亦会贷给私营，新兴面厂、隆丰面厂、义昌油坊、仁丰油厂、新成烟社、三合肥皂厂、三益制材厂，等八户计二百一十万二千三百七十四元，以扶持正当的工业发展，银行为更进一步的使物资交流，促使工商业发展，发展汇兑，计省内外有三十八处，汇兑出入额约有十七亿元。

在领导群众生产方面

由于解放初期，商业不振，特别在去冬今春严重的灾荒下，群众生活极端困难，我们会大力号召，开展运输，组织劳动投入生产，先后会通过运粮、运炭、运枕木、运草、运盐、到仓、背草、织席、做军鞋、打铁锹、打石子、参加挖河等形式，组织群众一万四千一百六十六户，得粮一百九十万斤，豆饼三万零一百多斤，北币四千八百九十四万六千元，开荒一百一十二亩，可解决二万八千多人的生活，约占人口总数百分之十七点四。政府曾发放节约捐献粮六万零二百多斤，款九百多万元，救济了二千零四户，本省府（不饿死一个人）的精神，我们通过生产自救渡过了灾荒。

在支前方面

去冬结合运输会组织平车一百三十五辆，汽车二十余辆，装运粮食五十五万九千多斤，支援淮海前线，我汽车工人冯连贵在敌人炮火下完成任务，而英勇牺牲。今日为了支援青沪刚解放的一千万人口的生活资料问题，连云会组织工人一千三百多人参加运输，共莲出油四百一十万零三千多斤，炭十九万四千九百零四斤，这一方面解决了一部分工人的生活问题，同时表现了我新海连广大人民在伟大的解放战争中的英勇。

十个月来政府在各方面尽一切努力，用一切办法克服一切困难，进行恢复与发展生产，以达到我人民的安居乐业。

2.市政工作：

入城后首先是取消伪保甲制，建立了区、镇间的革命政权，建立了革命秩序。最近又取消区、镇两厂政权，使政府法令与群众要求更能接近迅速解决问题。

在户籍工作上

我们通过拜访的方式进行登记户口，在三个月中，计有一万八千三百十四户，顺利完成登记，并建立了户籍制度，结合宣传防奸反特治安教育，对制止破坏偷盗、安定人心、进行生产，起了很大作用，逐渐建立革命的社会秩序。

在卫生建设上

为保护市民健康，发起卫生运动，将新浦市区暗明沟五十八条，计长一万五千七百八十二公尺，全部疏通，并挖新沟十二条，长三千零八十三公尺，运出污泥约有九千吨，结合进行全面大扫除，共运出垃圾五百二十八吨。为了更有效的整顿清洁，卫生会组织了粪业工人一百六十九人，建立粪桶一百八十五副，定时挑运出境，并建立大粪场三处。公安局录用原卫生队二十九名，建立公厕及垃圾池共一百五十八处，保持市面清洁，使过去的污脏的新浦焕然一新。在防疫工作上，进行了预防接种及注射。全区接种牛痘六六六七人，防疫注射一一三百人，并进行了五次抢救，共抢救病人一百零二人，因而本年传染病未大流行，医院给市民解决了部分治疗困难，使群众异常感激。

同时，在工人积极努力下，于四九年元月开始送电，使黑暗了三十二个月的新海又获得了光明，在街道上修桥梁三座，筑涵洞、水闸，四处五座，并于浦西区疏通乌龙河长四千五百公尺。

在防水救灾方面

半月前，每年一度的水灾又侵袭至我市郊，为了防水入市，我党政军民会组织三万九千多人三天两夜的紧张工作，筑堤十七条，计六千二百多公尺。为了新海七万多人口的安全，广大人民自动捐献棒、麻袋、草绷很多，政府亦用蒲包七千余个，同时为了抢救灾民，部队、机关又自动捐献计人民币二百二十一万六千多元，粮食九千多斤，鞋袜等物一千五百多件，正拨施行救济，以上之建设仅系初步的开始。

3.治安剿匪工作：

入城后，为了制止偷盗抢劫破坏，政府曾进行布告安民，广泛的宣传教育，并附以武装巡逻制止，号召匪特及早回头，停止活动，立功赎罪，先后破案有盗匪、杀人犯计九十六名，特务案犯数起，以致使混乱现象，日趋澄清，秩序安定。

在为党团登记方面

政府一再号召首恶必办、胁从不问、立功受奖的方针与原则，出布告并广泛的开座谈会，为了挽救被欺骗误入岐途的失足分子，举办自新登记，大部分的人已在教育下觉悟，悔过自新，然尚有极少数或个别分子执迷不悟，受到了惩处，未得到迅速恢复公民权。

在武装剿匪方面

为了确保市政安宁，保障人民安居生产，组织武装沿铁路两侧市郊、农村及山区进行三次剿匪工作，我武装所到之处均结合地方进行宣传，使广大人民知道人人防匪反特之意义，先后共逮捕匪徒四十多名，多年的匪患已基本肃清，市郊行旅已达安全。

4. 文教工作：

恢复学校

入城后为了迅速使青年儿童就学，恢复小学四十所，计学生八千七百五十八名，中学二所计学生七百六十八名。

在教学方面

主要以改造思想为主，课程上取消反动的党化教育内容，加强新民主主义政治教育，并通过运粮修操场、建筑宿舍、募捐灭蝗等劳动锻炼了师生的劳动观念、集体观念、组织青年暑期服务团，加强了与群众的联系，提高了为人民服务的决心，改变了对劳动人民的态度。

在职工教育上

组织工人店员夜校九处十八个班，九百四十四人，加强其阶级教育，及贯彻劳资两利发展生产之政策教育。

5. 税收工作：

根据（以市养市）之精神，解放以来，按省府规定，征收营业、屠宰、交易、卷烟等五种税源共收入一亿零五百八十七万八千零三十四元，税收之款，系人民财产，亦是为人民而用，故在解放后各种市政建设街道、卫生、教育、水利的建设上仅初步实施，即支出三亿零一百一十九万零一百九十四元，透支一亿九千五百三十一万二七千一百六十一元，完全由上级补贴，这就说明城市之建设，仍由农村负担三分之二，这种情况是需要说明的。

以上的成绩：主要是由于上级和中共新海连特委的正确领导，同时有各界人民的共同努力，特别是工人阶级的努力，工人们以新的劳动态度，在工业上有了不少的创造与发明，使新海连区的工业打下了初步的基础，例如发电厂在工人少、机器破缺、经济困难的条件下，克服一切困难，恢复了送电。

（二）我们虽然有些成绩，但我们工作各方面亦存在许多缺点：

1. 生产工作在刚解放时，注意了救济、扶持分散性的生产，对工业恢复远不算迅速，同时虽然恢复了一些工厂，管理上不好，经验不足，好几个工厂弄得亏本。例如发电厂每月要亏损一亿元，除业务不熟，全心全意依靠工人阶级的信念不够牢固，在公营工厂民主化管理、劳动保险、福利设施均待改进与逐渐兴办。今后我们要虚心向工人学习，特别向会做生意的代表朋友们学习经营管理的经验。对私营虽然有些联系与扶持，事实上是很不够的，我们政府各部门，很少与大家研究，吸收意见也很少。因此，对私营的工商业上的帮助很差。例如如何配合贸易公司推销成品、供给原料的问题，均未得到有力的解决。

过去在方针上也不够明确，（为谁服务），不是面向农村的方针，更没有大量组织合作社开展城乡物资交流，促使工业农业互相的发展。

2. 在政策方面要说明几个问题的。

由于我们对城市工作经验不足，同大家一同仔细商量研究，贯彻政策精神不够，因此在某些问题上存在些缺点。

在营业税收上，我们认为一般是不重的，因为税收是取之于民、用之于民的税收，春季营业税全部共收北海币九亿多元，折人民币九百多万元，但由于计算方法与评议方法上不是采取派额征收的计算法，不是分行业评议，大家互不了解，同时个别的投机商人隐瞒，报假账的原因，产生出个别的不公平的现象，主要我们没有掌握到按纯利征收的条件，按纯利征收是合理的，但由于目前物价波动，不易计算纯利，目前仍应按派额征收办法，将来是要过渡到纯利征收的。

在公私兼顾、劳资两利政策上，我们也掌握得不够，在劳资关系上的工资问题及其他一些纠纷，过去处理得不及时，同时，政府没有一定的机关去处理，就是资方有些意见，好像没处说，也不敢来接近我们，因此有些问题，不能得到及时合理的解决，今后成立了劳动局，劳资纠纷要通过一定手续，双方协议进行解决。

3. 沟通城乡物资交流不够，缺乏调查研究，没有大量建立合作社，以沟通城乡关系，同时在市场管理上没有及早建立革命的交易秩序，对金融为中心的投机商人，打击不够有力，对扶持正常的工商业亦受到影响。

以上的检讨大家认为不到的地方，希望大家多提出批评。

（三）目前我们应当马上做些什么呢？特提出如下意见：

根据新海连特委代表苏羽同志的报告，今后的工作中心仍是恢复与发展生产。在目前的灾情严重情况下，发展生产，我们是存在着很多困难的，特别是处于即将解放全中国继续战争的环境下，敌人仍在海上继续封锁，我们困难是很多的，但我们在上级正确领导下，全心全意依靠工人阶级，联系广大人民，我们是能够克服困难的。

1. 在生产工作已恢复的公营工厂，要建立健全民主的管理，逐渐兴办各种福利事业。要求首先提早完成发电厂全部送电，解决工业电力。并求得逐渐降低电价，以期达到节省原料，减低成本，扩大销路，尤其是修复海州面粉厂、火柴厂、磷矿早日开工，扩大就业范围，积极组织生产，繁荣市场经济，克服困难支援战争，争取全国胜利早日到来。

在私营企业要贯彻劳资两利发展生产的方针，税收掌握公平合理，保护发展生产政策的加强合作社的建立，促使城镇物资交流。并加强银行贸易企业与各界密切联系，多开会议吸收意见。提议组织生产建设委员会，使公私企业密切联系，生产逐步走上计划性，密切配合解决原料成本与销路问题。同时号召将游资投入有益于国民生计的生产中去。

2. 继续开展建立各种团体组织，把广大群众组织起来，投入生产共同克服困难，加强对城市的保卫，彻底扑灭匪特阴谋活动，保卫生产建立巩固的革命秩序。

3. 贯彻山东省政府十大禁令，履行节约，调整机构，利政便民，提高工作效率，并广泛进行宣传，造成节衣缩食，惨淡经营，积累资本，发展生产，同心协力克服困难。同时在困难条件下，要将教育办好，提高工人劳动群众、知识青年的政治与文化水平，培养各方面建设人才。

以上就是我代表新海连特区人民政府向大会提出的报告与意见，请各代表加以检查与指正。

中华人民共和国
成立后档案

连云港市区划沿革档案

保管单位： 连云港市档案馆

内容及评价：

　　1948年11月，新海连解放，设立新海连特区，成立新海连特区行政专员公署。1949年11月，建立新海连市。1950年5月，新海连市和东海县合并设新海县，年底恢复新海连市和东海县建制，隶属山东省临沂地委领导。1953年1月1日，新海连市划入江苏省管辖。1961年10月1日，新海连市改称连云港市，1962年升格为江苏省辖市。1983年，国家地市体制改革，国务院批复将原徐州地区的赣榆、东海两县与原淮阴地区的灌云县划归连云港市。1996年，将淮阴市的灌南县划归连云港市。2001年，行政区划调整撤销云台区。连云港市档案馆馆藏解放后区划调整档案是研究连云港市行政区划调整和历史沿革的原始档案，具有重要的价值。

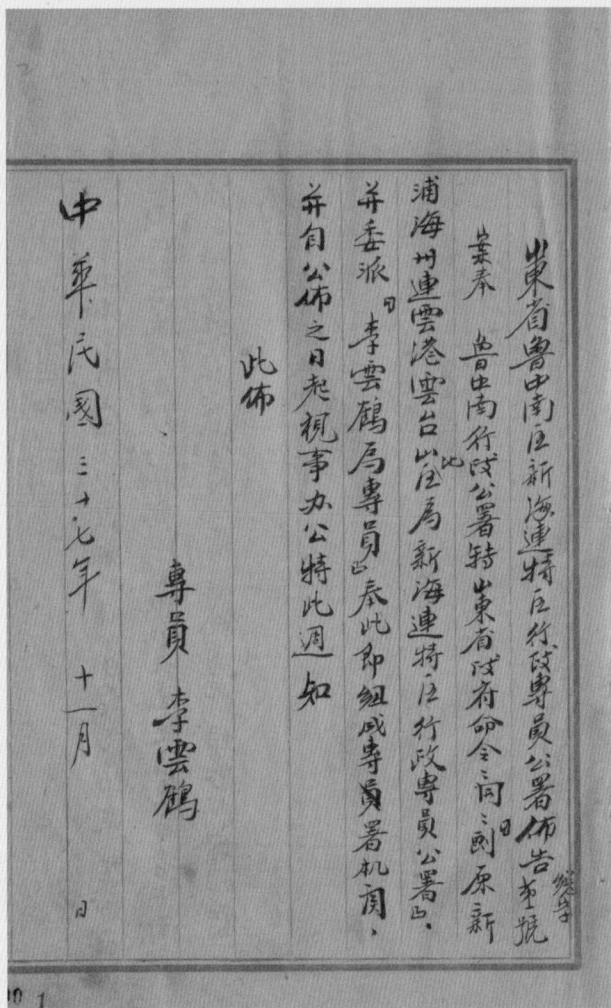

1948年关于成立新海连特区行政专员公署布告

（辖新浦、海州、连云港、云台山）

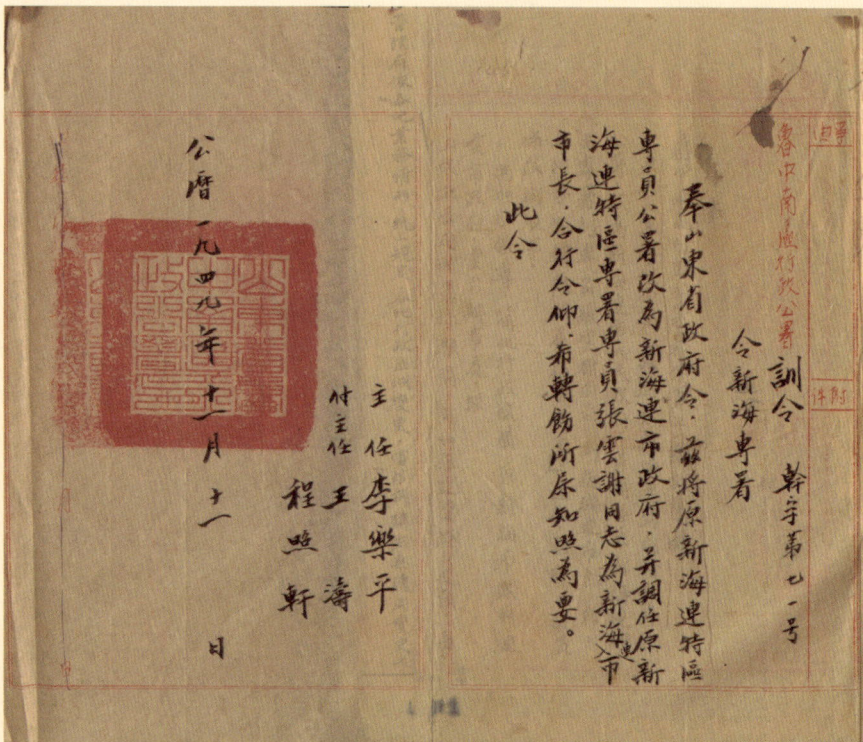

1949年新海连特区行政专员公署改为新海连市政府训令

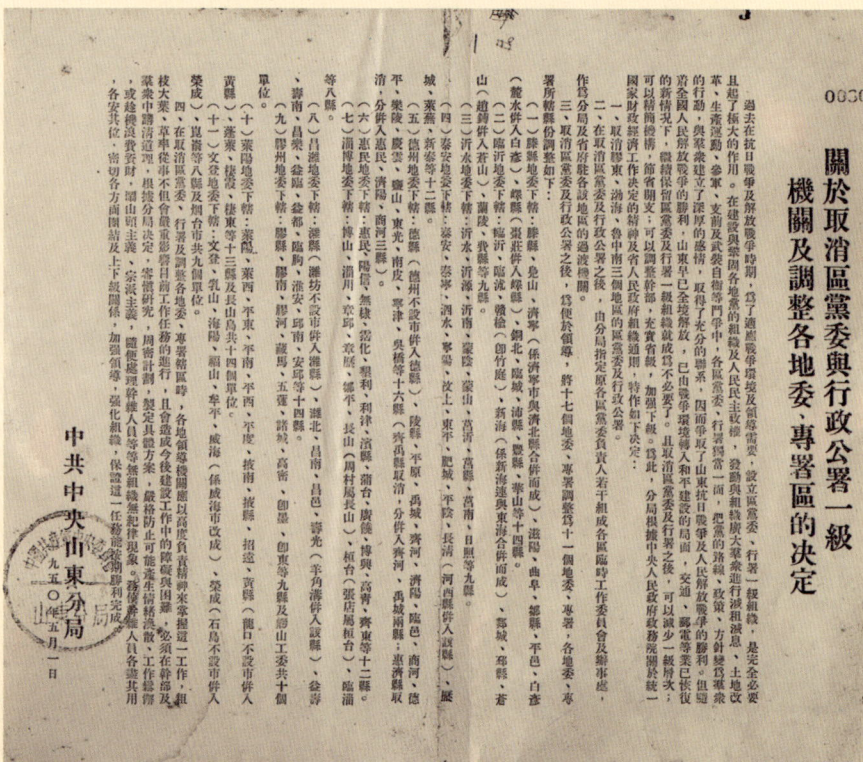

1950年5月新海连与东海合并为新海县的文件

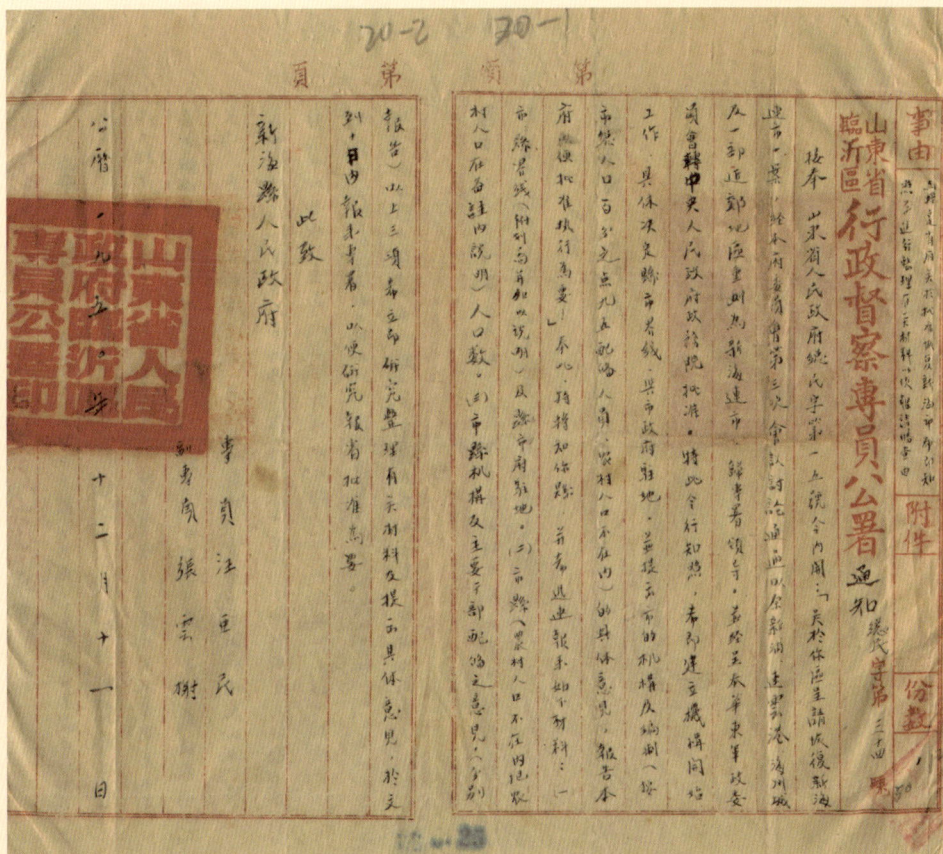

1950年12月关于恢复新海连市（辖新浦、连云港、海州及部分近郊）的文件

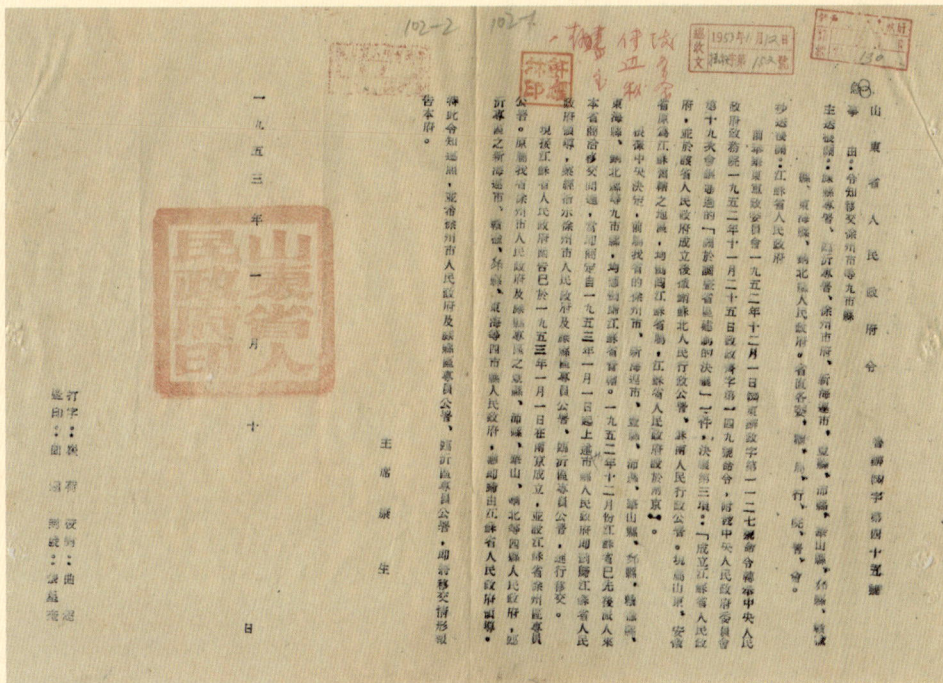

1953年新海连市由山东省移交江苏省管辖的文件

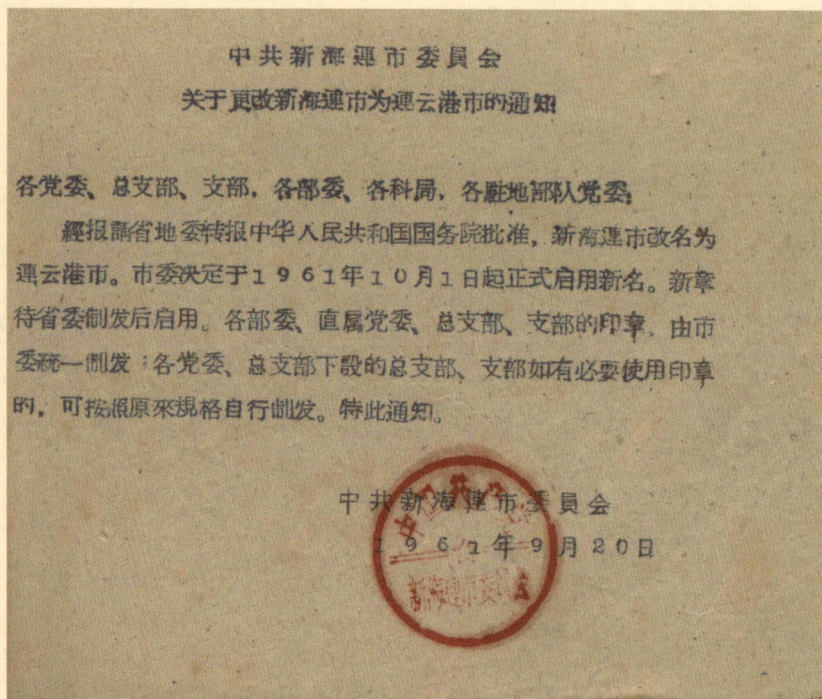

1961年新海连市委关于启用新名"连云港市"的文件

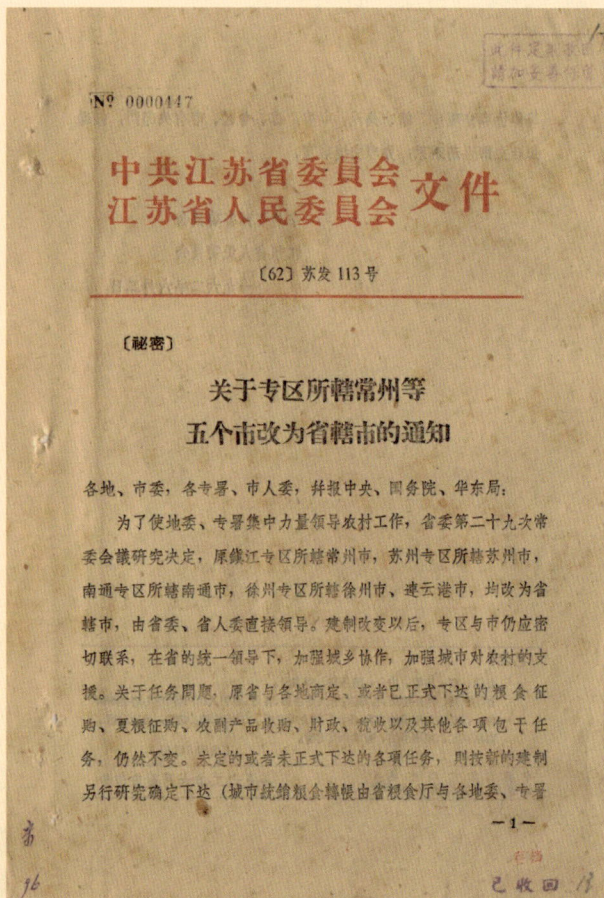

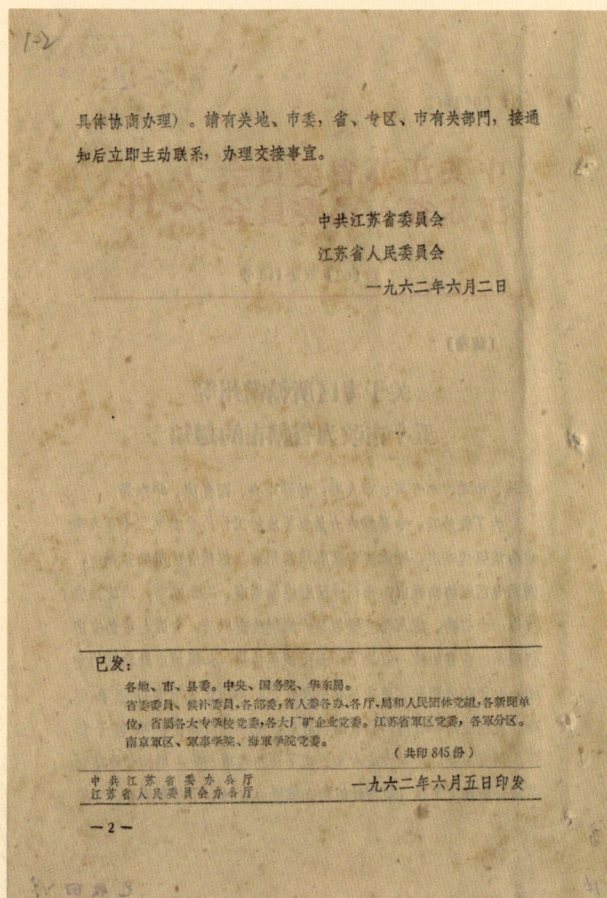

1962年连云港市改为江苏省辖市的文件

28

中华人民共和国国务院

（83）国函字1号

国务院关于江苏省改革地市体制
调整行政区划的批复

江苏省人民政府：

你省关于改革地市体制调整行政区划的报告及补充报告收悉。同意你省：

一、撤销苏州地区行政公署，撤销常熟县，改设常熟市。将原苏州地区的吴县、吴江、昆山、太仓、沙洲、常熟六县（市）划归苏州市；江阴、无锡二县划归无锡市。

二、撤销镇江地区行政公署，将原镇江地区的高淳、溧水二县划归南京市，宜兴县划归无锡市，武进、金坛、溧阳三县划归常州市；丹徒、丹阳、扬中、句容四县划归镇江市。镇江市改由省管辖。

三、撤销南通地区行政公署，将原南通地区的南通、海门、启东、如东、如皋、海安六县划归南通市。

四、撤销徐州地区行政公署，将原徐州地区的铜山、丰县、沛县、邳县、睢宁、新沂六县划归徐州市；东海、赣榆二县划归连云港市。

五、撤销扬州地区行政公署，将原扬州地区的泰州、江都、邗江、泰县、高邮、靖江、宝应、泰兴、兴化、仪征十县（市）划归扬州市。扬州市改由省管辖。并将邗江县的汤江、西湖、湾头三个公社划归扬州市。

六、撤销盐城地区行政公署，撤销盐城县，改设盐城市。将原盐城地区的建湖、射阳、阜宁、大丰、滨海、东台、响水七县划归盐城市。盐城市由省管辖。

七、撤销淮阴地区行政公署，将原淮阴地区的灌云县划归连云港市；淮阴、沭阳、洪泽、灌南、泗洪、涟水、宿迁、淮安、泗阳、盱眙、金湖十一县划归清江市。清江市更名为淮阴市，淮阴市改由省管辖。

中华人民共和国国务院
一九八三年一月十八日

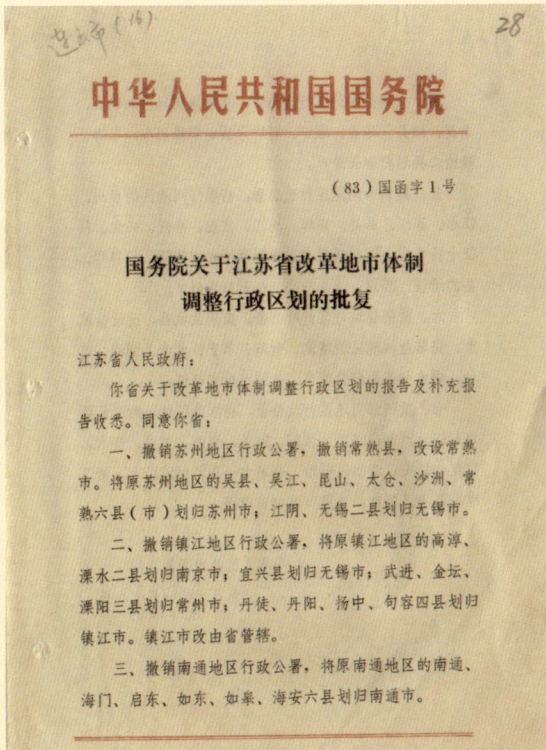

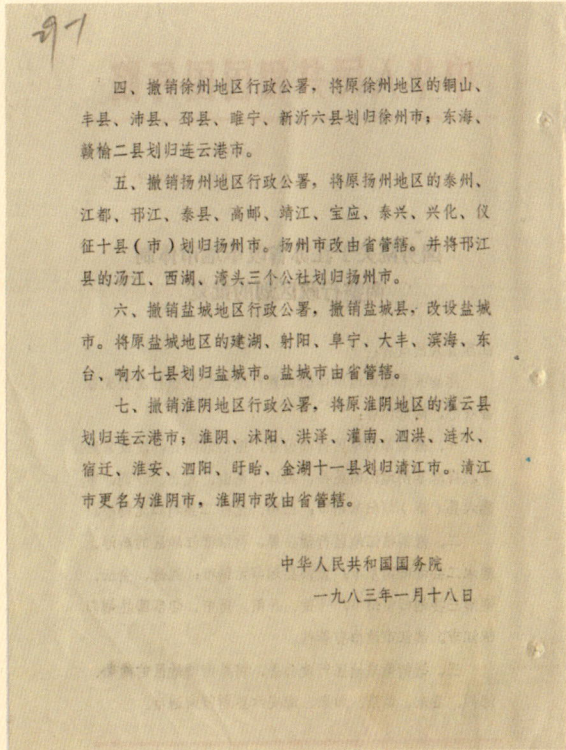

1983年有关连云港市行政区划调整的文件（赣榆、东海、灌云三县划归连云港市管辖）

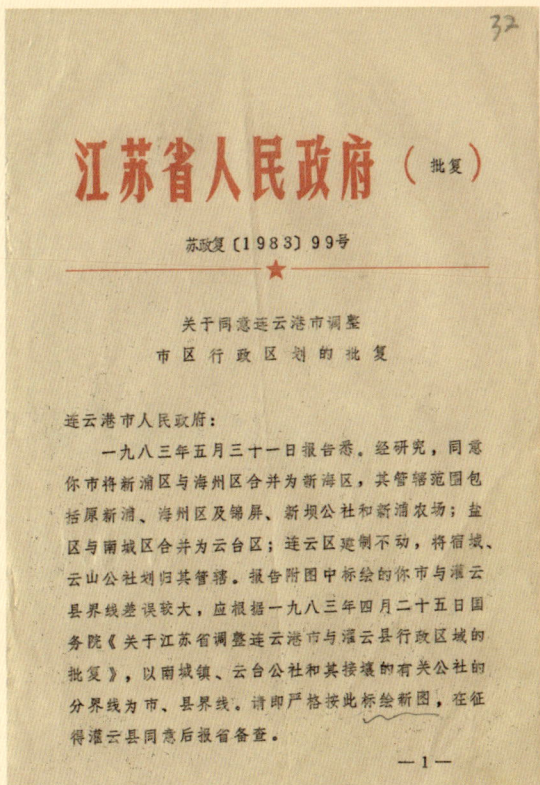

32

江苏省人民政府 （批复）

苏政复〔1983〕99号

关于同意连云港市调整
市区行政区划的批复

连云港市人民政府：

一九八三年五月三十一日报告悉。经研究，同意你市将新浦区与海州区合并为新海区，其管辖范围包括原新浦、海州区及锦屏、新坝公社和新浦农场；盐区与浦城区合并为云台区；连云区建制不动，将宿城、云山公社划归其管辖。报告附图中标绘的你市与灌云县界线差误较大，应根据一九八三年四月二十五日国务院《关于江苏省调整连云港市与灌云县行政区域的批复》，以浦城镇、云台公社和其接壤的有关公社的分界线为市、县界线。请即严格按此标绘新图，在征得灌云县同意后报省备查。

— 1 —

1983年江苏省人民政府批复新浦区与海州区合并为新海区的文件

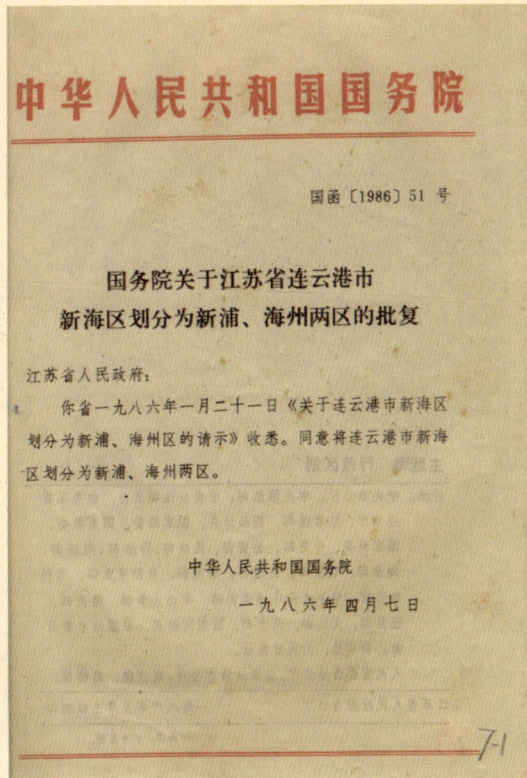

中华人民共和国国务院

国函〔1986〕51号

国务院关于江苏省连云港市
新海区划分为新浦、海州两区的批复

江苏省人民政府：

你省一九八六年一月二十一日《关于连云港市新海区划分为新浦、海州区的请示》收悉。同意将连云港市新海区划分为新浦、海州两区。

中华人民共和国国务院
一九八六年四月七日

1986年国务院批复新海区分为新浦区和海州区的文件

连云港港口建设照片

保管单位： 连云港市档案馆　连云港港口集团档案馆

内容及评价：

　　新海连解放后，党中央、国务院和省市高度重视连云港港口建设。1973年，连云港开港以来建成第一座万吨级码头。1974年，国务院批复同意开辟连云港为对外贸易港口。1986年9月，我国最长的拦海大堤——连云港西大堤主体工程正式开工；同年12月，国家"六五"期间重点建设项目——连云港庙岭新港区的主要工程庙岭煤码头通过国家验收，正式投产使用。1990年，新亚欧大陆桥贯通，连云港港被确定为新亚欧大陆桥东桥头堡。2004年，江苏省第一个10万吨级深水泊位在连云港港建成。2008年12月，标有"连云港港2008年第1亿吨暨第300万个TEU"字样的标志箱被吊起放到即将启航的"新大连"号集装箱轮上，标志着开港75年的连云港港终圆亿吨大港梦想，成功迈进中国亿吨大港、深水大港行列，江苏沿海首个亿吨大港也由此诞生。2012年6月，连云港港30万吨级航道一期工程首航。连云港市档案馆、连云港港口集团档案馆保存的建国后港口建设照片内容丰富，反映了建国后各个时期港口建设的成就，是港口建设历程的原始记录。

劈山填海建码头（1971年春）

百日抛石抛砂大会战（1975年10月）

满载砂石的施工民船（1975年10月）

突击疏港 为国争光（1981年4月）

庙岭新港区煤炭泊位在施工（1983年7月）

港口在建设中广泛应用了爆炸处理水下软基技术，这项技术1990年获国家科技进步二等奖。

1993年12月19日，全国最长的拦海大堤——连云港西大堤胜利合拢。

2007年10月9日，我国最大型集装箱船"新亚洲"轮首航连云港。同一天，在新亚欧大陆桥零公里处，连云港至莫斯科国际铁路集装箱班列首发。

连云港至莫斯科集装箱"五定"班列开通

新亚欧大陆桥东端起点

奥斯特洛夫斯基夫人回复海州中学学生信函

保管单位： 连云港市海州高级中学

内容及评价：

该档案是前苏联著名作家、《钢铁是怎样炼成的》作者奥斯特洛夫斯基的夫人卡娅在1955年9月2日给连云港市海州高级中学学生的来信。写信人 P·奥斯特洛夫斯基卡娅当时为尼·阿·奥斯特洛夫斯基博物馆馆长。随信还寄有一张奥斯特洛夫斯基照片和一张明信片。该信件对青少年具有教育意义，能够激励广大青少年学生努力学习，不畏时艰，做一个对社会有用之人。

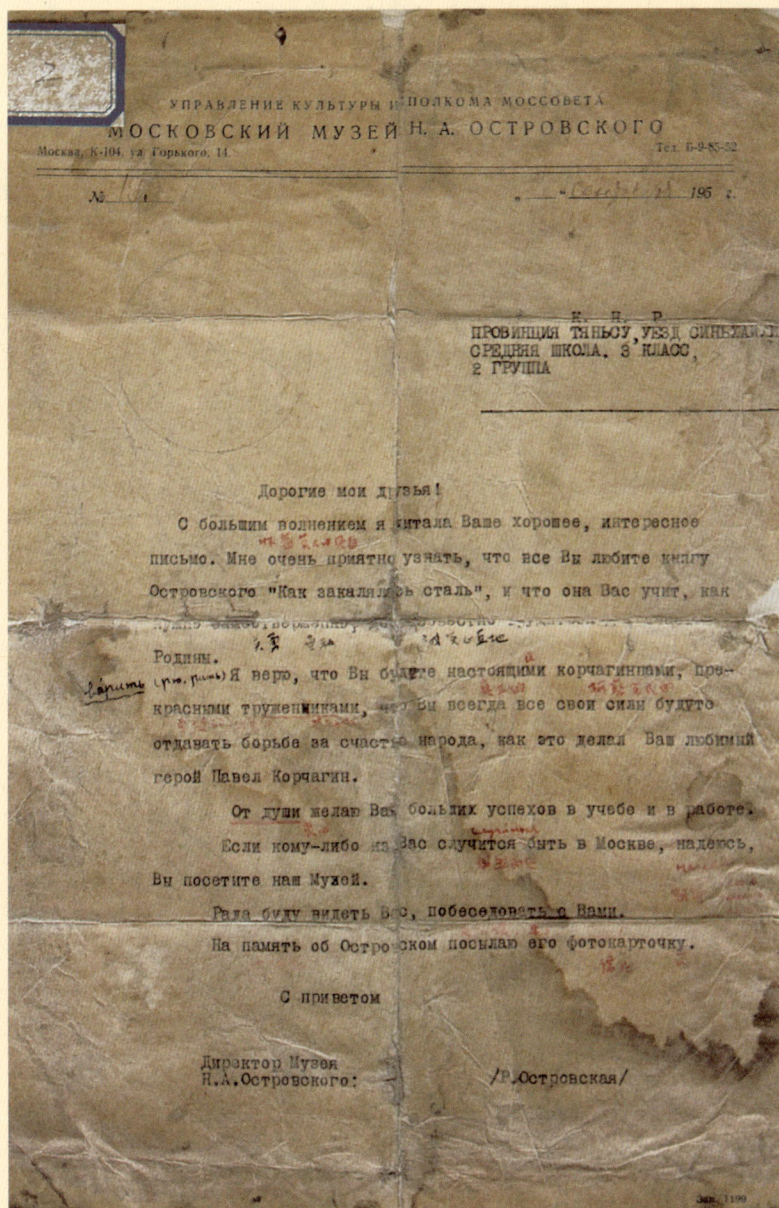

奥斯特洛夫斯基夫人回复海州中学学生信函

全文（译）：

　　亲爱的朋友们：我怀着十分激动的心情读了你们美好的有趣的来信。我高兴地获知你们都喜欢奥斯特洛夫斯基的小说《钢铁是怎样炼成的》。它教导我们要为祖国的幸福忘我和忠诚地劳动。我相信，你们一定能成为真正的保尔·柯察金式的出色劳动者，你们将为人民的幸福贡献出自己的全部力量，正如你们敬爱的英雄保尔·柯察金所做的那样。衷心地祝你们在学习和工作上取得更大的成功。如果你们当中有人来莫斯科的话，我很希望你们访问我们的博物馆。我很乐意看到你们并和你们畅谈。随信寄赠一张奥斯特洛夫斯基的照片，以作为对他的纪念。

　　此致

敬礼！

尼·阿·奥斯特洛夫斯基博物馆馆长：Ｐ·奥斯特洛夫斯基卡娅

1955.

奥斯特洛夫斯基夫人随信寄来的明信片（正面）

海州城照片

保管单位： 连云港市档案馆

内容及评价：

连云港市档案馆馆藏海州城照片15张，于1956年5月拍摄。海州自古有"东海名郡"之美誉，有两千多年历史。据明《隆庆海州志》记载：州城旧有土城，相传梁天监十一年马仙俾筑。后经历朝不断兴建又不断毁于战火兵燹，建国初期仅存十余里古城墙，这段古城墙在上个世纪五六十年代也基本被拆毁，造成不可估量的损失。连云港市档案馆保存的这15张古城照片从不同角度记录了海州古城的原貌，更显珍贵。该组照片对后来海州城进行仿古重建，发挥了重要的参考作用。

海州城全景

北关临洪门

南关朐阳门

东关镇海门

古水关门

东大街

西大街

南大街

古北极宫（禹王庙）

天后宫大殿

海州夫子庙灵星门和状元桥

夫子庙灵星门和状元桥

沈家花园（沈云霈旧居）

东汉石蟾蜍

佛教摩崖造像

东汉石象

红领巾水库建设档案

保管单位：赣榆县档案馆

内容及评价：

红领巾水库位于赣榆县抗日山西侧廖山脚下。1957年，全国掀起贯彻"农业发展纲要四十条"的高潮，南京少先队员向全省倡议，捐出集体劳动所得在革命老区赣榆县建设红领巾水库。毛泽东主席看了新闻后专门作出批示；中共江苏省委、共青团江苏省委、江苏教育者厅发动全省500多万少年儿童捐款7万多元，并成立"江苏省红领巾水库施工工务所"。经3个月施工，水库告竣，现已成为"全国青少年爱国主义教育基地"。该档案共2卷，形成于1958年，是兴建全国爱国主义教育基地——江苏省红领巾水库的原始记录，对于开展青少年爱国主义教育具有重要作用。

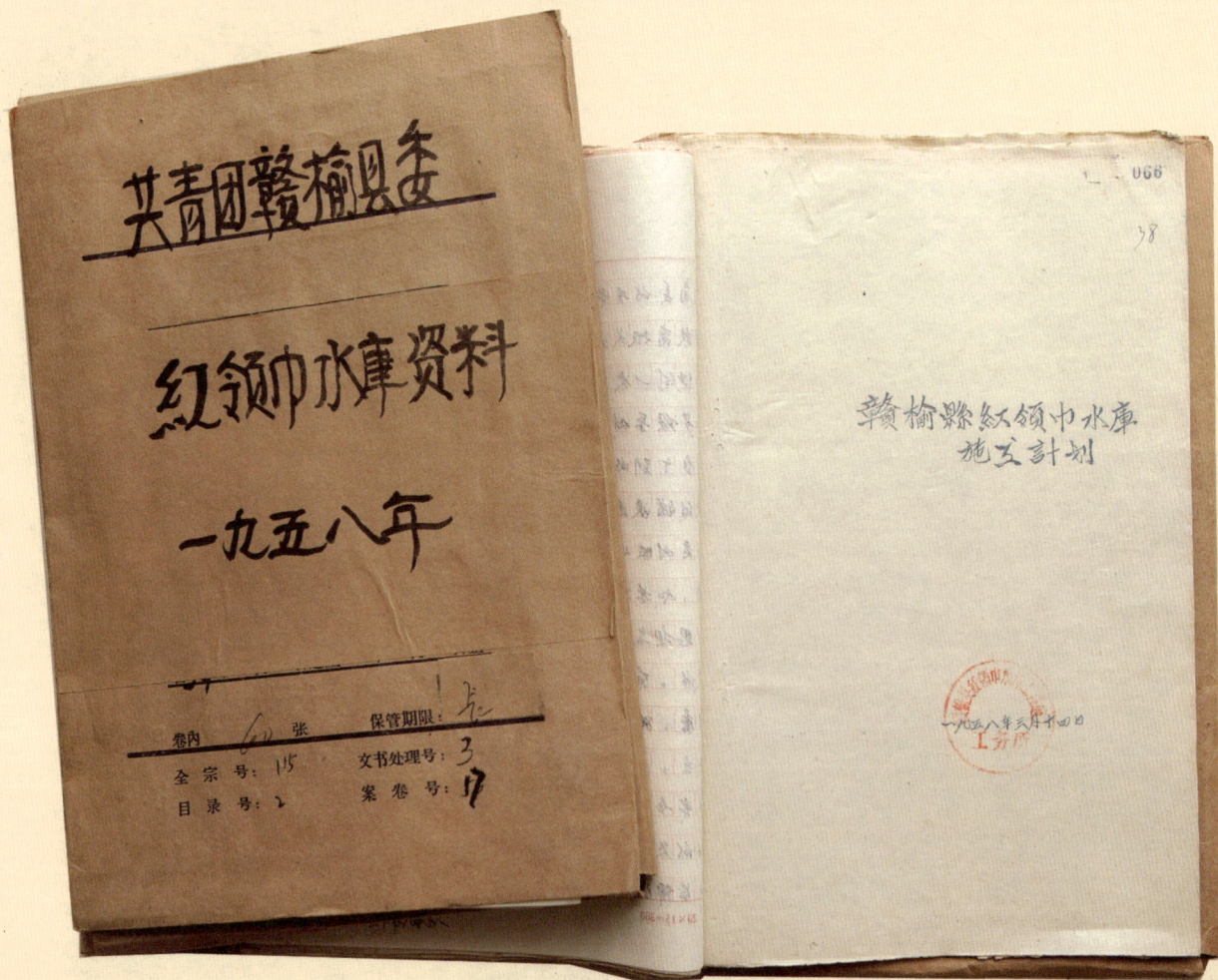

"红领巾水库"档案

赣榆
涟水县人民委员会：

（58）团苏委字第16号

为了教育全省少年儿童热爱祖国，培养他们关心祖国建设的思想，省人民委员会正式同意将赣榆县新集水库命名为红领巾水库，涟水县涟东灌区第三干渠之首进水闸命名为红领巾水闸，这两个工程凡不都是国家计划之内的，请你们按已经批准的计划施工。至于全省少年儿童劳动收入的款项，要在今年冬辰才能全部集中，估计可能5万至10万元。你们两县1959年的水利任务仍然是较大的，所以我们打算在款项收齐以后全部交由徐淮两专署水利局拨搭给你们。

至于红领巾水库、水闸上纪念性的建筑物，请你们根据节约原则在100元范围内设计建造。

（另附秘们记号设计图纸，供你们参考。）

抄送：徐州、淮阴专署水利局，共青团徐州、淮阴地委，共青团赣榆、涟水县委。

省水利厅
共青团省委
中国共产主义青年团
水利厅
1958年3月4日
江苏省委员会

1958年，江苏省水利厅和共青团江苏省委关于修建红领巾水库的文件。

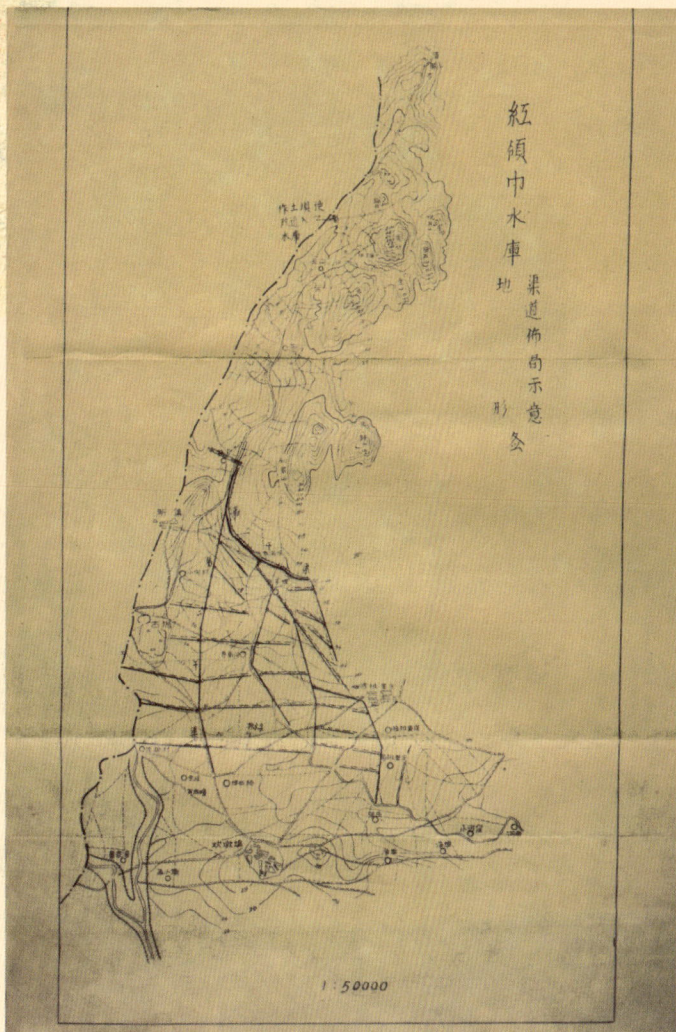

红领巾水库地形、渠道布局示意图

"红领巾"列队到工地

"红领巾"在工地参加劳动

中国江苏三得利食品有限公司成立档案

保管单位：连云港市档案馆

内容及评价：

1984年，连云港市被中共中央和国务院批准为首批沿海开放城市。为此，连云港市在开展对外经济技术合作，消化吸收先进技术等方面进行了行之有效的探索，并积累了宝贵经验。1984年成立的中国江苏三得利食品有限公司成为我国食品行业中外联姻的先行者。该公司是日本国际贸促会关西本部理事长木村一三先生和三得利公司董事长佐治敬三先生向王震提出合资成立，由中国国际信托投资公司、江苏省国际信托投资公司、连云港市轻工业公司、日本国三得利公司四方组成的一个中日合资经营企业，1984年3月21日在北京人民大会堂举行项目合作签字仪式，同年8月21日至22日中国江苏三得利食品有限公司在连云港市召开首次董事会，宣告公司成立。该批档案共7卷，包括成立"中国江苏三得利食品有限公司"的报告、批复、考察计划等和项目合作签字仪式照片、第一次董事会档案、合资经营合同书、章程等内容，全面反映了中国江苏三得利食品有限公司的成立历程和中国食品行业对外开放的艰辛，是践行改革开放政策和开展中外经济技术合作的见证。

1984年8月21日至22日中国江苏三得利食品有限公司首次董事会召开

1984年江苏省对外经济贸易厅报请审批中日合资经营"中国江苏三得利食品有限公司"合同、章程

1984年江苏省对外经济贸易厅和计划经济委员会上报连云港啤酒厂与日本三得利公司合资经营麦芽、啤酒项目建议书

1984年对外经济贸易部批复同意成立
"中国江苏三得利食品有限公司"

1984年中国江苏三得利食品有限公司和日本
三得利公司签订的技术援助协议书

合资经营合同书与公司章程

1984年王震、荣毅仁等在北京人民大会堂会见出席中国江苏三得利食品有限公司中日合资双方签字仪式的代表

1984年中国江苏三得利食品有限公司中日合资双方签字仪式在北京人民大会堂举行

第一次董事会文件之七

中国江苏三得利食品有限公司
第一次董事会关于公司机构设置与定员的
决　定

中国江苏三得利食品有限公司董事会对公司组织机构设置与人员安排决定如下：

一、组织机构的设置与人员安排应遵循提高公司的管理水平和工作效率、有利于公司的生产和业务活动的原则进行。

二、根据本公司合营合同第五章第31条规定，公司任命总经理和副总经理各一名，全面负责公司日常的生产和业务活动。

三、公司在建设期间职工定员应为三百人。
公司在全部完工后职工定员应为三百二十四人。公司生产经营活动中，人员不应超过以上定员人数。

四、职工来源原则上从现有连云港啤酒厂原有职工进行安排，具体工作岗位由总经理与副总经理视合营公司的需要进行调整。根据工作需要，在不突破定员的情况下，公司可以调进一部分专业技术人员。

五、组织机构设置采取四部制：

制造部　技术部　业务部　总务部，职工人数为三十八人。

六、各部门经理和职员具体人选由正副总经理商定后报董事会。任期两年。

七、生产工场及各部所属机构服务人员的配备和定员，在本决定第三条规定的定员内由正副总经理协商妥善予以安排。

八、公司工场扩建施工管理所需机构由正副总经理商定。所需人员在现有人员中妥善考虑安排。

九、本决定一九八四年八月二十一日通过。

董事长：　高有为

副董事长：　鸟井信一郎

1984年8月22日

第一次董事会关于公司机构设置和定员的决定

连云港新浦汽车总站"雷锋车"组档案

保管单位：连云港新浦汽车总站

内容及评价：

1963年，毛泽东号召"向雷锋同志学习"，新浦汽车总站的长途服务班组以雷锋为榜样，视旅客为亲人，把着眼点放在为旅客排忧解难上，用小板车为中转旅客服务，免费为旅客接送，旅客们亲切地称呼这辆小板车为"雷锋车"，长途服务班组也被广大旅客称呼为"雷锋车"组。五十年来，"雷锋车"的车型由开始的木板车、铁板车、脚踏三轮车发展到现在的电瓶车，车子换了9辆，人换了8茬，免费运送旅客27万人次，义务运送行李包22万余件，行程17万多公里。"雷锋车"组坚持不懈学雷锋，用爱心和行动诠释了"宁愿自己千般苦，不让旅客一时难"的服务内涵。经历了五十年时代变迁的"雷锋车"精神，具有丰富的内涵和崇高的意蕴，连云港新浦汽车总站保存的"雷锋车"组档案共2100件（另含实物38件，照片568张），是这一段历史的真实记录。它集中体现了助人为乐、服务人民的奉献精神，团结协作、争创一流的优良作风，抱定信念、持之以恒的坚韧意志，激励着一代又一代连云港人的成长，成为推动连云港崛起振兴的强大精神动力。

60年代拉进70年代的"雷锋车"

第一代"雷锋车"手使用的小扁担

80年代中期的"雷锋车"

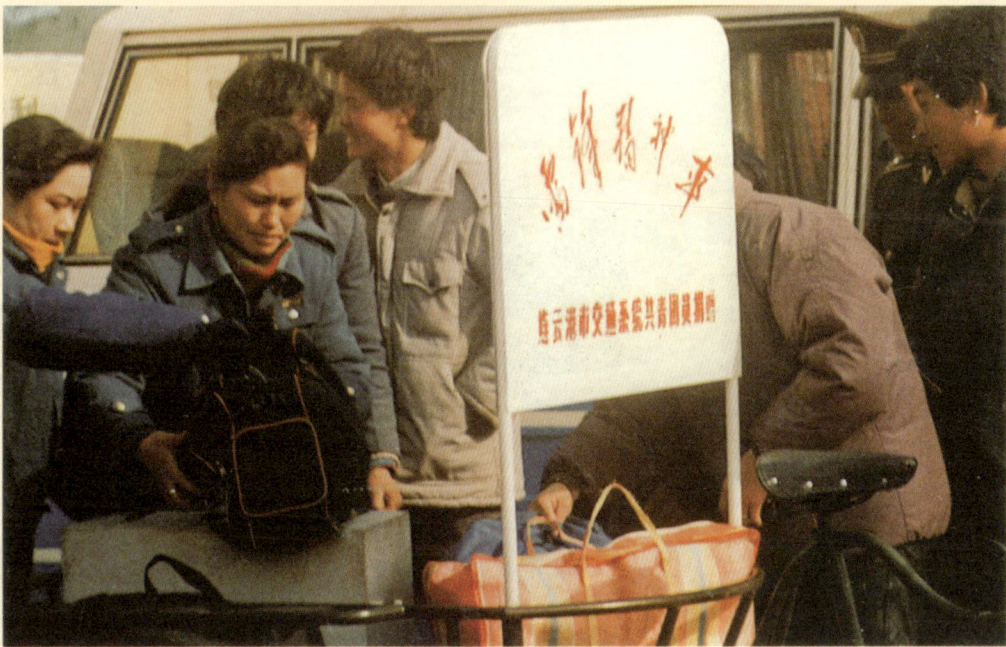

80年代末的"雷锋车"

90年代初的"雷锋车"

新世纪的"雷锋车"

"雷锋车"为旅客服务的场景

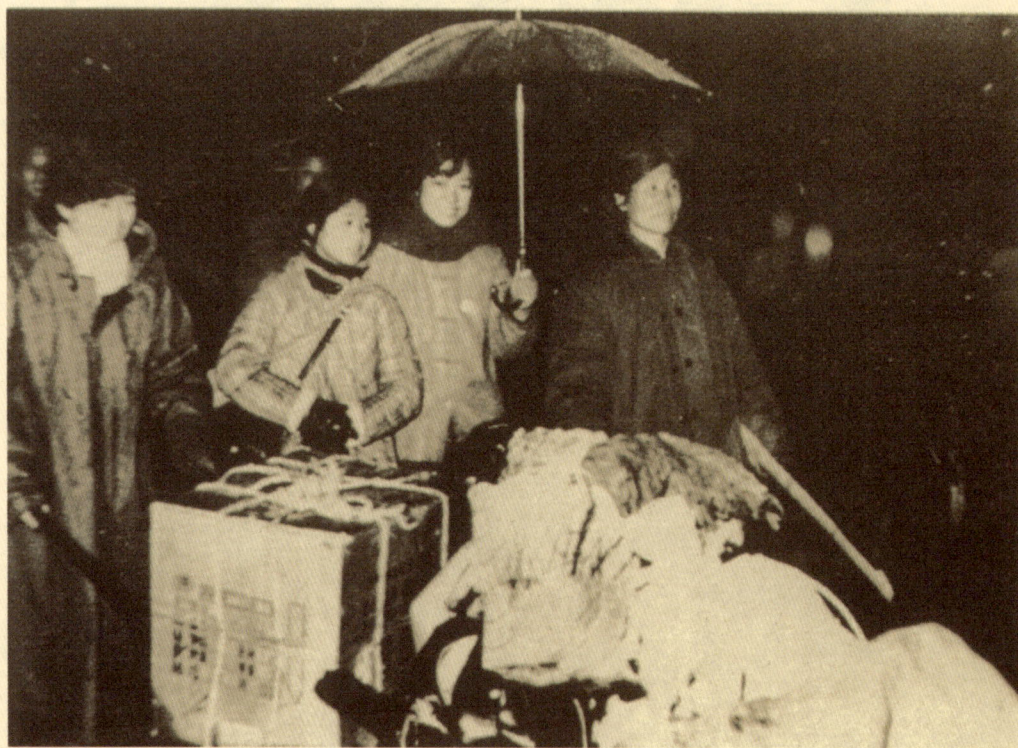

"雷锋车"为旅客服务的场景

第一代"雷锋车"手座谈为旅客服务心得

《人民日报》海外版刊登的"雷锋车"照片

报道"雷锋车"事迹的报纸集锦

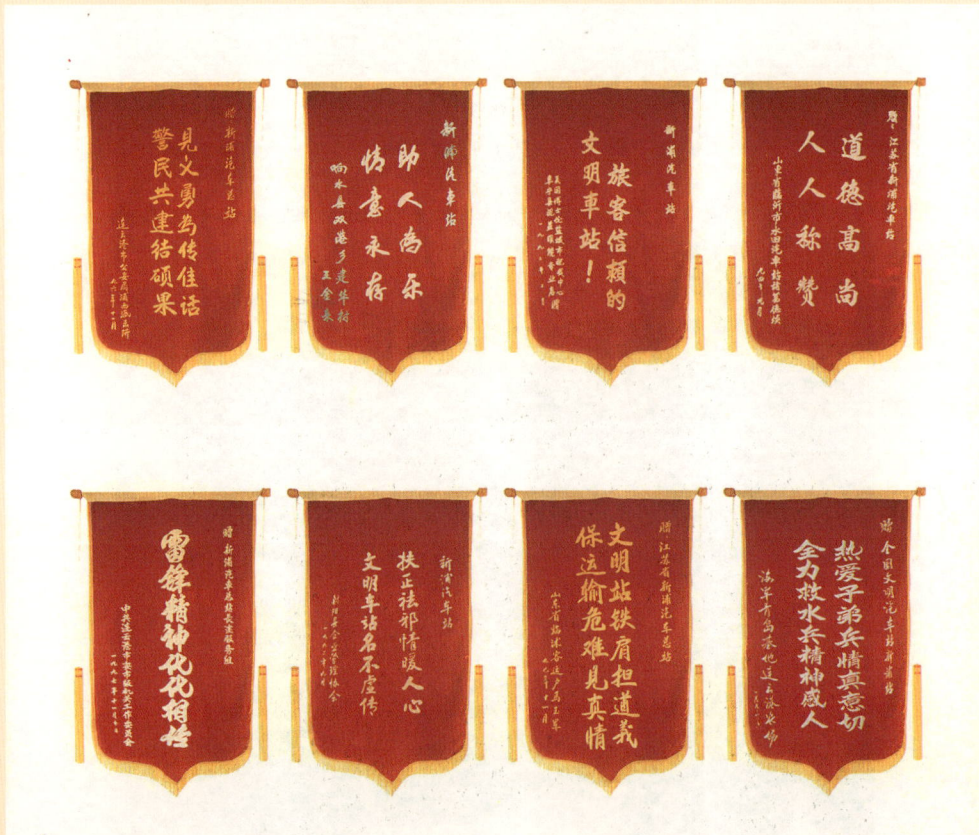

社会各界赠送的部分锦旗

书报典籍

《嘉庆海州直隶州志》

保管单位：东海县档案馆

内容及评价：

《嘉庆海州直隶州志》为海州知州唐仲冕于嘉庆九年（1804）至嘉庆十年（1805）主修成书，嘉庆十三年（1808）刻本问世。嘉庆十六年（1811）知州孙源潮捐俸补刻刊印，计10册，线装本。《嘉庆海州直隶州志》采用纪、图、表、考、传、录等多种体裁，分3个层次进行记述。卷前载序三篇：督学使者万承凤撰《海州志序》、刑部右侍郎前江南江淮扬徐通海等处承宣布政使许兆椿撰《海州志序》、嘉庆十六年海州知州孙源潮撰《嘉庆海州直隶州志叙》及纪三篇、宸翰纪一篇、恩纶纪两篇。《嘉庆海州直隶州志》体裁齐全、结构严谨、内容丰富、记事翔实，该文献对研究明清时期海州社会发展和人文地理具有重要的参考价值。

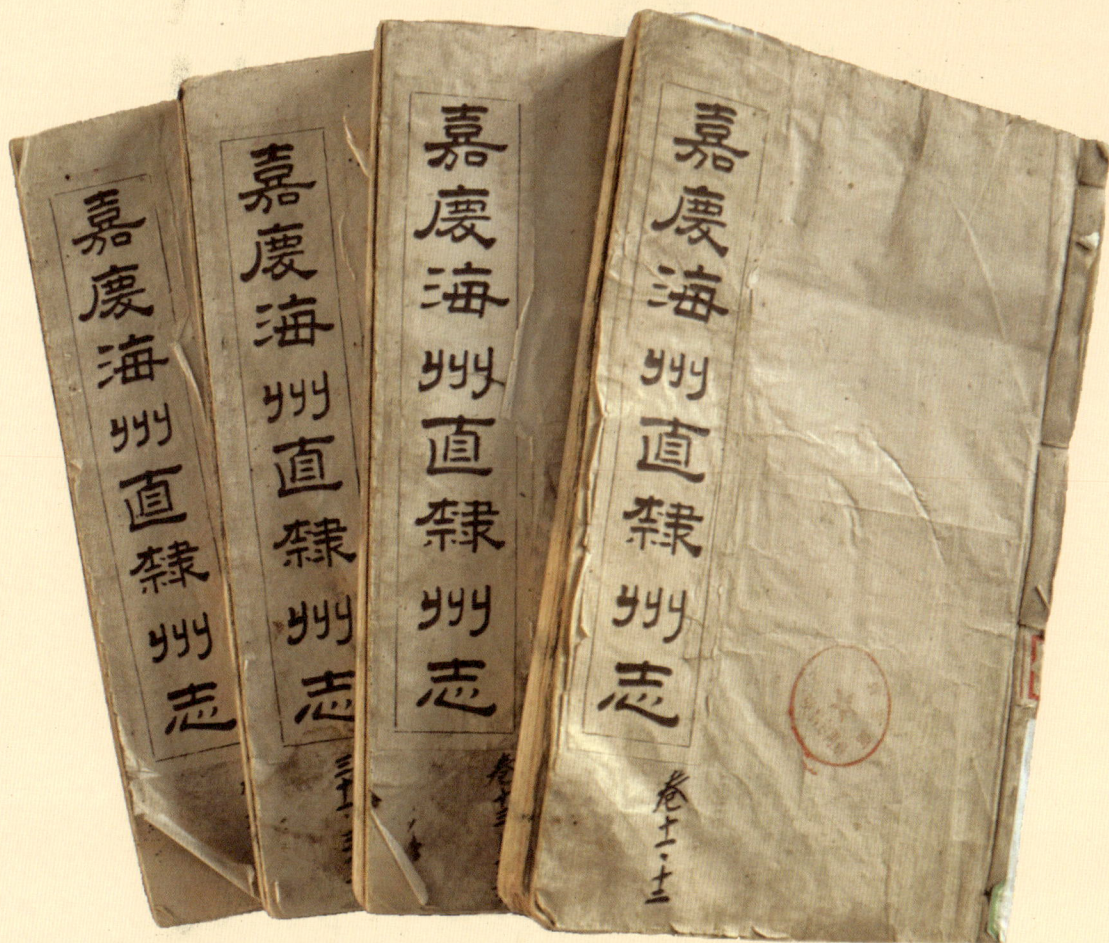

嘉庆海州直隶州志

嘉庆海州直隶州志修辑姓氏

総修
　赐进士出身奉政大夫海州直隶州知州甲寅科江南同考試官善化唐仲冕　陶山
　诏舉孝廉方正署海州直隶州知州江陰縣知縣前知安東縣事韓城師承祖　禹門舉人

分修
　海州管河州　　同利津李魏廪貢　蓮浦
　海州水利州　　判歸化李世光拔貢　近亭
　海州分司運判戊申科江南同考試官藥城鄧　諧舉人　鳴岡
　赣榆縣知縣知　　　　萊陽宋　準舉人　菊堂
　沭陽縣知縣辛酉科江南同考試官靈化韓天驥進士　蕉山
　署赣榆縣知　　　　縣神木侯維藩皋人

修輯姓氏

嘉庆海州直隶州志参修人

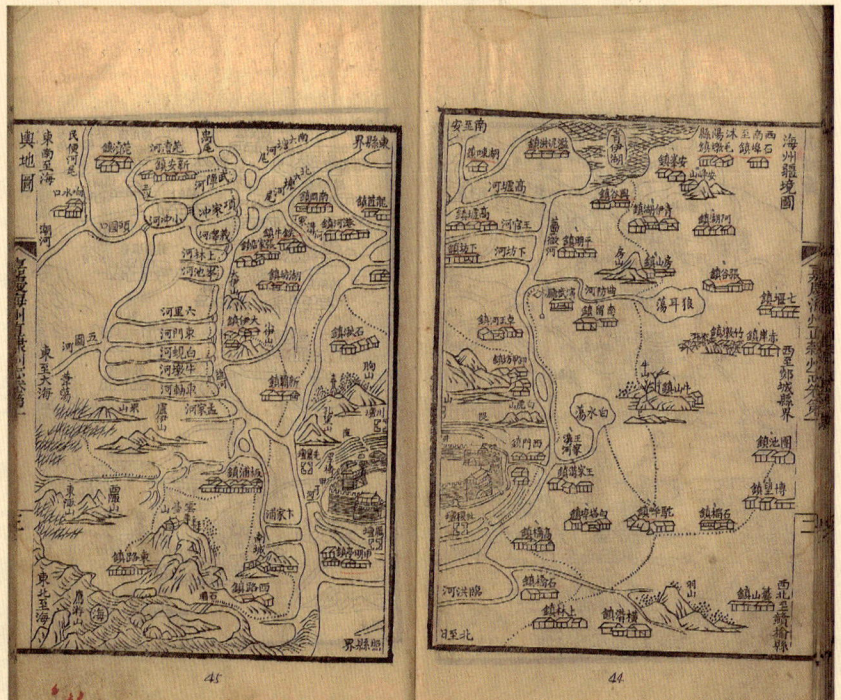

嘉庆海州直隶州志海州疆境图

嘉庆海州直隶州志海州全图

嘉庆海州直隶州志目录

清乾隆五年董氏宗谱

保管单位：赣榆县档案馆
内容及评价：

《董氏宗谱》为清乾隆五年（1740）木刻本，共2卷，是赣榆县档案馆馆藏宗谱中年代较远的一种。修缮人董志毅，明嘉靖甲子（1564）科举人，官南漳，攸县令，琼州府同知。宗谱详述了董氏始祖自明洪武初年避乱由山东胶州迁居赣榆殷庄始末，序列了耕读持家、几代人连擢科名入仕为官的情况。其中收录的家族成员及亲友故旧诗词几百首，内容涉及人文、社会和山川风物，展现了明代至清代中叶社会变迁图卷，为研究地方人文历史提供了宝贵资料。

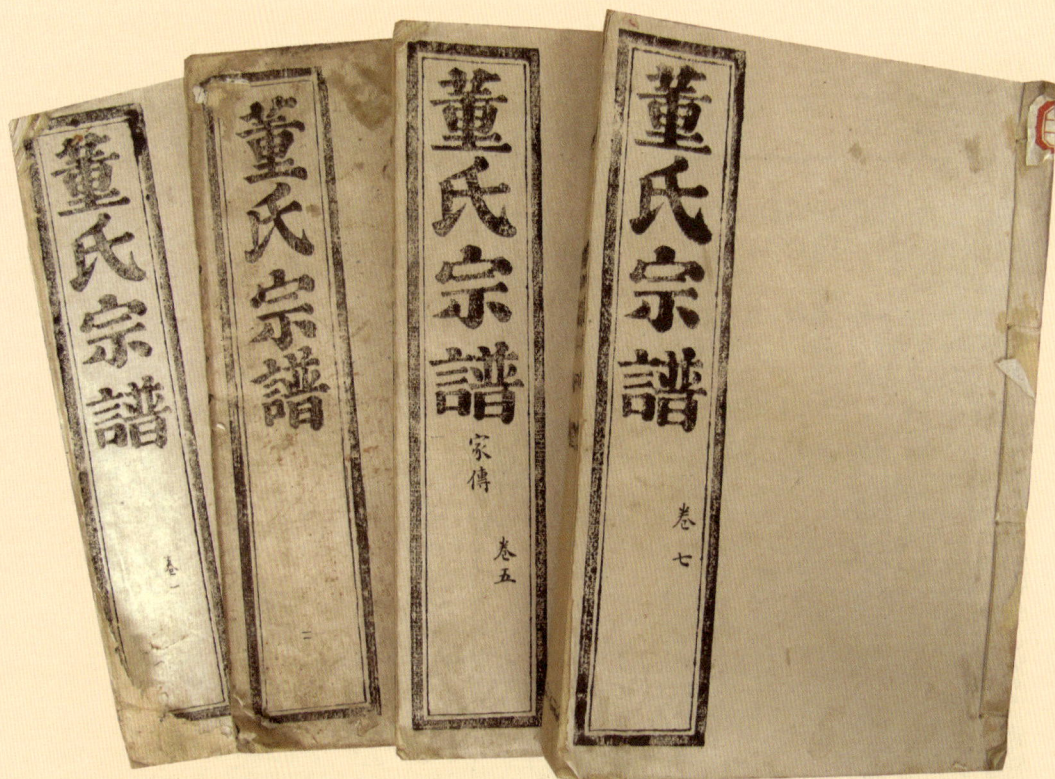

《董氏宗谱》

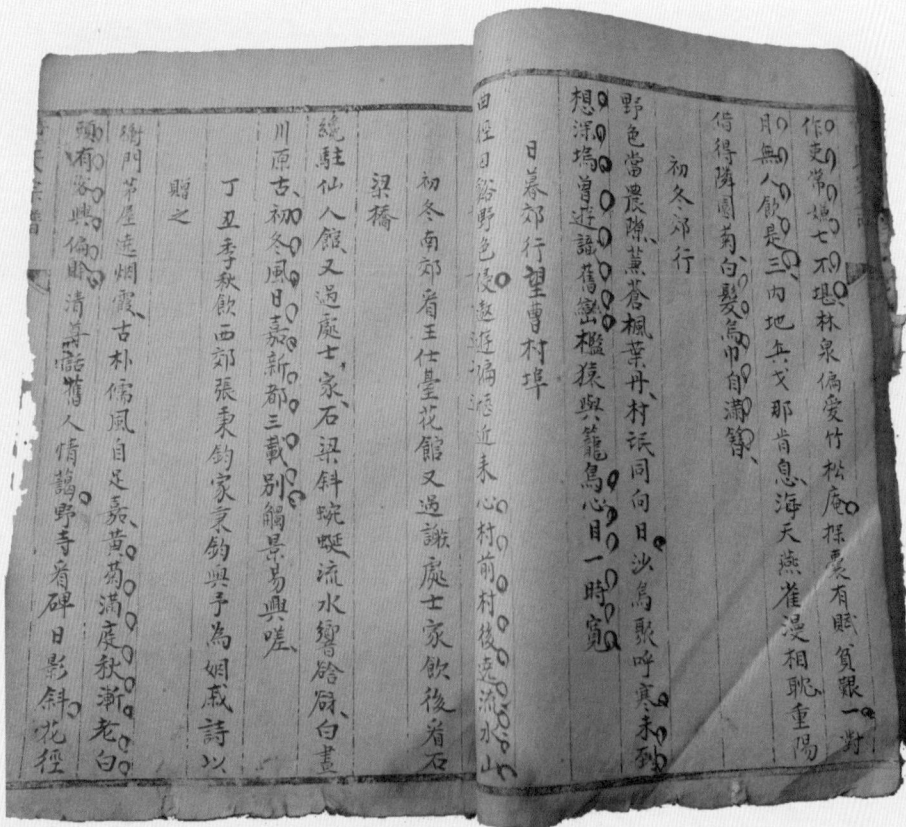

《董氏宗谱》——诗文

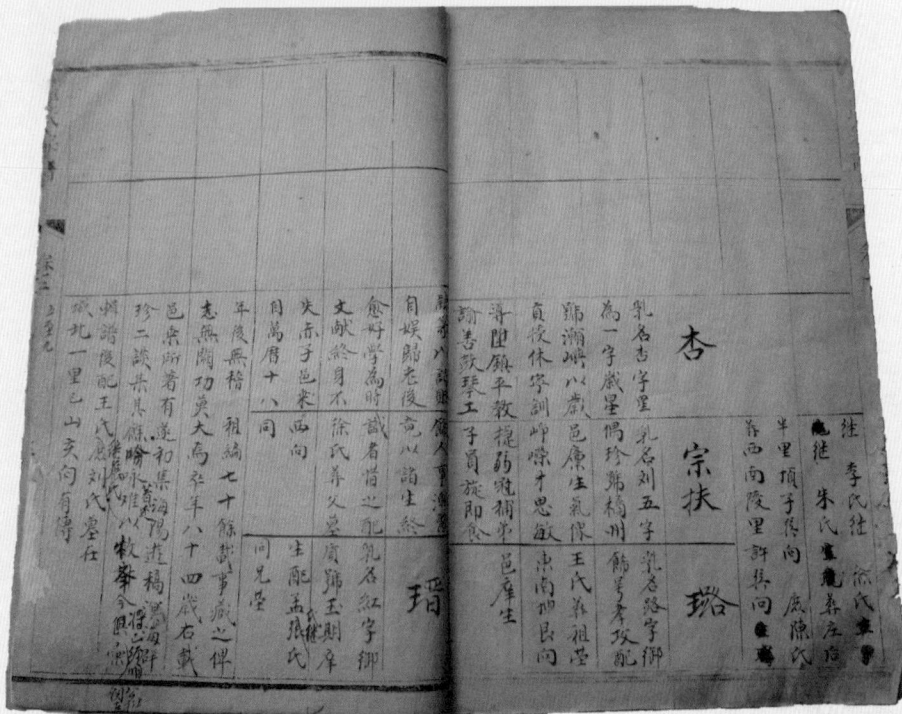

《董氏宗谱》谱系人物

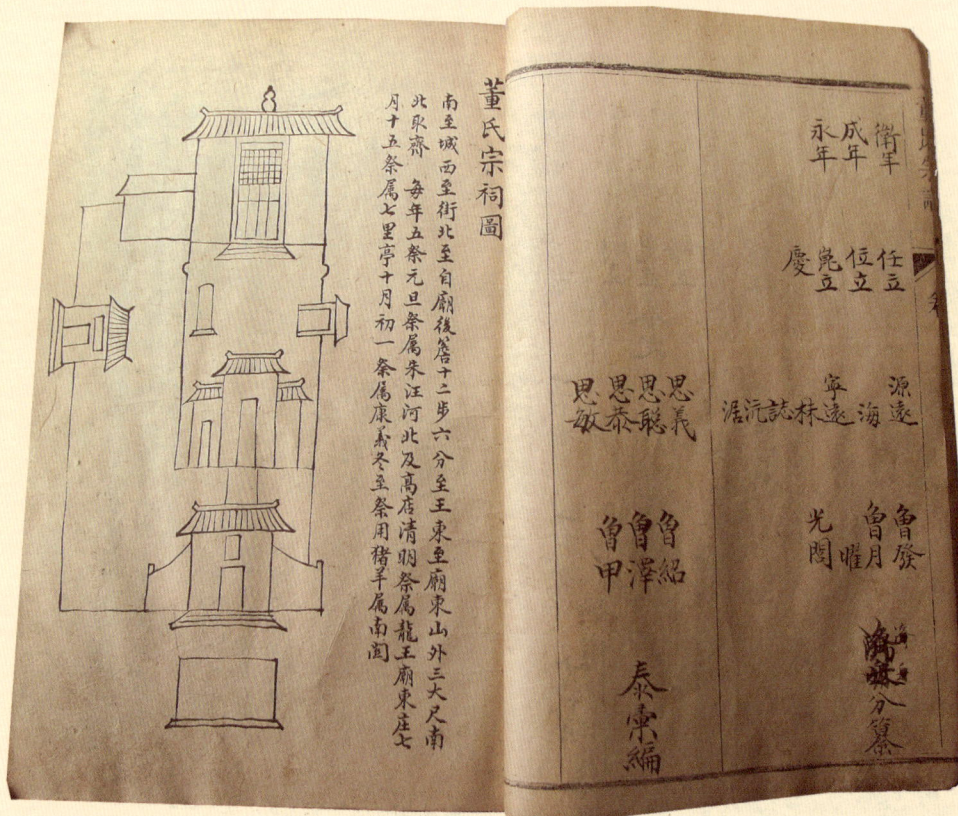

董氏宗祠图

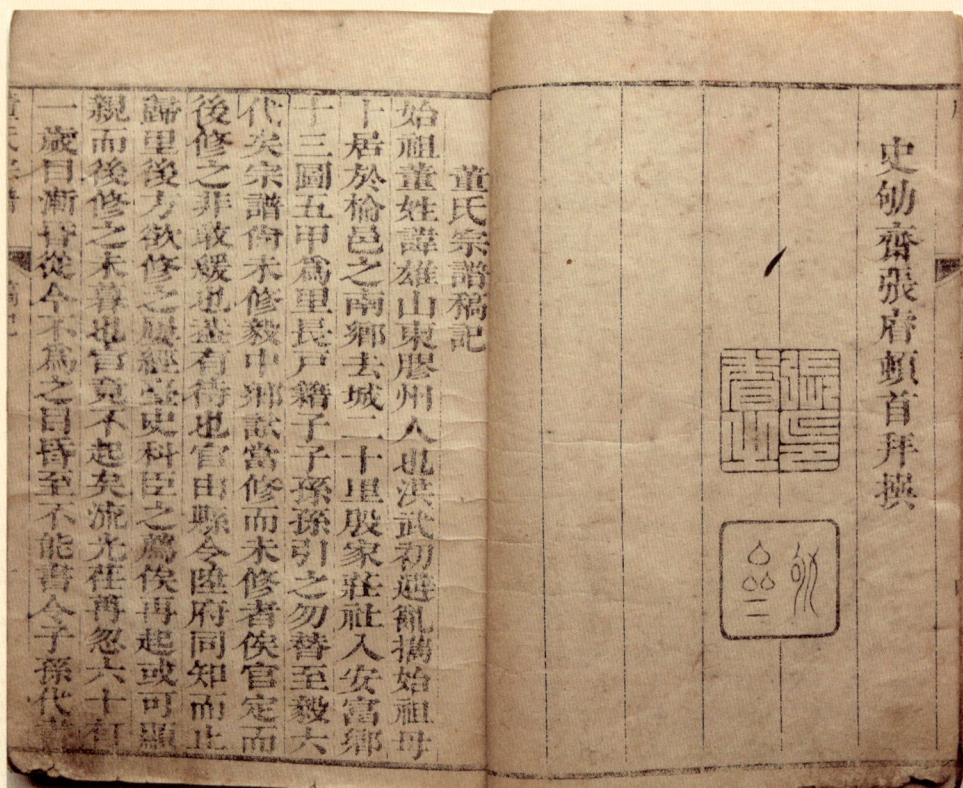

董氏宗谱稿记

赣榆县志

保管单位：赣榆县档案馆
内容及评价：

　　赣榆县档案馆馆藏的赣榆县志以《增修赣榆县志》和《光绪赣榆县志》最为著名。《增修赣榆县志》成书于清嘉庆元年（1796），主修为赣榆知县王城，总纂为赣榆进士周萃元。此志通称"嘉庆志"，是在康熙志基础上增修而成，其艺文卷选编精粹，篇幅也巨，为他志所无，尤以收编《地震记》一篇，为历代地震史料精品。该志品相良好，卷帙完整，纸质古雅，刻印亦精，堪为志书上品。《光绪赣榆县志》成书于光绪十四年（1888）九月，由三任知县历时两载接续主修，王文炳主笔，张謇统纂；该志一改他志旧例，将大量历代艺文分缀于志书篇目之下，使志书简而有文，分而有统，极大提高了信息量；并经考证稽索，增收了大量前志未收、漏收的社会贤达和文化名人。该志体例精当，考辩严谨，结篇缜密，行文流畅，被《中国地方志大辞典》综评为清代最优秀地方志书。

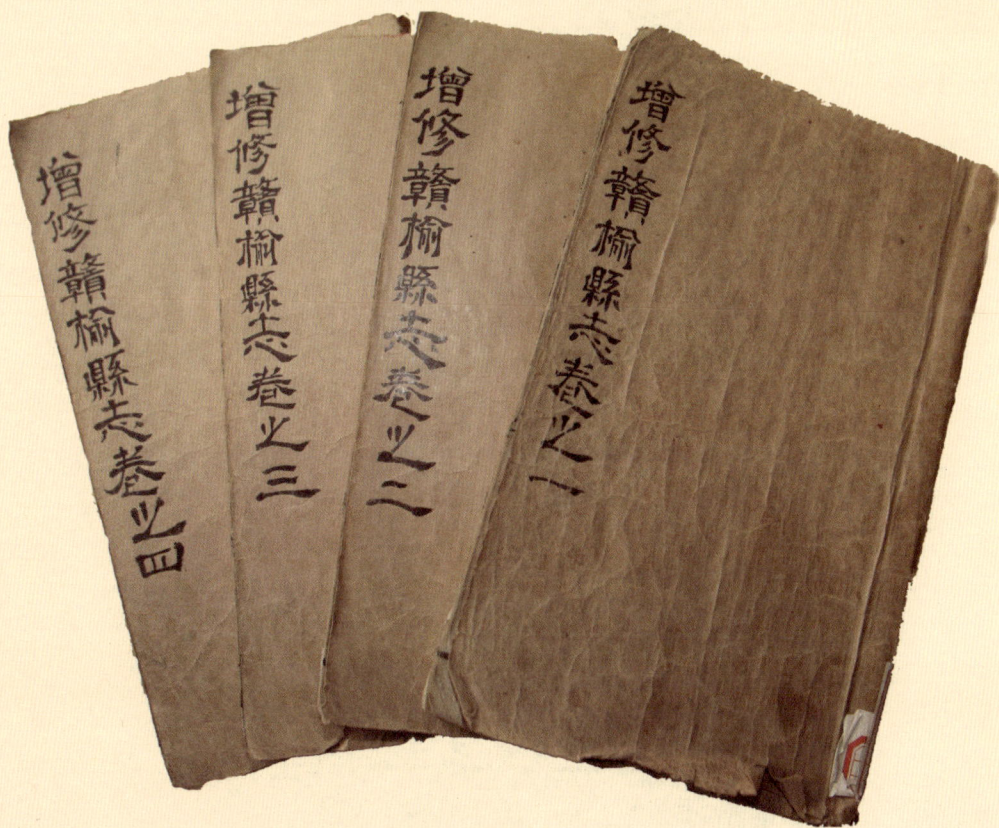

《增修赣榆县志》

増修贛榆縣志卷之二

一官秩

為邑作志則紀自官斯邑者始縣令親民之官也

體

朝廷之德意謀億兆之安全任綦重哉丞尉而下以

次及焉可以觀政已序先

本朝尊時制也舊志載秦漢以來迄故明有加詳焉

仍附存於後以備鑑觀之資

本朝知縣一員正七品俸銀四十五兩養廉銀一千

《増修贛榆县志》正文

《増修贛榆县志》之贛榆夹谷山图

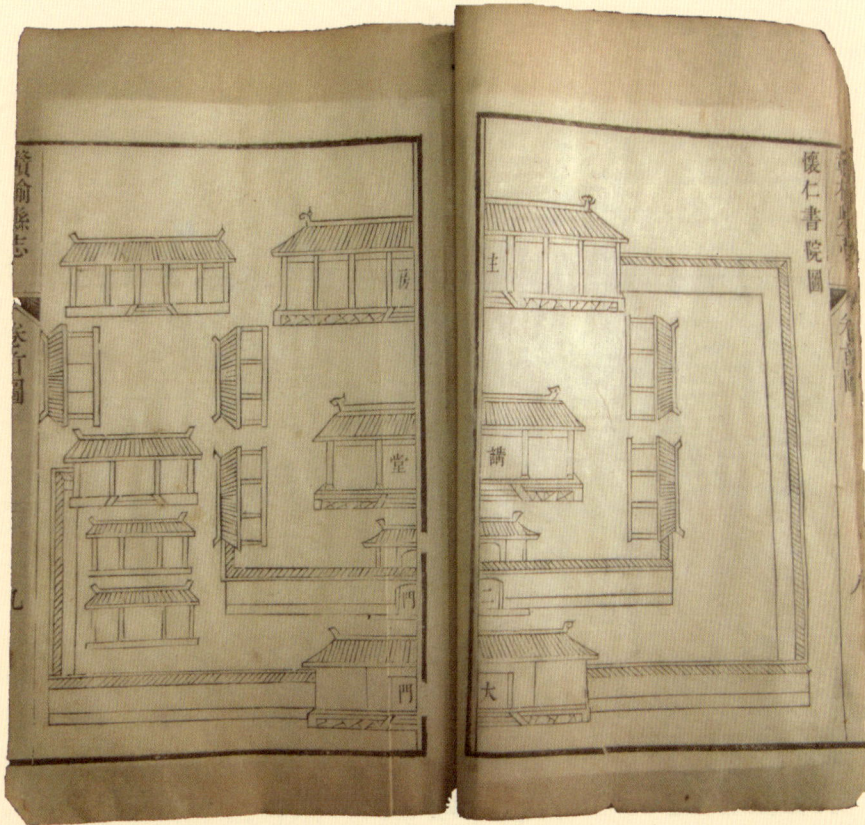

《增修赣榆县志》之怀仁书院图

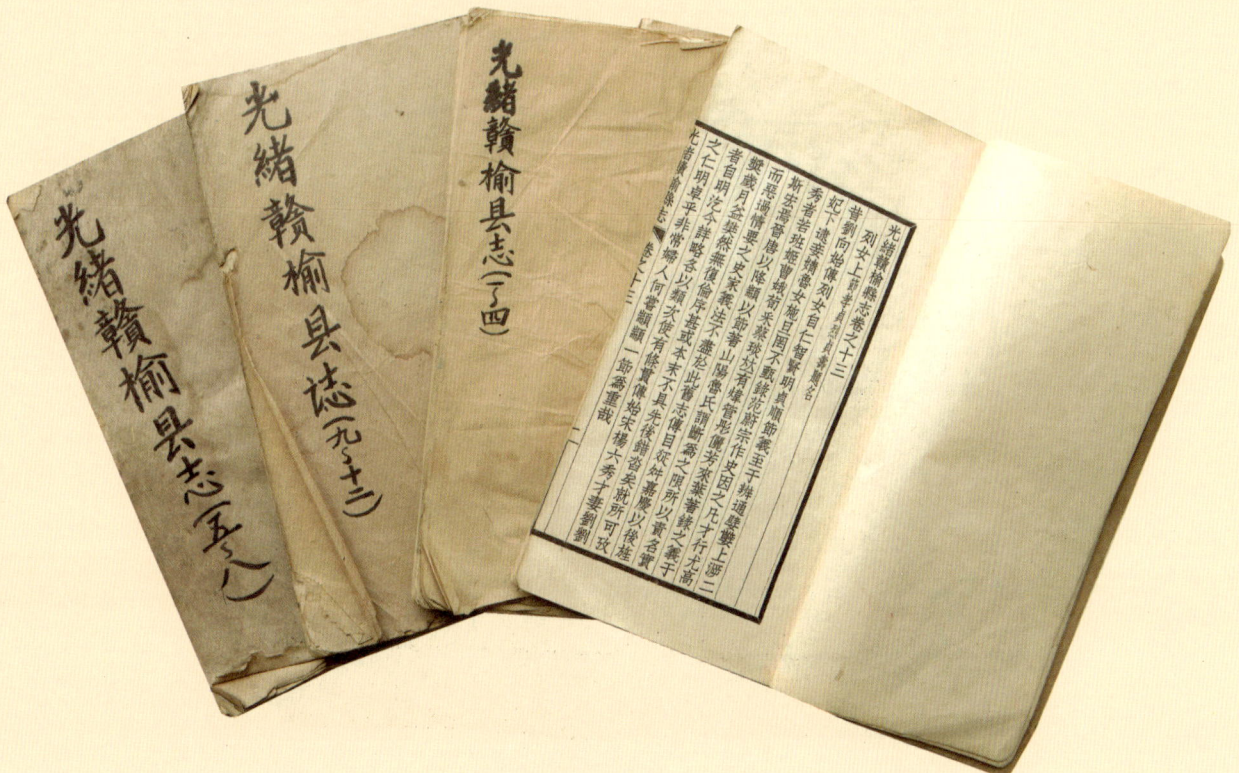

《光绪赣榆县志》

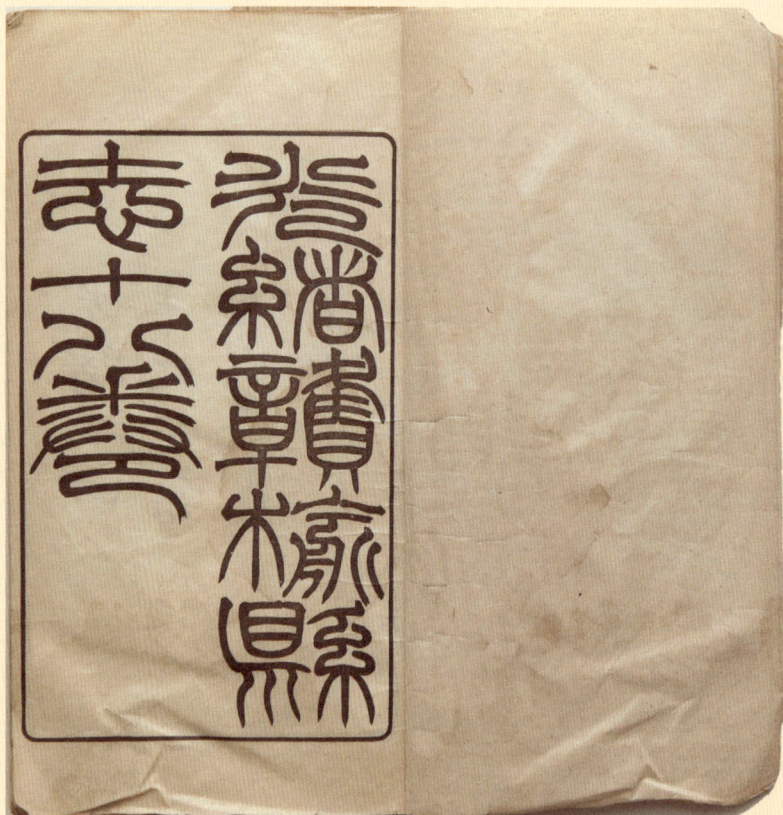

《光绪赣榆县志》内封

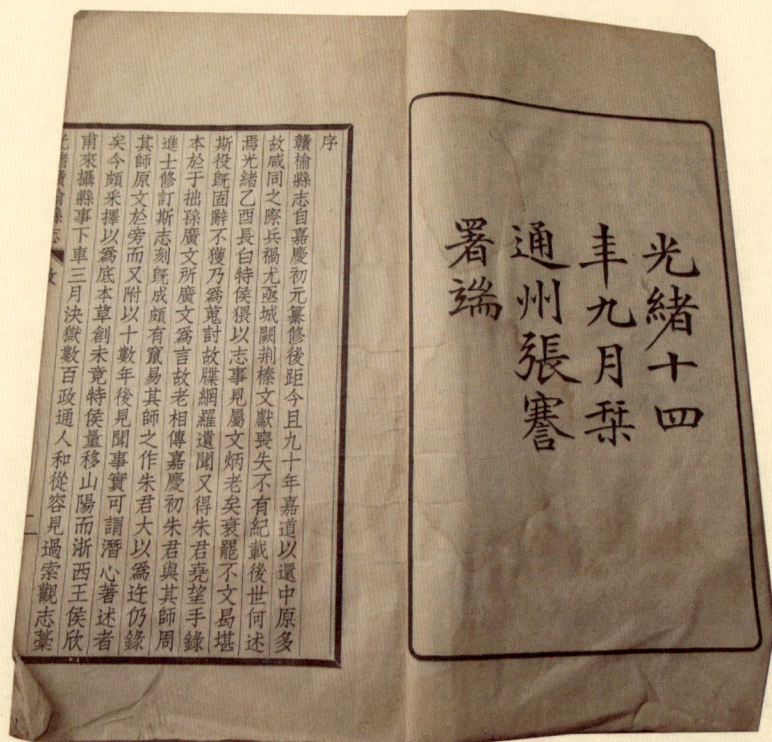

《光绪赣榆县志》序

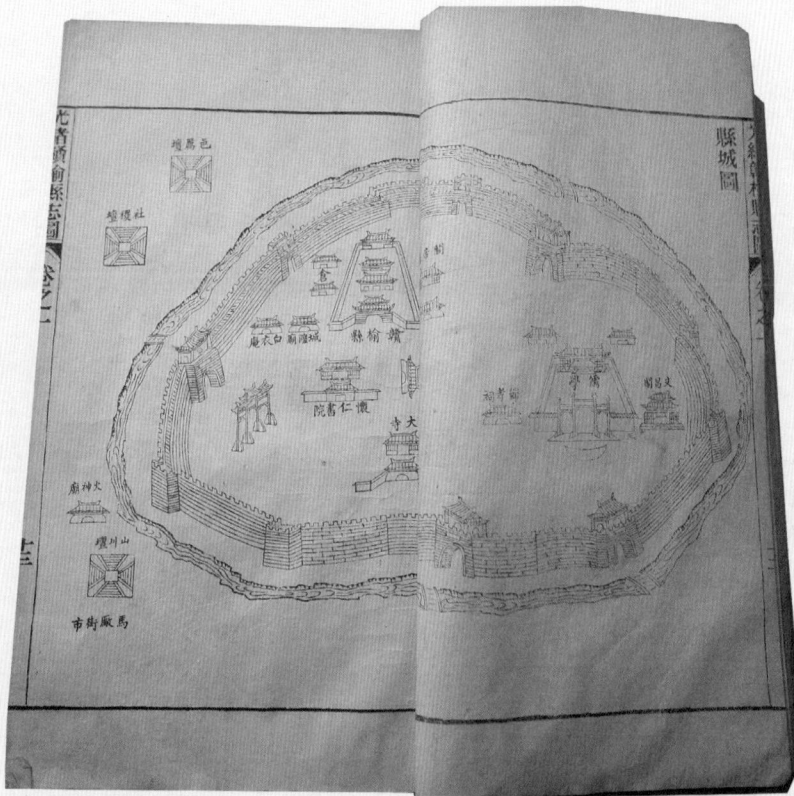

《光绪赣榆县志》之赣榆县城图

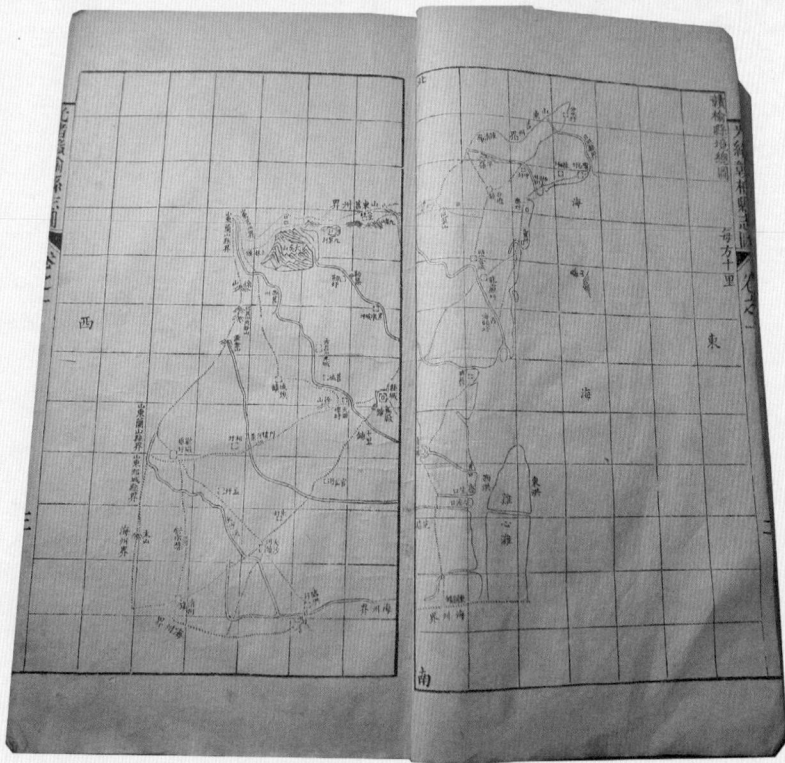

《光绪赣榆县志》之赣榆县境图

《汉东海庙碑残字》拓本

保管单位： 赣榆县档案馆
内容及评价：

　　《汉东海庙碑残字》为清道光二十一年（1841）的古碑拓本。东海庙碑或为秦代所立"秦东门"碑，秦相李斯篆题"秦东门阙"。东海庙建于东汉元嘉元年（151），后因地震倾圮，永寿元年（155）重修，熹平元年（172）再修，并于碑阴补刻17字："阙者秦始皇所立，名之秦东门阙，事在《史记》。"古碑拓本为清代道光年间拓本，并由上海、北京有正书局石印出贴。江南大儒顾湘舟遍搜宇内方得此拓，即今赣榆馆藏本。该拓本是研究古朐县和秦东门阙、东海庙的稀有稽考资料，在书法艺术上也有重要价值。

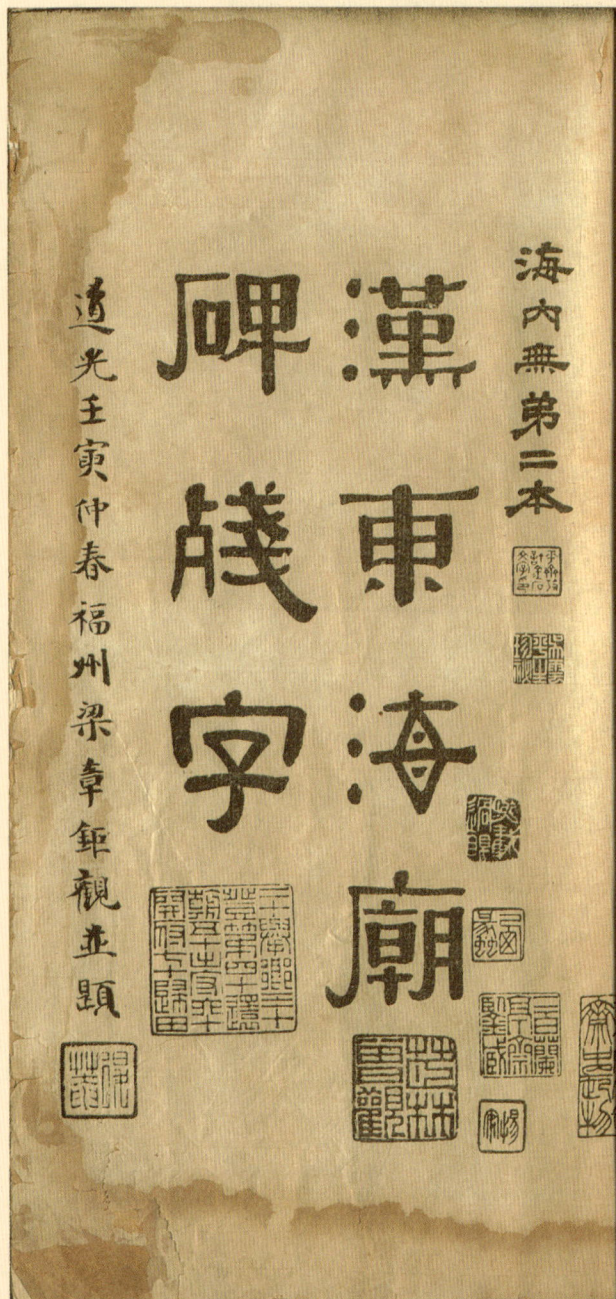

《汉东海庙碑残字》拓本封面

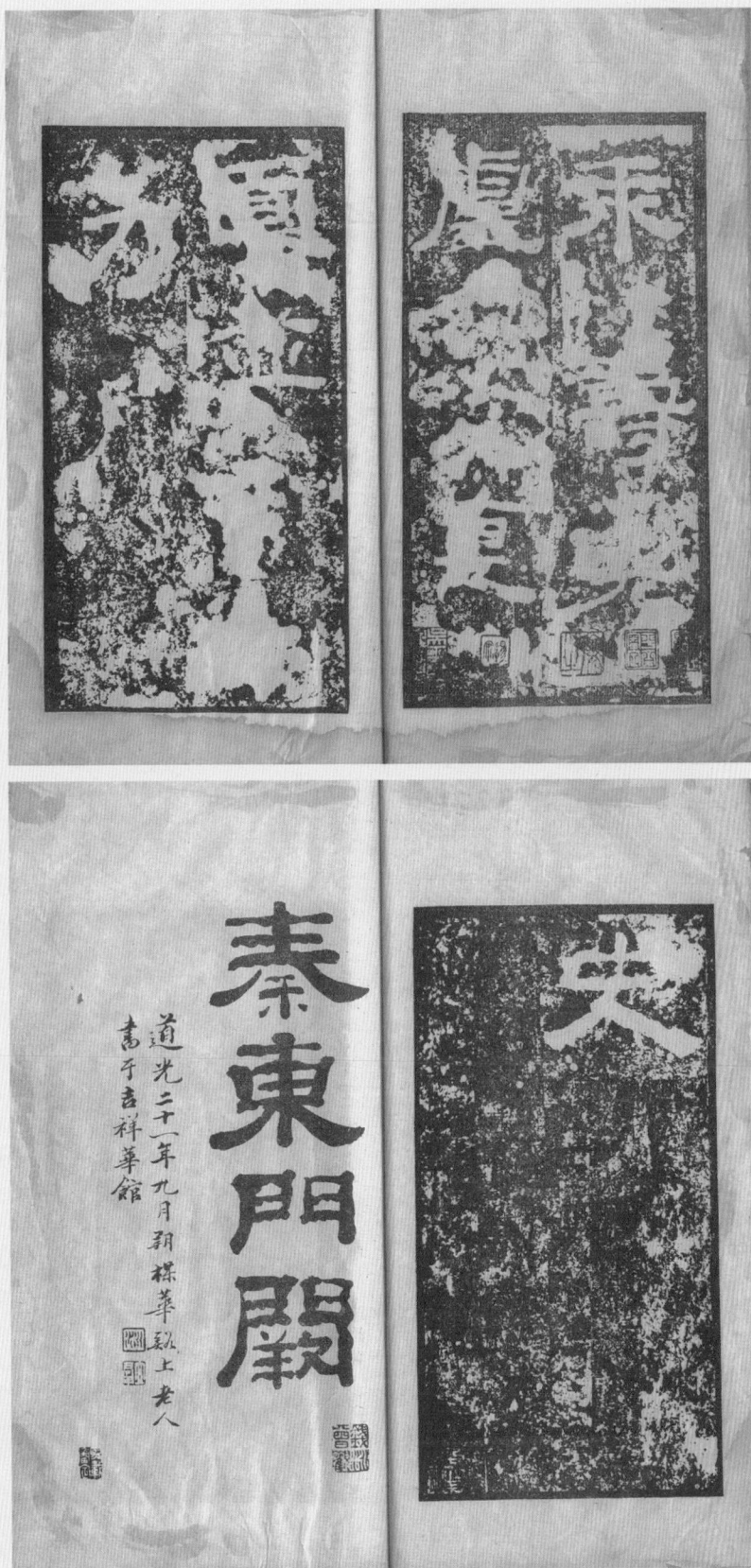

《汉东海庙碑残字》拓本内页（一）

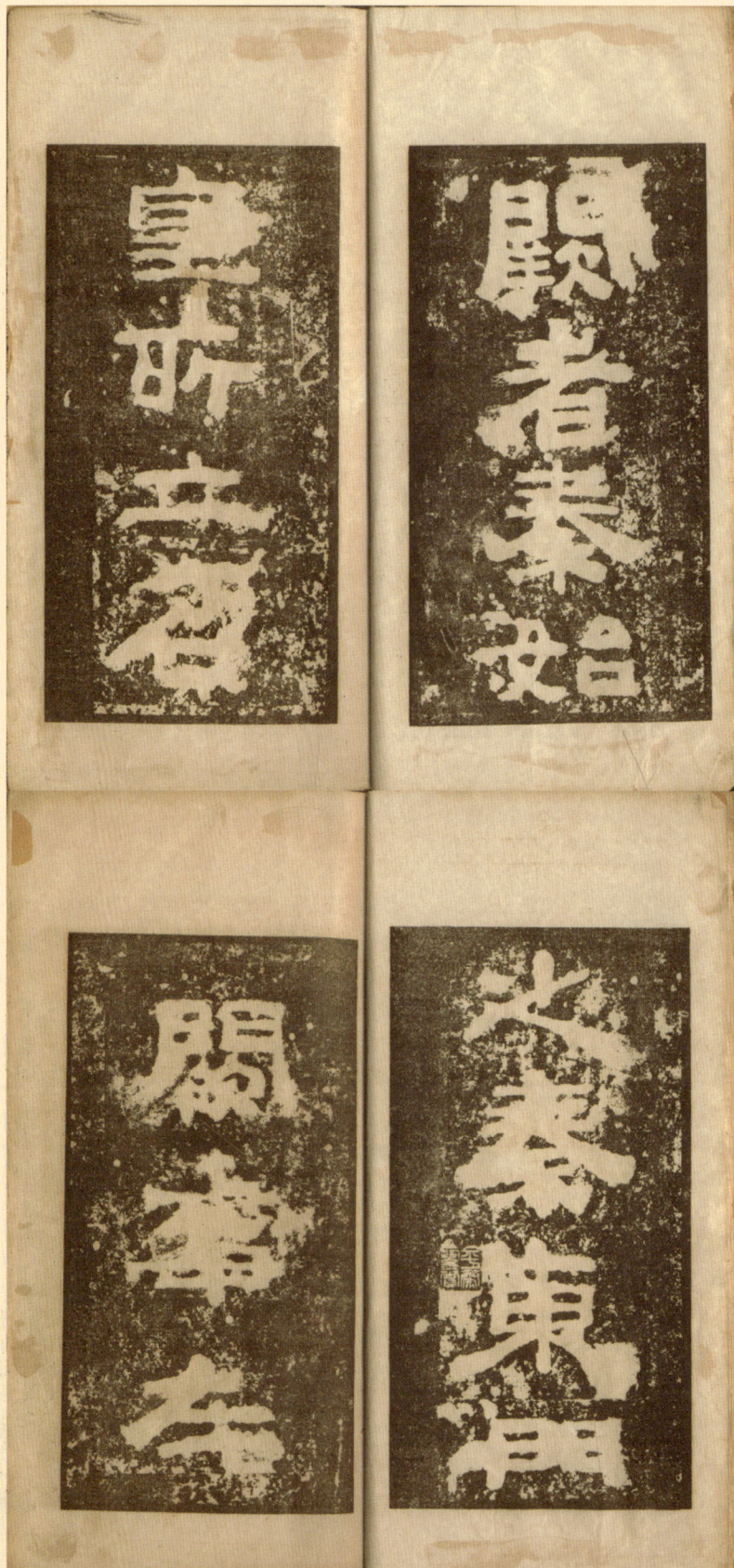

《汉东海庙碑残字》拓本内页（二）

一行十九字其文曰阙与秦始皇谁云名之秦
东门阙事在□诏揅碑有一口阙倾
吕此阙出天文碑铭云秦始皇碑东海
相去不远惜碑残初木碑残刻在朐山此险
是此碑缺□□赵此洪氏□□□诗
乃□此□□
録碑敌

道光二十二年岁次壬寅三月朔日戊戌镫
观於上海行馆之卿晖堂

予於嘉庆二十一年七月游云台山
适唐陶山方伯奉委来此共访是碑木浮
据洪氏隶释一稼不存之语碑盖失之
矣今得见此数字为之赏欢无已惜方伯
之未及见也句吴钱泳观因题

辛丑十月十日 湘舟都君出此汉东海
庙碑遍访士琛老年眼福此尽奇
宝其孝多也湘舟勾之游吴门不先留
此拓举相其所以属生卧碑不摩也
盖日聊谈鼓语以末之□□□□□老木
薛时府泽孙老人之盛书

《汉东海庙碑残字》拓本内页（三）

靈字不從雨而從虍惟見此碑余曾借摹一本以寄
萊州翟文泉進士采入隸篇三續項
遽見示於桃隝富齋　因題　翁大年粹均辛丑十之四日
湘舟先生
道光癸卯仲春元和黃均海豐吳式芬同觀
四月廿三日秦奭張遵灝觀
道光丙午仲夏仁和龔衍利泮李儁貫全觀

道光廿三年癸丑嘉興沈維杭州諸鍾同觀
庚戌三月道州何紹基敬觀

東海廟碑并陰十七字在朐山東海廟中著錄於洪趙
兩家據顧氏謂吉隸辨云為永壽元年東海相桓
君俯飾廟宇掾何俊等欲為鐫石桓君止之意
平元年後相滿君惜其功績不著乃為作頌立碑
葉氏英芭金石錄補云趙氏敘碑在永壽元年不知
永壽為桓君見為相之時若滿君主碑則在熹平元年
相去已十八年矣洪丞相隸釋云余官京口日將士往來

朐山考云海届一樣不存不渡見此碑到掾朐山甬宋時
屬金洪相蓋未覿殷其境碑之不存出於胲度毀
於何時實吾掾據唐陶山方伯牧海州時諸辨州
志遍訪是碑尒未寓目蓋本碑文第一行為永壽元三字碑
陰十七字完善無扶碑文第一虍字放隸辨為凡尊虍祗第二虍字為
二行第一虍字放隸辨為凡尊虍祗第三虍字為
宣為黔黎第三行面並二字為四面蓋集茅四行芳

字為芳烈永著惟一史字羹可貫寧賂其筆法大
小賞出一碑　朐山即今海州榮惜顧君湘舟搜輯
江左金石遺文去夏湘舟就歷其地逴搜此碑不
浮余籍墨本於漣南田昊季華而遺此其顧
喜可知也此本紙墨淳古神彩煥此雒斷壁殘
璋典型具在愛書所見於尾弃後史重拳一石
垂漢靖於無彊也

《汉东海庙碑残字》拓本内页（四）

道光廿一年歲在辛丑五月廿日元和韓崇識

道光辛丑冬十月朔高翔麟觀
丁壼東山房

東海廟碑歐陽公以為雕賢所寬在今日金粟天
球示耶　湘芽獲江南古刻一旦發之亦賞矣茶
十月六日滬上徐渭仁閱覽日記

漢代刻石存於字內在趙宋時早如辰星
況今日又出數百年後耶此東海廟碑為江
南省中古刻尤為絕無僅有之品按王象之輿
地碑記目有漢東海恭王廟碑注云在山陽
縣有碑斷裂僅有數十字據此則碑在宋
世已殘蝕洪氏所著錄亦從舊拓詳言之
耳近時博考古碑如翁閣學車溪王司

冠述莘諸未論及此碑惟於山陰楊先生大
飄听著偶筆中有云古碑之最難得莫如
秦東門三字此蓋李斯篆書又據六刻云在
海州馬耳山磨崖刻也今三字不愚可得見而
獲觀此東海廟碑古拓殘字中有秦東門
語乎可以詩眼福之大矣道光廿一年辛丑八月
廿有七日書後　吳江楊澥龍石

右漢東海相桓君海廟碑殘字可辨者九曰
永壽元曰廬曰宣曰面蓋曰芳曰史以洪氏擇
文諮之蕭有吏字未必無史字人以為據按說文
吏從一從史、亦聲意者借史為吏而衰背
家誤粉其次弟与碑陰十七字曰闕者秦始
皇所立名之秦東門闕事見史記據碑錄謂
係東海杞任筭府刻蓋皇擇满君頌中口

《汉东海庙碑残字》拓本内页（五）

阘倚傾之語江南石刻此為家古而前明遺

今博古者承未見箸錄蓋希如球璧矣

湘舟何幸而得之母詫此為保庵觀並記

此刻為江南之冠冕惜石已佚己澄

湘舟先生藏海樓藏本復見之它日得雙鉤

之藥索此垂不朽以錢唐黃氏此遂葉開金石文

宇本木六忱弐壬寅四月十日張開福記

書此以志眼福此法幸勿示人也　魯波簫

道光壬寅穀日介偌馬叶濱書贈濱州黃子湘文尚卿張春師

志林嘉興錢叔生景曾阊龍徐子晉康氏賜研岑　湘舟出

示余名書此東海廟碑傳未見常有書北志辛丑晉其書

大江朔北漢碑絕起余復訪數十季迄無所得森　湘舟

呂東海廟碑殘字見示真弟一古刻也其永寶之我主黃

三月望日海寧楊文蓀觀因題

不見秦東門門碣蓬漢隆后三千歲百年請記靈隆拓

同治三年歲甲子十二月小宮辰候魏源桜其譜三時年六十有六　邵揚魏源題

江南古碑首推孔子題延陵季子墓

碑凡三真偽聚訟要皆趙宋及明代

重摹本其次則舊沛殘大風歌碑

世傳曹喜書未未審孰非此漢東海

廟碑寔僅存數字確是古刻矣

歐趙著錄後更無人論及豈嘗未

獨此碑洪趙兩家皆云在海州當時之云海廟一碌失下云集古錄中已廢言難得

今歐公集古錄中豈云此碑趾語想歐公必已未見也洪宗

歷下已百餘年明延國朝諸家著錄啓未有此道光辛丑

重九秋士黃君遊黃毅原毛一亭齋玉宕諸君子談集顧

民之碑籠小築酒閒　湘舟三見出此碑見賞峯座傳觀

如護異寶遍當風雨文作恐延津之劍欻復飛去逸為

《汉东海庙碑残字》拓本内页（六）

之见耳今 湘舟先生阮获是希世
之宝傥主鉴之以公同好未尝林盛
事也道光癸卯元宵前一日震泽张辰
以事至吴门遇赐砚堂与萧山金赋山
石声海宁杨岘兰史元孙上海徐紫珊渭仁同
郑韩庐卿崇九桥晓岚镇同观 荔陵

隶韵字源碑目均录此碑然云字舍此而
录岱庙朋趋两家六碑集授吉隶释录之
未必亲见此碑拓本也欧阳公语当在集吉
残尾佚文中光绪壬寅孟秋沈曾植借观
题记

此碑残石钱梅溪关平斋二公均有摹刻
吕此原搨板之直有生死之别光绪壬寅
七月整纸拖残守缺斋藏之
光绪丙午七月十一日铜梁王瓘亲于京师
光绪丙午七月二十三日云□□□□观于□□□

《汉东海庙碑残字》拓本内页（七）

江苏全省舆图

保管单位：东海县档案馆

内容及评价：

　　《江苏全省舆图》成书于清光绪二十一年（1895），系邓华熙、诸宝可编纂，江南书局刻印，共三册。《江苏全省舆图》详细地描绘了江苏全省及各州县的地质地貌、山川河流及道路交通等情况，对研究各地区的地理变化和自然变迁具有一定的参考价值。

江苏省舆图

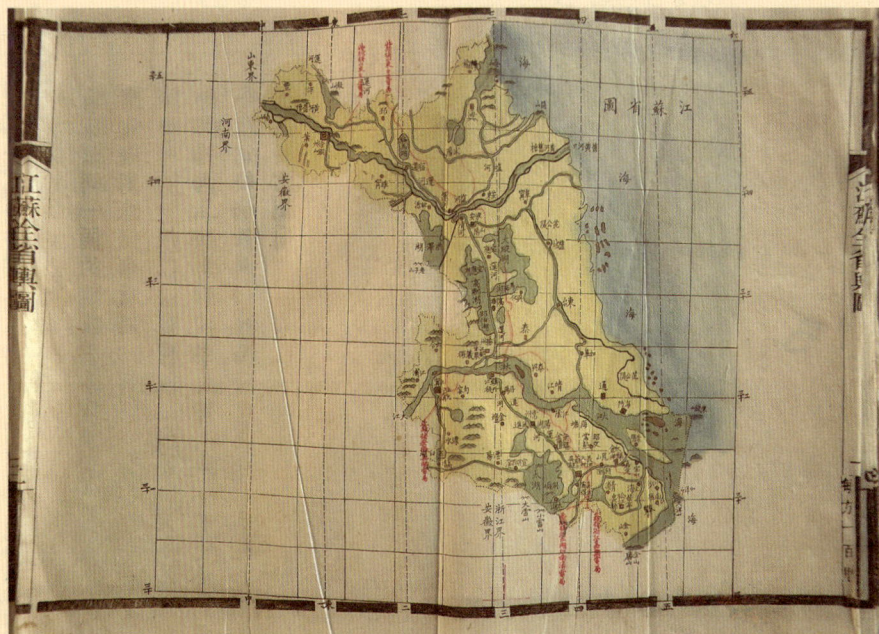

江苏全图

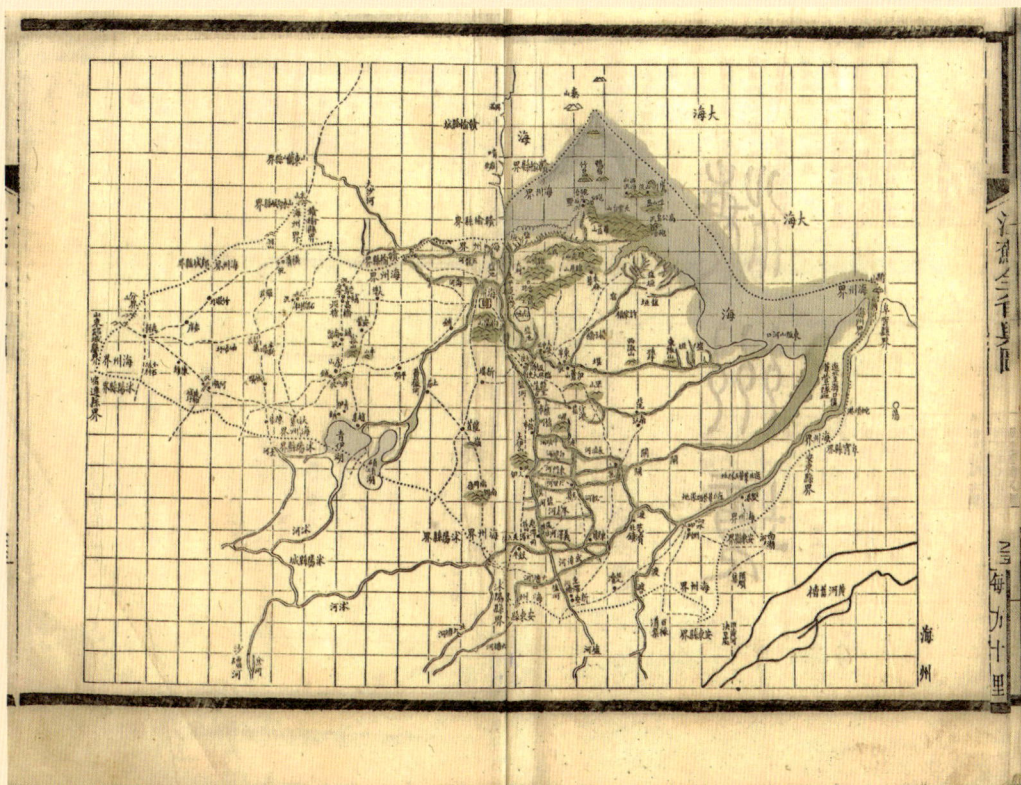

海州图

海州介绍

《王氏宗谱》

保管单位： 东海县档案馆

内容及评价：

东海县档案馆馆藏《王氏宗谱》三卷，为清光绪二十八年（1902）手写本。《王氏宗谱》收录了家族成员及亲友故旧，内容涉及时政、社会、人文、山川风物，展现了清中后期社会变迁图卷，为研究地方人文历史提供了宝贵历史资料。

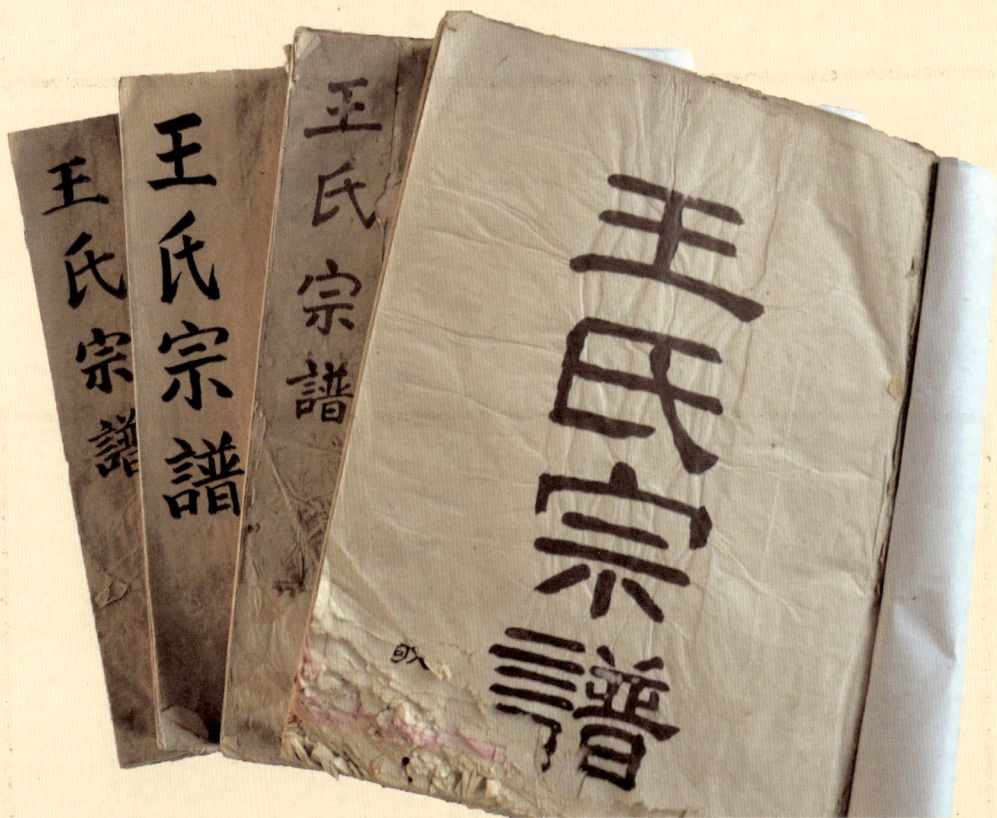

王氏宗谱

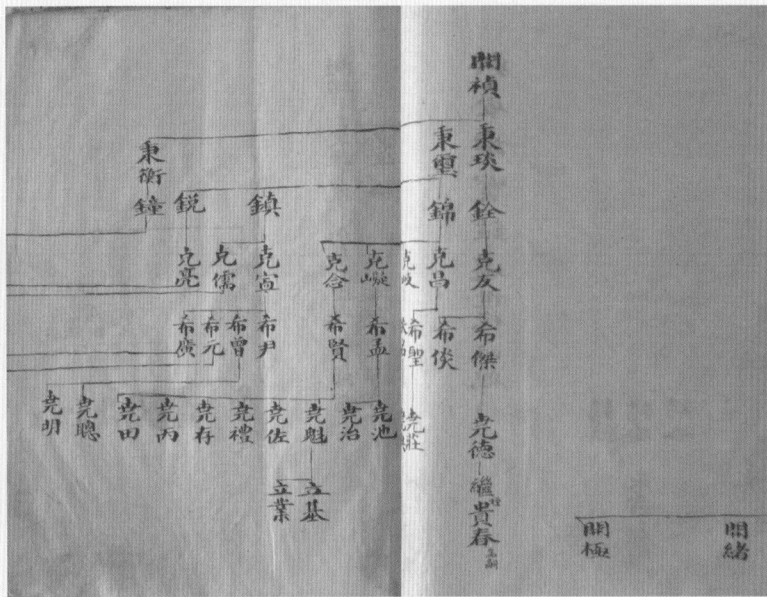

王氏宗谱世系图

石堰王氏宗谱乾隆四十一年际昌修

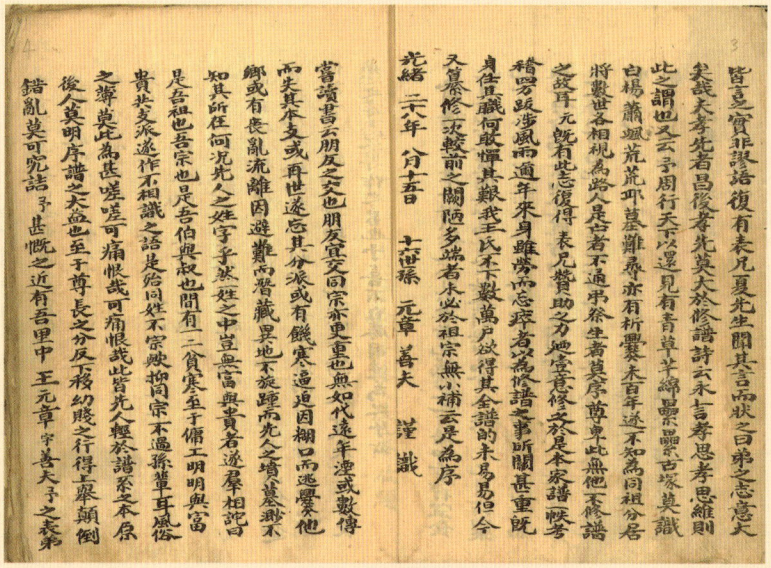

王氏十六世孙序

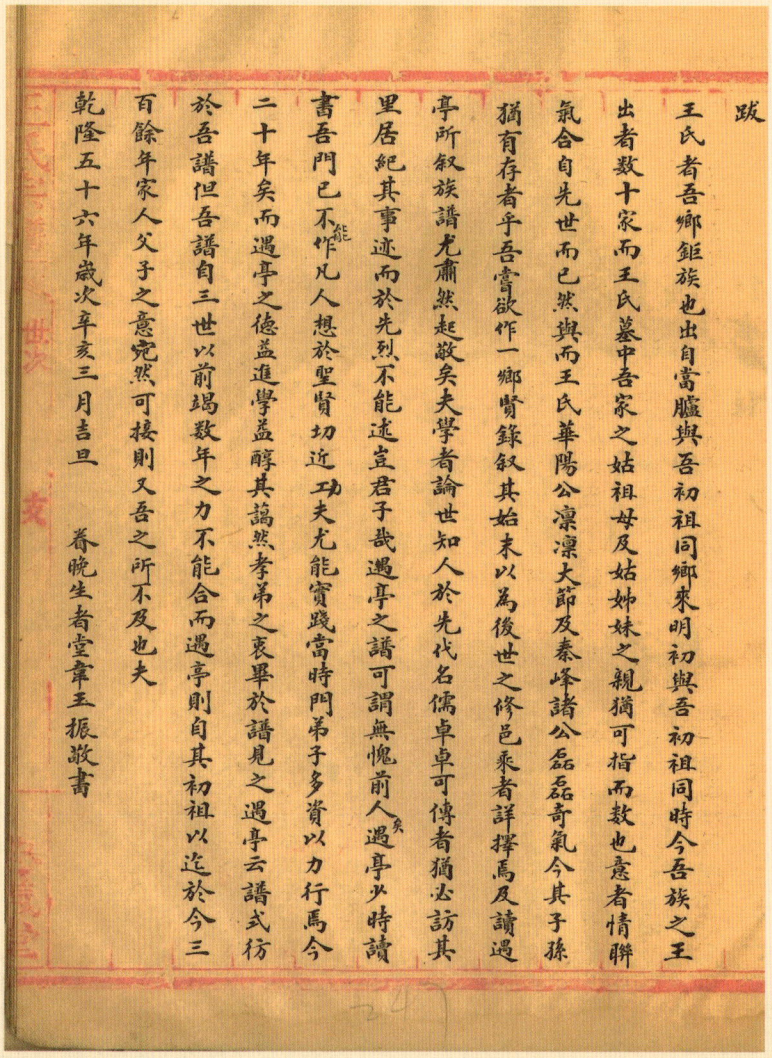

王氏宗谱跋

海州赣丰机器饼油有限公司公牍章程

保管单位：赣榆县档案馆

内容及评价：

海州赣丰机器饼油有限公司是海属地区最早的民族工业。晚清海属赣榆下口港，嘉庆年间海禁初开，至咸丰年间海禁大开，商船可直达沪浙，著名实业家许鼎霖遂联合张謇、沈云霈等京官及江浙大员，上书商部，奏请在赣榆下口（后改海州）创设机器饼油公司。《海州赣丰机器饼油有限公司公牍章程》是许鼎霖于光绪三十一年(1905)为在赣榆创办海州赣丰机器饼油有限公司给商部的呈文和批复，以及豆饼、豆油出口有关税厘问题的来往文件，并附有完整的公司条规章程——《赣丰饼油有限公司条规章程》。呈文中提出兴办工商、振兴口岸、吸附民力、争取厘税优惠、准予专办等，体现了晚清志士仁人"实业救国"的思想潮流。该档案共2卷，在一定程度上反映了当时苏北港口的商务贸易情况，是研究清末海属地区工商业发展史的重要史料。

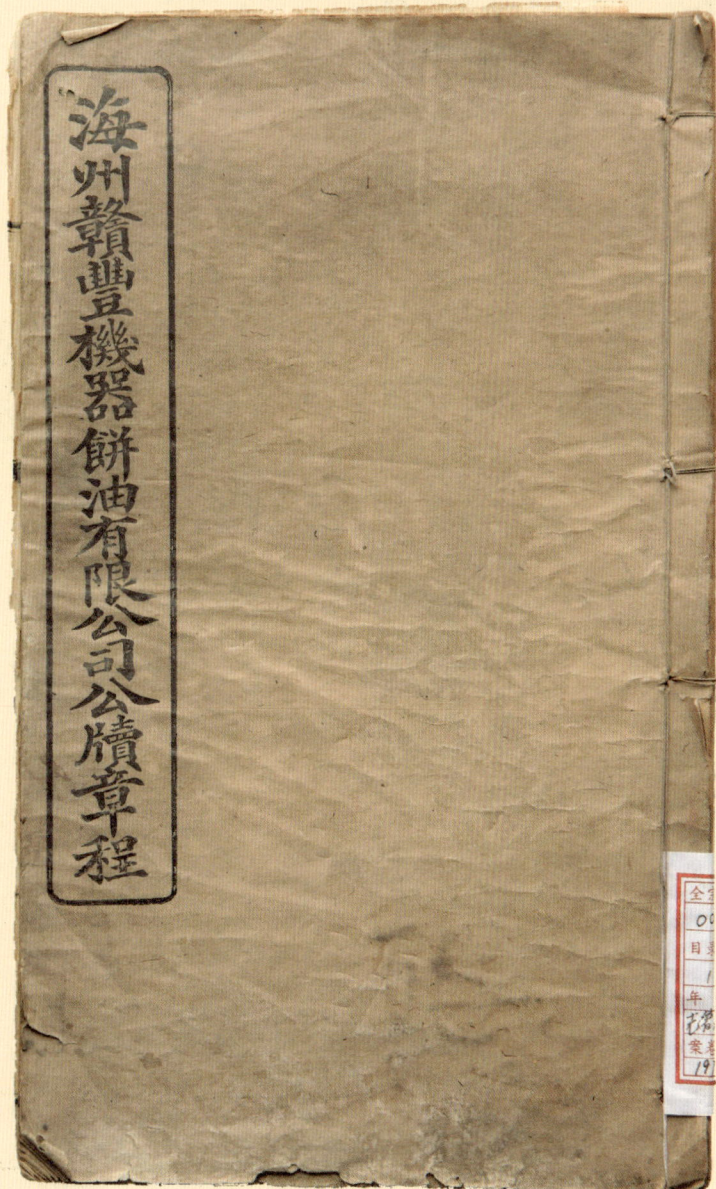

海州赣丰机器饼油有限公司公牍章程

海州赣丰机器饼油公司位置图

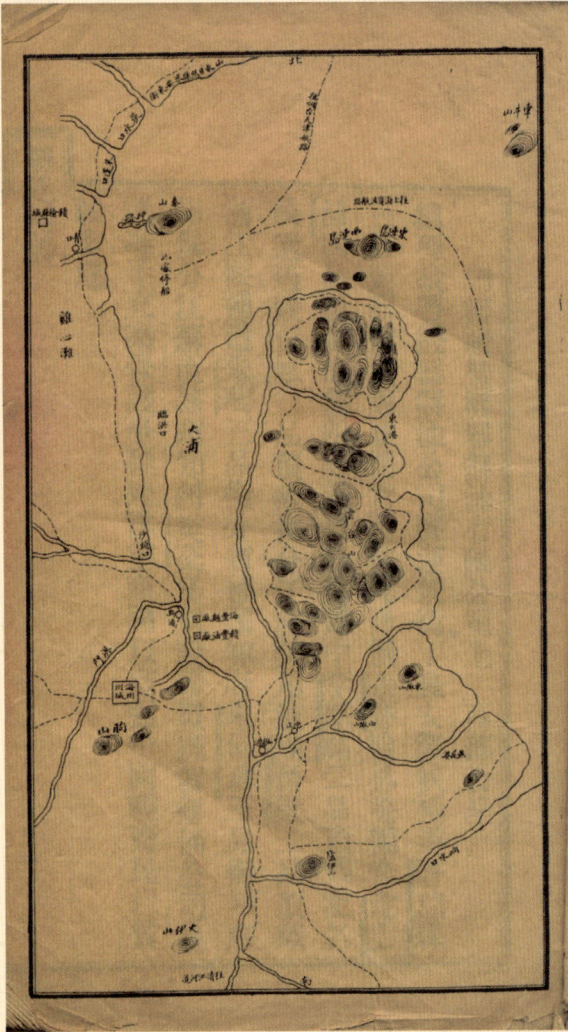

創辦贛豐機器餅油有限公司上　商部公呈

總理贛豐機器餅油公司鹽運使銜丁憂安徽候補道許鼎霖

三品銜商部頭等顧問官翰林院撰張謇翰林院編修沈雲

沛四品頂戴商部四等議員分部郎中李厚祐二品頂戴記名

候選道嚴信厚二品頂戴指分江蘇試用道周晉鑣二品頂戴

浙江候補道朱疇三品銜分省補用知府朱佩珍三品銜知府

用保分江蘇直隸州知州樊棻為創設贛豐機器餅油公司呈

請准予立案保護事竊外洋重商國以富強中國輕商民以貧

弱幸逢

朝廷特設

创办赣丰机器饼油有限公司上商部公呈

金太重商人繞越避就以致海州從無豆油出口似應將海州

鰲錢准照青口鰲章完納惟機器豆餅鰲金既已減輕其土法

所製之豆油亦應一律照青口鰲章完捐方足以昭公允而

歸劃一惟油簍應限定大小每簍准盛油百斤完納制錢四

十五文以免簍有大小易滋弊端而多朦混等情到本大臣據

此查海州青口地勢毗連而漕徐兩捐輕重迥異以致商人避

重就輕鰲稅有名無實現在既據該道確切查明所有贛豐油

餅公司豆油由海州出口應准其照青口現行章程每豆油一

簍重一百六七十斤完納鰲金制錢七十五文約計百斤實完

制錢四十五文其土法豆油亦卽一律照完以示體恤而杜紛

歧所請將油簍限定大小斤數亦卽照辦以免弊混除批行准

揚海道分別照行公司曉諭商民一體遵照外相應咨復爲此

合咨

貴部請煩查照施行

光緒三十二年五月　　日

贛豐餅油公司條規章程

一本公司爲股分有限公司名曰贛豐機器餅油公司

二本公司於海州新浦地方建立洋式廠房以便安置機器另

於上海鹽碼頭定造三層洋樓設立駐滬總帳房以便經理

轉運貨物及收股付息各事　初議建廠青口之下口因該口水淺改建新浦廠前臨鹽河廠

二十二

赣丰饼油公司条规章程

全文：

创办赣丰机器饼油有限公司上商部公呈

总理赣丰机器饼油公司盐连衔丁忧安徽候补道许鼎霖三品衔商部头等顾问官翰林院修撰张謇翰林院编修沈云沛四品顶戴商部四等议员分部郎中李厚祐二品顶戴记名候选道严信厚二品顶戴指分江苏试用道周晋镳二品顶戴浙江候补道朱畤三品衔分省补用知府朱佩珍三品衔知府用保分江苏直隶州知州樊棻为创设赣丰机器饼油公司呈请准予立案保护事窃外洋重商国以富强中国轻商民以贫弱幸逢

朝廷特设

三樊君时勋等九人继入者为陈君子琴窦君子敬陈君幼香共十二人

二十九本公司务崇俭朴力戒奢华固不可稍染官场积习专以酬应为能亦不得轻蹈富商陋风徒尚铺张从事俟开机后再另参中外公司完善章程定为厂规以期共守

商部各省工商事业日见振新惟徐海风气闭塞民情强悍富者志在温饱株守田园贫者迫于饥寒流为盗贼职道鼎霖生长是乡目击时局可为隐忧上年会与修撰謇等于徐属议创耀徐玻璃公司并与编修云沛等于海属议创海丰面粉公司业已次第兴工现又详查海属赣榆县境青口出口货物向以豆饼豆油为大宗十年以前出口豆饼岁至四百万片出口豆油岁至二千万斤近以牛庄营口设立机器饼油厂而青口土法饼油因之滞销出口数目逐为之大减若不设法挽回口岸必立见衰败职道鼎霖复与修撰謇调查牛庄营口机器饼油厂账目费省功倍碾饼榨油尤为便捷远非土法所能及商之本地土法各坊亦多愿改良附股建厂爰约同志数人公议遵照

大部定章于青口下口地方创设机器饼油厂名曰赣丰机器饼油有限公司悉照有限公司通例办理共议集股规银三十万两每股一百两计集三千股先由承集九人认定一千八百股俟奉批准后再分招一千二百股公举职道鼎霖总理公司事务限于本年九月内开机但事属创始地方土豪地棍不免藉端阻挠且中国商学毫无讲求往往一公司获利众公司即接踵而来卒至攘夺排挤两败俱伤此皆不可不虑必由

大部维持调护严禁藉端阻挠并略仿专利之意准于海属境内专办二十年以固商本庶公司始基既立可无亏折之虞考外洋各国最重商厂每立一公司政府必以全力保护并有补助官欵以底于成者盖地方多一公司既可藉养若干贫民并可多出若干货物贫民少可以潜消地方隐患货物多可以增收关市税捐是公家保护公司实为根本至计今职道等所立公司豆饼专备肥田豆油专供民食且于生货既完过豆厘则饼油熟货亦似可仰邀免税第值此库款支出之际苟商人力所能支又何敢遽求宽免谨拟暂照本地土法饼油一例完纳税厘一俟裁厘之后颁定相当厂税再行遵章照缴职道等为扩充商业永固邦本起见理合将创办赣丰饼油公司情形并附录章程叩请

贝子爷各堂宪鉴核恩准批示遵行并求通饬本省地方文武一体保护实为公便除禀

督抚宪立案外谨呈

附呈章程一折见后

商部批

据呈已悉该道等拟集股创设赣丰机器饼油有限公司改良制造以保利源于商务民生均有裨益应准其先行立案俟遵章注册后咨行南洋大臣江淮巡抚一体保护惟查核章程内扩充股本一条与公司律第十三条股分有限公司办法不合该公司既系有限应以所集股本为限若预备日后续添股本即不得称有限公司仰即详晰声明以免歧异所请暂照土法饼油一例完纳税厘是否可行候咨南洋大臣江淮巡抚体察情形酌核办理至机器改造土货本与新法创制者不同惟念商力艰难谋始匪易不得不加意维持准于海属境内专办五年以开办之日为始其本地旧有土法各坊愿否附股仍应听其自便徐海一带风气初开该道等尤宜妥慎经营藉资提倡到即照章至部声明注册可也此批

两江督宪饬淮扬海道金陵厘捐局淞沪厘捐局会议税厘札

为札饬事据江南商务局禀称窃职道昨准兴办徐海等属商务许道鼎霖来函据称现在海属办理赣丰机器油厂已奉商部批准六月可以兴工惟批内有咨商

南洋江淮核议税厘之语查青口向来豆饼豆油进口出口税厘通盘核计算合值百抽二七之谱而现在

商部暂定厂税至少须值百抽五揆诸商力实有未逮是以前经禀呈

商部声明愿照土法饼油一例完纳税厘并将详细情形开摺面恳王参议据情达

部拟求

商部批定值百抽二五以纾商力并可免沿途关卡留难诸獘若以关卡税厘言之统计虽有值百抽二七之数而其中偷漏隐匿实多转不如厂税之值百抽二五可期涓滴归公兹特奉达细情代为婉陈如蒙札饬赣榆县上海道等处查明此项豆饼豆油出青口时实完厘金若干进上海时又实完关税厘金共若干两数比合即可核定实在应完厂税若干倘蒙大帅核定之后准以值百抽二五咨复

商部立案则商力既可稍纾运涂亦免阻滞此后，商业发达皆出上赐等语职道伏查

商部现在所定厂税以值百抽五为至少之额其数既溢过于向来进口出口税厘之数则商力固觉未逮且于目前劝兴实业维持商务一切或不无阻碍之处兹许道函称各语当系实在情形敬求札饬查明赣榆上海两处向来出口进口税厘收数比较统核以定厂税征抽之数则似觉上于税额下及商情更能两得其核实持平之道职道职任商务未敢缄默据函呈乞核夺转饬施行等情前来查此案前准

商部来咨以该商等所请暂照土法饼油完纳税厘之处应由本大臣体察情形妥筹办法等因当经分札准扬海道宁沪两厘局会同各关局迅速核议妥筹办法详复察夺在案兹据前情除分行外合行札饬札到该道局即便遵照前今檄饬移行确查向来豆饼豆油实完进出口厘金关税各若干迅速会议妥商详办勿稍违延切切特札

淮关穆详 督宪文

为详请事窃案照清淮厘局前以赣丰机器厂所出豆饼豆油从青口出海有损内地税厘究应如何保全详蒙署江北提督部堂刘 咨经

宪台 札饬金陵厘局妥筹议详等因抄单转移到关准此并准各关局将窒碍之大概情形先后移会前来伏念振兴商务诚为目前要政然必统筹全局无碍饷源方为善计查青口地方出入货物久在严禁之中与盐城海口禁令相同原以保全内地税厘以顾饷项业经镇江关道声明例禁情形谨将该道原文录呈

钧鉴今该局并未查明禁案请于青口下口设立机器榨油厂所出豆油豆饼既准从该口就近出海其余百货亦必接踵而往是青口海禁大开此中流獘不胜枚举即如盐城自悬禁以后奸商百计钻谋而未遂其欲今青口既已弛禁则盐城自必藉口纷纷援请且外人于青口久已垂涎而未允其请者盖青口系禁地也今忽自行弛禁则外人亦可藉词饶舌请开商埠又将何辞以应之至黄豆豆油豆饼素为北数省出产大宗向装民船由淮扬内河行走又兼河运漕粮帆樯络绎民赖以生

近年粮由海运而内河民船已属艰窘然有油豆可装尚可藉资糊口今又改由青口就近出海雇用沙钓各船而内地之民船生机顿绝难保不流为匪类况漕河为南北通衢各货往来向收厘税为数颇巨自洋单盛行以后税厘日出所恃者犹有豆油饼豆三大宗之税厘堪为饷源之助今油饼既准径出青口其黄豆百货又安能禁之势避

重就轻亦改由青口出海不复由淮扬正道行走又何厘税之可收而原禀所谓逢关纳税遇卡抽厘不过空言搪塞若不预为防范将见内河各关卡日渐消磨几成虚设所有宁苏厘金自拨偿洋款以后时形竭蹶常苦筹措无方清淮厘金专供防营饷项恒虞不足现在又加江北练兵经费需饷尤多业蒙奏明以淮关税课奉拨十数万两至扬由关税又有短额须赔之案是内地税厘关系甚重其大宗货物一经改道则数十万之税厘将何取给此中窒碍情形各关局未尝不洞悉于胸而皆不愿主稿会详惟大局攸关不妨据实直陈敬候

裁夺职道等反复筹思设法补救约有两端如该处准设机器榨油厂其所出之油饼拟请仍令行走淮扬正道以符逢关纳税遇卡抽厘之案并派员驻扎青口认真查禁倘有私行出口即将全货充公以示惩儆此青口照旧封禁之说也如该厂之油饼必须就近出海其余黄豆百货固未便阻止纵使仍行严禁而藉端偷运防不胜防且公司则准之而他商则禁之似亦无此政礼不若准予弛禁移关就市即于该处设一淮关分口照例征收仍量加厘金聊补内地向收之款庶数十万之税厘不致全归无着此青口准予驰禁之说也所有窒碍情形酌拟补救办法是否有当理合具文详请并将税厘则例录楷呈送仰祈

宪台鉴核俯赐统筹全局设法维持以保税厘实为公便除详抚提宪外为此备由具呈伏乞

照详施行

总理许上抚督提宪禀

敬禀者窃 职道 创办赣丰机器饼油公司奉

商部核准咨本省

各大宪通饬所属保护在案嗣经常镇道清淮厘局一再禀阻以致至今未能开办近日淮关穆道复详请绕走内河移设分关虽为整顿关税起见而于地势商情旧章新案均未理会一经

明察定鉴其非惟穆道误详各节 职道有不得不辩者敬为宪台缕晰陈之穆道详称青口地方出入货物久在严禁之中业经镇江关道声明例禁情形该商并未查明禁案请由该口就近出海其余百货亦必接踵而往流弊不胜枚举一节查青口自嘉庆年奏准对渡浏河时海禁已开及咸丰间上海通商后海禁更大开该处分设漕捐徐捐抽收出口厘金已历四十余年何得指为久在严禁且近年海州出口杂粮照费酌提江阴巡船经费亦有定案更不得指为仍在严禁之中其误一也又穆道详称外人于青口久已垂涎而未允其请者盖青口系禁地也今忽自行弛禁则外人亦可藉词饶舌请开商埠又将何辞以应之一节查本年春间德商谋在青口行轮擅自县旗测海意诚叵测势甚可危幸蒙

宪台督宪 驻节袁江一再严诘始允下旗地方赖以安全惟行轮一事彼族坚执内港行轮条约

外部因无可驳阻始咨商

宪台督宪 自开商埠以保利权彼时穆道随节袁江当所目者况

宪台督宪 奏天商埠已屡载报章德商芝罘众轮船七日一至青口运货亦屡载报章穆道似亦应有所闻今乃仍以公司弛禁外人饶舌为辞其误二也又穆道详称黄豆豆饼豆油素为北数省出产大宗向装民船由淮扬内河行走今改由青口出海雇用沙钓各船内地民船生机顿绝杂保不流为匪类况漕河为南北通衢各货往来向收税厘为数颇巨若改由青口出海不复由淮扬正道行走又何税厘之可收数十万之税厘将何取给一节查淮南淮北天然界限清江浦以南黄豆豆饼豆油固必走淮河即徐州及皖北各属黄豆豆饼豆油亦必由运河淮河南下从无倒行青口之理盖由运河淮河而至盐河既须盘坝由海州至青口又须水陆并进运费极重谁不避重就轻况盐河设有淮关永丰

分卡武障河龙沟大柴市海州青口又各设有漕捐徐捐正分各卡税厘之重不减淮河又谁肯舍易就难且运河淮河豆饼每片重十斤俗曰小饼青口豆饼每片重五十八斤近改五十六斤俗曰大饼青口向无小饼出海淮关向无大饼报税此尤愚夫愚妇所共见共闻然则青口豆饼出海与淮关税额绝不相涉更可不辩自明若沙船钓船天津山东各船向恃青口运货为生者不下数千只岂内河民船生机宜顾外海民船可听其生机顿绝耶况与淮河民船绝无关碍耶且淮关永丰分卡既设盐河咽喉之地即使如穆道之说淮扬货物可以迁道行走该商亦甘心折本由青口出海而永丰分卡为所必经仍可照章收税于该关税项亦毫无所损区区海赣土货几何岂淮关数十万之税厘尽欲取给于海赣耶况海赣土货由青口出海则完漕捐徐捐至上海进口复完沪关与淞沪厘捐并无取巧透漏耶其误三也又穆道详称如该处准设机器油厂其所出饼油拟请仍令行走淮扬正道并派员驻扎青口认真查禁倘有私行出口即将全货充公以示惩儆一节查青口豆饼径运上海每片运价五六十文若强令绕走淮扬转运上海每片约费五六百文油亦称是商贾觅利蝇头未有运费悬殊如是而尚可以保全商本者果欲强逼行走淮扬势必海赣无一货可运即漕捐徐捐亦必无一厘可收将来漕捐徐捐亦皆不裁而裁官商交困可立而待况德商芝罘轮船运货青口既为

外部允行未必能遵查禁非特不允全货充公且恐一经扣留反欲藉词索赔无端酿成交涉彼时又将何辞以解之其误四也又穆道详称如该厂之饼油必须就近出海其余黄豆百货固未便阻止纵使仍行严禁而藉端偷运防不胜防且公司则准之而他商则禁之似亦无此政体不若准予弛禁移关就市即于该处设一淮关分口照例征收仍量加厘金聊补内地向收之欤一节查青口黄豆系奏准对渡浏河固未便阻止即百货运销上海已有岁年不禁于未设公司之前独禁于既设公司之后诚如穆道所言似亦无此政体至其所请设一淮关分口无论现奉

宪台督宪　奏设海州海关决无同时复设常关重困海赣商民之理且光绪二十八年常关归并海关案内已将各常关分口报部转行总税务司立案恐亦未易轻言添设况德商芝芝罘轮船往来青口业经数月向仅遵纳厘金一旦骤添淮关亦难免德商不以藉设常关阻其行驶为辞禀由胶督更向华官饶舌此亦不可不虑今若于青口设关并欲量加厘金是于新设海关之外更增一常关于漕徐各捐之外更加一新捐海赣商民何以堪此且青口北去山东日照县之安东卫海口仅数十里如果青口税厘重叠加征势必迫令饼油北走安东卫出海不特穆道拟设之分关必入不敷出即原有之漕捐徐捐亦将同归于尽其误五也以上各节是否可行难逃

洞鉴 职道 为中外交涉计为海赣全局计均不敢缄默不言非仅为区区一公司计也仰乞

宪台鉴核批示祇遵地方幸甚大局幸甚肃禀敬请

钧安伏惟

垂鉴除禀

两江督江苏抚江北提宪外 职道鼎林谨禀

督宪批

据禀已悉前据淮关穆道等详赣丰油饼从青口出海有碍税厘等情当以青口至上海航路近便必令绕走内河未得情理之平至所拟移关就市一节前巳派员会查今查盐河既有淮关永丰分卡凡由内河赴海州之货仍照章收税不虞偷漏何必再于海州添设分卡况海州现已奏准开设通商口岸尤应详慎筹维以期中外称便振兴商业兹据前情候行该委员一并查察核议复夺缴

抚宪批

查此案前据穆道等具详即经批候

督部堂核示遵行录报在案据禀前情仰候

督部堂核明办理并候

江北提督批示缴

提宪批

既据并禀仰候

督抚 部 堂院 批示遵行录报缴

江宁淞沪厘局上海镇江关道会详 督宪文

为会详事本年九月间职道惟彦兆璜等奉

宪台札开本年四月间准

商部咨据安徽候补道许鼎霖等呈称青口地方创设机器饼油公司请于境内专办二十年并请暂照土法饼油完纳税厘经部批准专办五年并以所请照土法完纳税厘之处咨令体察情形妥筹办法酌核见复以便饬遵业经抄单分饬沪宁两厘局及淮扬海道将完纳税厘一节会同各关局迅速妥筹办法详复察夺迄未议复除分行外札催会同妥议详办等因奉此职道惟彦伏查此案迭奉

宪札均经分移各关道会商详办嗣准陆续将捐例情形分别议复皆以此项豆油豆饼该公司既照土法完纳应即遵照各处定章逢关税遇卡抽厘如照镇关办法则青口本在禁连之列自应设法保全俾淮关及扬由关常税金陵厘捐不致全归无着 职道道直接准宁厘局来当查赣榆一带僻处海滨商买不通地瘠民贫往往因饥寒流而为盗许绅在彼创兴商业自应轻其税厘助其发达使商务速兴贫民亦藉有生业地方自可化瘠为富安良弭盗一举而数善备至如何征收税厘应由上海常关查明酌拟拟镇关向收洋税前项饼油既照土法完纳税厘镇关无可置议移请沪关主稿会详职道树勋详阅镇江关道及宁沪两关来文除金陵苏州清淮徐州等处征收青口豆饼豆油厘捐情形业经清淮厘局汇案具详不复重叙外就上海一处而论海赣之青口为江苏北境僻处东海之滨由内地至上海一千四百四十里由外海仅一千一百里内地水陆并进运费极重外海运费之轻仅及内地十分之一二商人工于会计未有不避重就轻舍迟就速者在海禁未开以前按照户部则例黄豆一项准由青口运往浏河粜卖给票查验行走内河迨海禁大开虽无准其出口明文而海州青口商人贪图近便早有遵海而行者且海州青口既各设卡早经抽收出口厘金目下即不应重申禁令现又议开商埠更未便强令该公司独走内河此海州青口饼油河运海运今昔不同之实在情形也今该公司既愿按照土法饼油一例完纳税厘自应调查设厂处所出口厘金与指运地方进口税厘方足以昭核实该厂初拟设在青口前称统计应完出口进口税厘约合值百抽二五谅系按照青口厘金核算嗣查该厂改设海州自应按照海州厘金核算为断现经查明豆饼一项每片重五十斤由海州出口完捐钱二文一厘进上海口完常关税银四厘五毫合规银六厘一毫一丝以一四一合钱八文六厘一毫八丝完淞沪厘捐库平银一分八厘申规银一分九厘八毫以一四一合钱二十七文九厘一毫八丝统计出进口共完税厘钱三十八文六厘三毫六丝按上海市价每饼一片值钱一千二百七十文计算约合值百抽三零四二之谱又查豆油一项每小篓计一百斤由海州出口完捐钱一百二十文进上海口完常关税银八分合规银一钱八厘六毫四丝以一四一合钱一百五十三交一厘八毫二丝又完淞沪厘捐库平银一钱四分申规银一钱五分四厘以一四一合钱二百七十文一厘四毫统计出进口共完税厘钱四百九十文三厘二毫二丝按上海市价每油一百斤值钱十二千五百文计算约合值百抽三九二之谱核于该公司前照青口厘金核算值百抽二五之数自不免参差且值此未定厂税之际行于本省尚可通融行于外省恐有窒碍但该公司既愿照完税厘足见并无取巧之心无非求免关卡阻滞起见可否准今该公司于装运饼油时发给运单载明某商船运饼油若干应完海州出口厘金若干上海进口常税厘金各若干除海州出口厘金于出口时照章径缴该处厘局外其上海进口税厘准由该公司上海批发所开具银票分缴上海常关淞沪厘局系分运本省浒浦浏河二

口者即由该公司该处批发所代缴各关卡见有该公司运单随时查验照章征收税厘不得于税厘之外私索分文违者重办其运往内地及外省者即遵照内地与外省章程办理此于本省税厘固不短分毫即于外省税厘亦绝无侵碍抑或准令该公司参仿统征办法于运单外另给报验票据注明饼油数目应完出口处厘捐进口处税厘各数及指运地方出口处先凭票据验放俟抵进口之关或分关处验明票货相符即将票据收存并知照就近淞沪厘卡登记分关一律照办惟须将票据按旬缴存上海大关按月由出口处厘局查数开报上海大关由关核数相符即将应完进出税厘向上海该公司批发所收取将海州淞沪厘捐按数分解如其进出口查无前项票据仍照向章各自迳收以免混漏此系专指由海州运赴上海及浏河浒浦三处而言如转运内地及运赴别处仍遵各处例章报完如此办理缴完税厘稍宽时日总收分解稍有周折于课欬亦尚无碍然究不若所拟第一端办法较为直捷了当所有奉饬核议缘由理合具交详复仰祈

宪台领会赐察核批示祗遵如蒙照准并请分咨

商外户　部立案实为公便再现准淮关穆道抄详咨会以该公司豆饼豆油由海出口有碍内地税厘筹议办法两端一系改走内河一系由淮关设立分口已通详请示等因查该公司饼油海运已经商部核准似未便再令改走内河至改设淮关分口事关添设分关必须由

部核夺非仓卒所能定案所有该公司饼油由海出口应完税厘应请先照现定办法将来淮关果设分口应如何抽税届时再由该关详办以免稽待又此详系由职道树勋主稿其余会衔不会印合并陈明

总理许再上督宪禀

敬禀者窃　职道前以淮关穆道详阻赣丰饼油公司各节禀蒙大帅批开据禀已悉前据淮关穆道等详赣丰油饼从青口出海有碍税厘等情当以青口至上海航路近便必令绕走内河未得情理之平至所拟移关就市一节前已派员会查今查盐河既有淮关永丰分卡凡由内河赴海州之货仍照章收税不虞偷漏何必再于海州添设分卡况海州现已奏准开设通商口岸尤宜详慎筹维以期中外称便振兴商业兹据前情候行该委员一并查察核议复夺缴等因奉此仰见

明察周详曷胜钦佩之至现闻

檄委刘道庆汾前赴海赣查办必能秉公禀复以凭

迅赐咨

部饬下公司遵纳税厘谨查宁局沪局沪关镇关会详文内所陈完纳税厘办法极为公允尚易遵行惟调查海州出口豆油每百斤完厘钱一百二十文此系海州厘局原定章程至今并未实行青口厘局出口豆油每篓重一百六七十斤实完厘钱七十五文约合每百斤完厘钱四十五文之谱商以海州厘局定章过重州境豆油除本地行销外悉绕青口出口是以海州厘局从未收过豆油厘金若照局关会详所拟每百斤完制钱一百二十文商力实有未逮仰乞

大帅加札刘道兼查海州厘局向来有无油篓出口青口厘局是否每篓重一百六七十斤完厘钱七十五文如果查与职道所禀相符可否核照青口厘局实行章程准令公司由海州出口豆油亦每篓重一百六七十斤完厘钱七十五文以示体恤之处祗候批示遵行肃禀敬请

钧安伏乞

垂鉴职道鼎霖谨禀

督宪批

禀悉海州出口豆油实在完厘若干始为公允应否比照青口

油篓完厘章程候札行刘道庆汾会同淮扬道查明具复核夺缴

淮扬海道黄江苏委用道刘会详　督宪文

为详复事窃于光绪三十一年十二月十八日奉到

钧札内开据总理赣丰饼油公司许道鼎霖禀称窃查宁局沪局沪关镇关会详文内所陈完纳税厘办法极为公允尚易遵行惟调查海州出口豆油每百斤完厘钱一百二十文此系海州厘局原定章程至今并未实行青口厘局出口豆油每篓重一百六七十斤实完厘钱七十五文约合每百斤完厘钱四十五文之谱商以海州厘局定章过重州境豆油除本地行销外悉绕青口出口是以海州厘局从未收过豆油厘金若照局关会详所拟每百斤完制钱一百二十文商力实有未逮仰乞加札刘道兼查海州厘局向来有无油篓出口青口厘局是否每篓重一百六七十斤完厘钱七十五文如果查与职道所禀相符可否核照青口厘局实行章程准令公司由海州出口豆油亦每篓重一百六七十斤完厘七十五文以示体恤之处祗候示遵等情到本大臣据此除批禀悉海州出口豆油实在完厘若干始为公允应否比照青口油篓完厘章程候札行刘道庆汾会同淮扬道查明具复核夺缴印发外合行札饬札到该道即便遵照办理会查具复等因奉此遵查青口漕捐每豆油一篓重一百六七十斤完纳厘金制钱七十五文约计每百斤实完制钱四十四五文之谱海州徐捐豆油定章大篓二百斤完纳制钱二百四十文中篓一百五十斤完纳制钱一百八十文小篓一百斤完纳制钱一百二十文统计每百斤实完制钱一百二十文是海州厘金之重实倍过于青口但查海州厘局从无豆油出口询诸该地绅商签谓豆油绕走青口良由州境厘金太重之故与许道所禀大致相同至许道禀称青口豆油每百斤约完厘钱四十五文一节查与青口厘局定章无异海州既向无豆油出口似应准如所请许照青口厘局定章完纳以示体恤至用土法所制豆油亦应一律许照青口厘章完捐方足以昭公允而归划一惟油篓应限定大小每篓祗准盛油百斤完纳制钱四十五文以免篓有大小易滋弊端而多朦混是否有当理合具文详乞

宪台查核施行

督宪批

查海州青口地势毗连而漕徐两捐轻重迥异以致避重就轻厘税有名无实既据该道查明实在情形所有赣丰饼油公司豆油由海州出口应准其照青口现行章程每豆油一篓重一百六七十斤完纳厘金制钱七十五文约计百斤实完制钱四十四五文之谱其土法豆油亦即一律照完以示体恤而杜纷

歧所拟油篓限定大小斤数以免弊混亦即照办仰淮扬道分别照行公司晓谕商民一体遵照缴

两江督宪咨　商部文

为咨复事案于三十一年四月间准

贵部咨据安徽候补道许鼎霖等呈称于青口下口地方创设机器饼油厂名曰赣丰饼油有限公司于本年九月内开机请略仿专利之意准于海属境内专办二十年以固商本并拟暂照土法饼油一例完纳税厘俟裁复颁定相当厂税再行纳缴等情经

大部批准在海属境内专办五年所请暂照土法饼油完纳税厘之处咨令体察情形妥筹办法酌核见复以冯饬遵等因准此当经分行各道局会同核议妥筹办法详复察夺嗣因日久未据议复又经先后札催并委道员刘庆汾前往会查议复去后兹据委员刘庆汾会同淮扬海道查复青口漕捐每豆油一篓重一百六七十斤完纳厘金制钱七十五文约计每百斤实完制钱四十四五文之谱海州徐捐豆油定章大篓二百斤完纳制钱二百四十文中篓一百五十斤完纳制钱一百八十文小篓一百斤完纳制钱一百二十文统计每百斤实完制钱一百二十文是海州厘金之重实倍过于青口但查海州厘局从无豆油出口询诸该地绅商签谓豆油绕走青口良由州境厘金太重商人绕越避就以致海州从无豆油出口似应将海州厘钱准照青口厘章完纳惟机器豆饼厘金既已减轻其土法所制之豆油亦应一律准照青口厘章完捐方足以昭公允而归划一惟油篓应限定大小每篓祗准盛油百斤完纳制钱四十五文以免篓有大小易滋弊端而多朦混等情对本大臣据此查海州青口地势毗连而漕徐两捐轻重迥异以致商人避重就轻厘税有名无实现在既据该道确切查明所有赣丰油饼公司豆油由海州出口应准其照青口现行章程每豆油一篓重一百六七十斤完纳厘金制钱七十五文约计百斤实完制钱四十五文其土法豆油亦即一律照完以示体恤而杜纷歧所请将油篓限定大小斤数亦即照办以免弊混除批行淮扬海道分别照行公司晓谕商民一体遵照外相应咨复为此合咨

贵部请烦查照施行

光绪三十二年五月　日

赣丰饼油公司条规章程

一本公司为股分有限公司名曰赣丰机器饼油公司

二本公司于海州新浦地方建立洋式厂房以便安置机器另于上海盐码头定造三层洋楼设立驻沪总帐房以便经理转运货物及收股付息各事 初议建厂青口之下口因该口水浅改建新浦厂前临盐河厂

后临海港进货出货均称便利

三本公司于光绪三十一年三月呈奉 商部批准立案

四本公司办事章程谨遵

钦定商律公司律办理

五本公司先议招集股本三十万两每股规元一百两共计三千股愿入股者自一股至十股百股均听便股票每张一股愿列十股百股为一张者亦听便每一股票附一息摺均盖公司图章为凭并由总理坐办签字惟不得附入洋股以符洋人不得在内地建厂约章

六本公司创办十人每人认集三百股计规元三万两先交一百股为定机建厂之用余限光绪三十二年三月内续招一百股六月内一律招足

原议章程创办人先认定一千八百股现议略加变通

七每股百两一次交足以交银之日起息先照六厘核算俟开机后即照常年八厘核给

八股票息股业已石印完备存本公司驻沪总帐房凡在上海交股银者随时付给股票息摺以省周折系在外埠收股银先由承集人填给石印收照俟将收照寄到上海时再换给股票息摺承集人在外埠收到股欵须随收随

汇以免暗耗官息

　　九发给票摺后如本人愿将股票让出或转售者须先仅本公司各股东收并后方准另议他人均须随时至本公司报明过户注册换给票摺

　　十如有遗失股票息摺准其随时取同保人证书报明本公司将遗失票摺号数查销一面登报声明俟一月后另行按号补填票摺付执倘遗失票摺别有纠葛须由股东自理

　　十一遇有转售过户及遗失票摺等事一经报明另行填给每次应缴票摺费银每股规银一钱

　　十二集股用费各由承集人先行垫付俟股分招足之日汇报公司公同核义系应用各帐俟开机后即如数拨还不必计息愿将垫款作为股分者听便惟不专为集股用者不得开支

　　十三开办经费俟开机后核定确数公同核议或于第一年余利内提还或于股款内列销均俟公议决定

　　十四开机后先将购机建厂生财及开办经费公同核明揭印清帐分送各股东察核

　　十五本公司每年结帐一次除付官息提公积外所得盈余按十四成分派以十成作各股东余利以三成作在事人花红以一成作本公司创办工团平治道路及各善举经费

　　十六每年限正月内结清上年帐目造具年报草册由总理登报布告准于二月初六日举行寻常会议三月初一日始一律付给官息余利

　　十七造成年报草册先由董事核明俟二月初六日开议时再交众股东公同查核如帐目相符即决定分派利息并公举次年董事然后由总理或董事对众宣读即照年报排印帐略分送各股东备查或帐目有未甚明晰处可再公举查帐人详细核算

　　十八二月初六日开议时凡入股至一千两以上者如有事不及与议可具证书派人代表不派代表者听便在股少股东不愿与议者可由董事代表决议除分送年报帐畧外平日仍听随时至公司查阅帐目

　　十九遇有关系公司重大事件可由董事会商总理登报布告邀集各股东开特别会议股东中如入股合全数十成之一者遇有要事亦可知照董事声明事由开特别会议凡特别会议须从多数决议

　　二十凡会议时由书记将所议之事列入议册一经主席签押作准必须照行

　　二十一凡入股至一千两以上者遇有特别会议除登报布告外并加函通知如因事不及与议可具证书派人代表或复函从众亦可

　　二十二本公司由各股东公举董事四人或六人任协赞决议之责公举查帐二人任稽查出入帐目之责公举总理一人协理一人坐办一人任用人办事之责此外书记会计及各项司事人等均由总理协理坐办公同商定量材酌派取具保证书存公司内

　　二十三查帐二人关系极重须择熟悉帐务者任之本公司往来帐目每月一结上月结帐准于下月初十日由查帐人详细查核或有舛误诘令更正如皆相符即于银钱数目上加盖图章

　　二十四董事既查帐人任事之期一年为限期满即于每年二月初六日开寻常会议时由各股东投标公举如各股东公许前人任事有效可再公举续任一年

　　二十五各股东须入股至三千两以上方有任举董事之权任董事者至少亦须入股一千两方得受举

　　二十六董事既查帐人遇有事故不能满任者可暂请妥慎殷实之股东一人代理俟寻常会议时再行公举充补

　　二十七总理责任极重宜久于其任以收驾轻就熟之效然苟有大过亦应由众股东请开特别会议查明属实另行选举但须有入股五千两以上之股东十人同请开议方可允行

　　二十八本公司初呈 商部之发起人系许君久香张君季直沈君雨辰李君云书严君筱舫周君金箴朱君幼鸿朱君葆

《啸月山房文集》

保管单位：连云港市档案馆

内容及评价：

《啸月山房文集》为黄道传所著。黄道传，字习斋，号薪田，自号守拙老人。清道光二十六年（1846）出生于海州书香世家，被誉为海属一带儒宗、学界领袖。光绪、宣统年间，历任海州直隶州教授、学正、教育会长。光绪二十四年（1898），被朝廷钦封为五品奉政大夫。光绪三十一年（1905），清廷废科举兴学堂。次年，黄道传于海州石室书院东侧建海州中学堂（海州中学前身），为首任中学监。1925年，时任江苏省省长韩国钧题为"胶庠硕望"匾额一方送黄老先生，以示尊崇。黄道传著有《啸月山房文诗全集》，流传于世，《文集》第一次印刷出版在1913年，1924年夏二次印刷时增加了诗集和文、诗集的补遗。文集共收有31篇文章，诗143首，其中《陶义士传》影响巨大。沈云沛对文集的评价是"朴而不瘠，真而不率，气清而神腴，思深而旨远，名言至论，贯如绎如"。该文集是不可多得的珍贵地方文献。

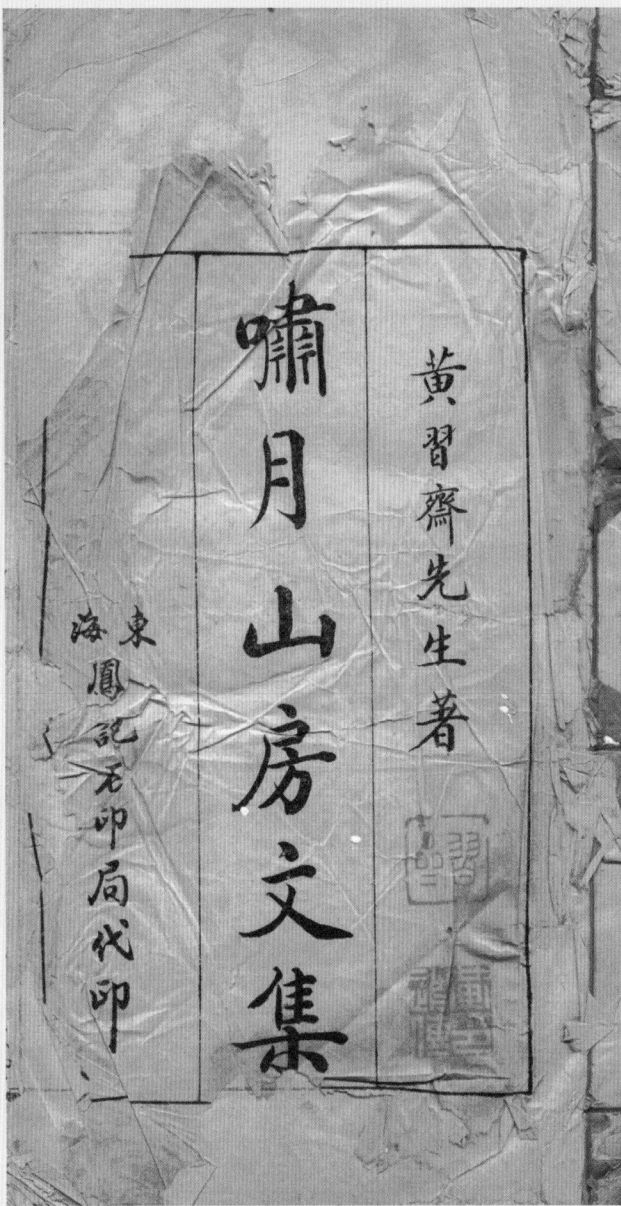

《啸月山房文集》

《啸月山房文集》目录

《啸月山房文集》首篇《燕太子丹使荆轲刺秦王论》

沈云沛作序

《所好所所编》

保管单位： 赣榆县档案馆

内容及评价：

《所好所所编》为晚清文人朱萃声所著诗文集。作者为赣榆人，25岁中秀才，因第四子中进士，封赠五品昭武校尉；好诗赋，尤喜俚歌小曲，享有盛名。该书收录作者毕生所作诗词歌赋，文笔清新，语简义深。作品大多反映晚清社会下层平民的情感生活，读来倍觉亲切，书中多有"左旋诗"，"回文诗"，更有集古诗、集诗经而为诗赋者；对清代广泛流传于青口、板浦的"海州五大宫调"中的宫调词牌，尤烂熟于胸，随手拈来，皆成妙品。该文献为研究海属地区的文化、艺术、历史、文学等提供了宝贵资料。

《所好所所编》

《所好所所编》自序

自序

予自知好以來好動而不好靜今無好矣以始終之所好為好事著告之幼讀書貪好頑而忘好學長就傅多好惰而少好勤父師嚴加督責伢不甚好時文僅好詩賦及倖入泮遂不好所當好竟好所不當好秋好鶉手嫩不惜多好鷹足痛不嫌春夏好搗兩眼熬紅亦不顧且好酒酒中又好猜拳好如此俗猶不足盡予不正之好與人好直言言直則易招怨凡事好競勝勝競則多傷財越十餘年而四十所好又非宿矣因好要燈而好唱好編俚歌小曲曲編數百語皆好趣特置竹馬旱船十餘樣教兒童妝生旦妝丑末按齣演唱做作排場各中人好樂噫

《所好所所编》上卷

所好所所編 上卷

祝其朱萃聲子鳳氏編

同保　塏　徐堯章　唐勤
受業　王元烋子美　編附

箸聯

足趾遇湯甘自蹈　一生甘苦嘗應備
領頭辨味替人嘗　五味調和辨必明
一雙稚子加餐侍　豪傑與師亦借籌
兩個佳人每飯陪　兩兩連肩挑海錯
雙雙並足踏山珍
伊比易牙先我口　兩腿背攻能善夾
涼嘗赤足經多味　一心舌戰去頻挑
人愜伸指搧他腰　座中佳士分羹去
熱有丹心報主腸　林下賢人饋食來

所好所所編 下卷

祝其朱萃聲子風氏編

耕讀漁樵 鐵綫蓮

自 莫怪都言耕地強農夫自古有君王世間七十二行業莊戶人家是上行 唱

春晝長犁鋤忙夏至時節二麥都上場秋來下苦霜稻豆蔴歸倉冬天冷圍鑪

向火那怕北風涼 白 人生惟有讀書高一字千金不可拋能受十年窗下苦龍

門跳過上青霄 唱 春花嬌文心超夏日炎天吟詩把涼招秋深木葉凋倚樹誦

離騷冬夜靜咏到梅花明月正橫霄 白 扁咿舟見漁家樂舉網得魚臨大澤賣

罷沽來酒一壺月明江上擎杯酌 唱 春風釣水渦夏五船頭雨笠又烟簑秋

雲淡淡拖網晒夕陽過冬寒一竿江雪獨唱浪淘歌 白 穿雲共說樵夫好待

到秋高紅樹老一入山林縱斧斤削平當路橫生草 唱 春草夭好于茅夏木陰

陰持斧過林坳秋霜滿樹梢紅葉一肩挑冬山慘冒雪探薪擔頭挂酒瓢

《所好所所編》下卷

《陕西各界陇海铁路连云港考察记》

保管单位： 连云港市档案馆

内容及评价：

1934年，陇海铁路通车至西安。同年11月，由陕西省金融、实业、新闻等各界组成的陇海铁路连云港考察团来连考察，以全面了解连云港及陇海铁路商运情况，其成员有李维城、张德枢、张午中、赵愚如、李秀亭、宋绮云、罗岚等七人。他们将途中十日参观概略情形，在各有关报刊上发表，后将原稿重新整理成《陕西各界陇海铁路连云港考察记》，内容包括考察的动机、连云港之概观、东西连岛记游、陇海路与西北经济关系、陇海路之货运、参观连云港沿途记事等。考察团提出了如何利用陇海铁路和连云港为中部和西北地区开发服务这个中国发展战略的重大命题，提出连云开港、陇海铁路修建，使得西北大陆与太平洋交通畅然无阻，对于开发西北关系极大；认为陇海铁路"制陆兼能控海，其间关系国计民生，至重具大，实西北（中原）各省之生命线也。"而当时国内"无完全自建之港口，无铁道直达之商埠，而有此沟通东西文化物产之连云港，意义重大。"该档案是研究连云港开发与中西部地区发展之间关系问题的重要文献，对于研究陇海铁路沿线省份合作和连云港港口建设具有重要的史料价值，也是研究连云港经济、文化建设的宝贵资料。

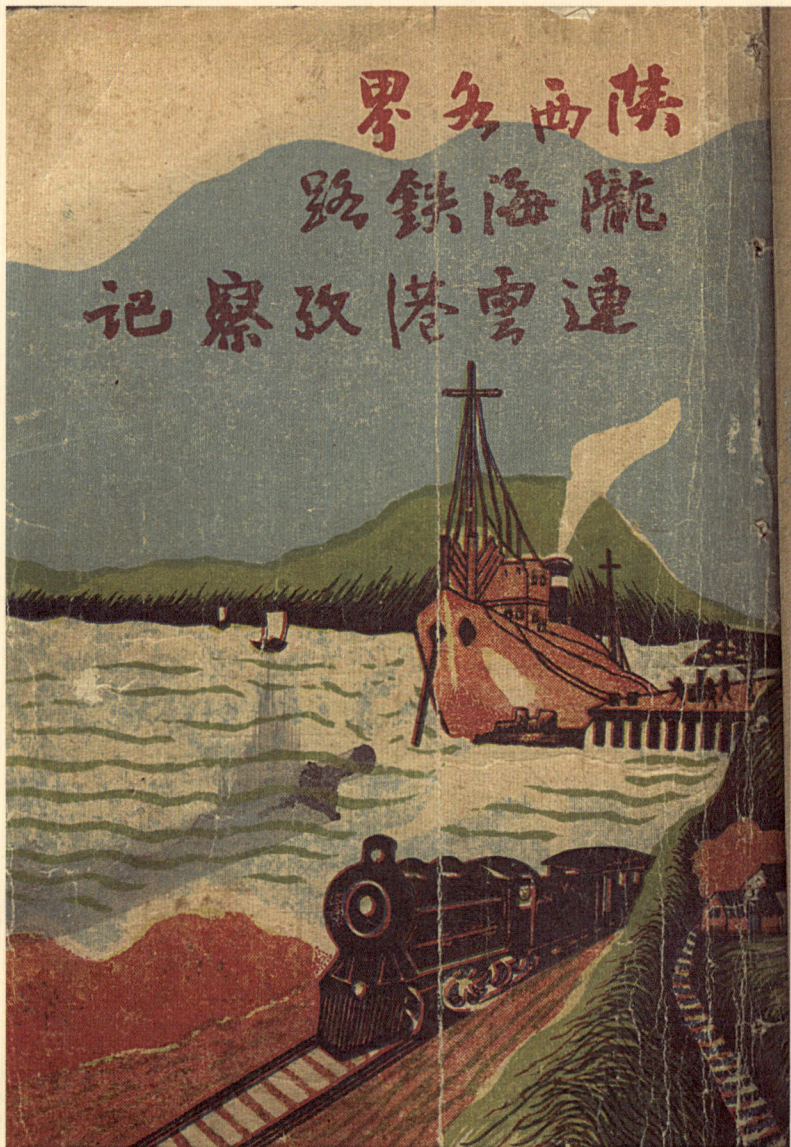

《陕西各界陇海铁路连云港考察记》

陕西各界连云港考察记目次

目录

弁言

陇海铁路东自连云港、西至西安、现已全线通车、西北大陆与太平洋之交通、畅然无阻、对于西北社会民生之裨益、及对于政府建设西北之辅助、关系之大、不可胜述、陕西各界为欲彻底明了连云港工程进展、及全路商运情形、曾于二十三年十一月应路局之约、前往参观、参加者计有李君维城（陕西省银行）张君德枢（陕西国货产销合作社）（开发君德枢）赵君愚如（中华实业促进社）李君秀亭（长安县商会）宋君绮云（西北文化日报社）罗君岚（西京日报社）等七人、于去岁十一月十日由西安出发、二十一日归来、往返共计十日、参观概略情形、已草拟报告、在各报发表、嗣以印一小册、俾便携带查阅、特将原稿重加整理、并将路方运输办法、与西北商人关系最深者、节载于后、籍以陇海路由西安至连云港、全长共二千余里、考察团全人往返仅十日、走马看花、所得实至简略、西北土地肥美、物产丰富、今后宜如何利用陇海路、以为建设开发之助、谅久为西北人士所注意、如能再作详细之考察、供献社会、以补此次考察之不备、本册之刊行、特抛砖引玉之意云尔。

弁言

全文（节选）：

陕西各界陇海铁路连云港考察记

弁言

陇海铁路东自连云港，西至西安，现已全线通车，西北大陆与太平洋之交通，畅然无阻，对于西北社会民生之裨益，及对于政府建设西北之辅助，关系之大，不可胜述。陕西各界为欲彻底明了连云港工程进展，及全路商运情形，曾于二十三年（1934）十一月应路局之约，前往参观，参加者计有李君维城（陕西省银行）、张君德枢（陕西国货产销合作社）、张君午中（开发西北协会）、赵君愚如（中华实业促进社）、李君秀亭（长安县商会）、宋君绮云（西北文化日报社）、罗君岚（西京日报社）等七人，于去岁十一月十日由西安出发，二十一日归来，往返共计十日。参观概略情形，已草拟报告，在各报发表，嗣以各方函索，并嘱另印小册，俾便携带查阅，特将原稿，重加整理，并将路方运输办法，与西北商人关系最深者，节载地后。穷以陇海路由西安至连云港，全长共二千余里，考察团同人往返仅十日，走马看花，所得实至简略。西北土地肥美，物产丰富，今后宜如何利用陇海路，以为建设开发之助，谅久为西北人士所注意，如能再作详细之考察，贡献社会，以补此次考察之不备。本册之刊行，特抛砖引玉之意云尔。

陕西各界连云港考察团全体团员，由右至左张丙昌、宋绮云、赵愚如、张德枢、李秀亭、罗岚、李维城、杨永春（勤务）

考察团抵墟沟时在北固山白家大楼留影（后排由左向右第二人为陇海路第一总段长董耀堂）

正在修筑中之连云港止浪堤（海边飓风时有，堤右巨浪飞溅，其左则水平如镜，即止浪堤之效用。）

修筑中之一号码头

修筑中之二号码头

临时码头

甫完成之云台山洞

云台山洞东口外之深谷

建筑止浪堤情形（用小起重机两架，各能起重约五六吨，来往运办理于小铁道上。）

上三图系用汽锤打钢板椿

码头迤东海塘工程，长约一华里，全系在浅滩上垫出。

挖泥机器（其两旁系运泥驳船，右面天际黑烟一缕，系小汽船拖泥驳船将泥倾于口外后，仍拖原船驶回，其距离为六华里。此机每小时可挖出泥约六百立方公尺。）

车船联运（连云港工程正在进行中，现可泊船一双，图为"泳吉"号，可装货一千八百吨，船身长八十公尺。）

全文（节选）：

陕西各界连云港考察记

一、考察的动机

陇海路为吾国横贯东西之惟一干线，西起甘陇，东至海滨，长三千余里，在经济上可使西北物产，越崤函之天险以分布于南北，东向出海以输出于外国，而南北之物产，与夫外国之机械货物皆可以直达西北，在文化上可发扬民族之精神，促进东西文化之融通，在交通上可缩毂南北，贯通东西，制陆兼能控海，其间关系国计民生，至重且大；现西安至连云港，经当局之努力，已决定自二十四年元旦起实行通车，从此打破地理上之限制，一千零五十三公里（合二千一百一十六华里）之长途，可于三十六小时内直达，弯穷困为富庶，化灾患于无形，实西北各省之生命线也，惟路线綦长，且系初成，如何利用该路，为繁荣西北及建设西北之基础，使社会人士，深切明了，服务于西北社会者，义不容辞之责任，同时陇海当局，为福国利民，发展货运计，尤希望西北人士，深切了解，所以我们西安金融、实业、新闻等界，发起组织连云港考察团，俾可进一步贡献社会，考察目的，固在连云港，考察范围，实不仅连云港也。计本月十日，由西安起程，十九日役毕返省，往返共十日，此行，对于陇海路局之恳切招待与向导，深表谢忱，兹将考察所得，概略志次，时间匆促，难免疏漏及错误之处，如承路局及各界指导，实至感盼。

二、连云港之概观

（一）沿革……

（二）形势……

（三）工程　连云港未修之前，陇海站线东点，设在大浦，属东海县，距县治三十里，东靠临洪河，建筑临时码头三座，停泊轮船，装卸货物，海陆转运，极为便利，后因航线延长，泥淤日塞，轮船进出，须待潮泛，千余吨之船，不能满载，后选经呈请铁道部核准，开始建筑海港码头于老窑：此未修连云港以前之临时码头情形也。连云港码头工程，现由荷兰公司承包建筑，包工料洋三百六十五万元。筑防波堤一道，长一千零五十公尺，筑停轮码头二座，第一码头长三百六十公尺，宽六十公尺，第二码头长三百六十公尺，宽五十五公尺，两码头距离，为二百六十公尺，码头外用材料，为含铜钢板，不虑海水浸蚀，沉入海底，约十公尺，而钢板中间，下沉石块，上填沙石，高出海面约六公尺。目下工作者，约三千人，一方炸山石修马路，一方取石填海，增宽码头面积，为筑仓库货栈之用，工作人员极为努力，包工期为一年又六个月，预明年四月可以完工。同时可停泊三千吨轮舟六只，一为运煤码头，一为运货码头，用新式起卸机，每日可卸八千吨货物。现时可泊三千吨船二只，进口航路，不及十里，以后用掏泥船往来挖泥，海底航道坡度为一与四之比，平时海水深六公尺，潮时深七公尺许，海水澄清，不杂沙石，冬期无结冰之害，气候温和，为一天然良商港。其次最大工程，为孙家山山洞工程，长三百公尺，如车通行其中，山洞前后，各有长数百公尺之岩石关鉴明道，深约三十公尺，至十公尺，岩石多为砂石及红色石英页岩，性坚质硬，施工不易，但此项工程，业已完工。至市区设计，老窑地面狭隘，拟划官地二百余亩为合作区，分租于商民，每亩每年收租价二三百元，以示提倡，其承租章程，附录于后，现在承领建筑者甚多，繁荣可期而待。至饮水问题，现有山泉，极甘美，可供数千人之用，将来合作区之饮料、马路、排污沟，均由路局办理。海岸灯塔，不久即可建筑，现与招商轮船，订立联运合同，由此港到□港，须十二小时，到上海须三十小时，与日本之门可港为正东西，相距约一千七百公里。

陇海铁路出租连云港迤近地段简则：（一）本简则祇以出租连云港码头迤近地段，定为合作区域者为限。（二）凡与本路业务，有直接或间接关系之各种正当营业，及建设，经本局认可者，得由其负责人来局，商订承租合同。（三）前项区域，分为甲乙丙种地段，1. 甲种地，每亩年租四百元。2. 乙种地，每亩年租三百五十元，但路局得随时按照商业发达情形，及当地地亩市价，酌加租金。（四）前项地亩，为数无多，必须经济使用，承租范围，应以需用之最小限度，由路局核定，以每一租户定敷其营业之需用为度。（五）除本简则所规定者外，其一切手续，悉依照本路现行出租余地章程办理。（六）所租地内之建筑，必须于订立合同后，四个月内动工，否则由本局收回另用，并不退还租金。（七）关于一切建筑，应按本简则所附建筑条例办理。（八）本简则如有未尽事宜，得随时修正之。（九）本简则自公布之日起实行。附建筑条例：1. 承租人建筑房屋，或扩充修改，必须先将图样送请本局核准，方可施工。2. 区内不得设立工厂，或其他妨碍公众安全及卫生之营业场所。3. 区内面向马路之房屋，其最下二层，不得作为住宅。4. 建筑地面，不得小于承租地面百分之七十（空院不作建筑地面计算）。5. 区内水电全部由路局供给，照章收费。6. 所有房屋外墙，须均用砖石或混凝土，不得用木料，其面向马路之外墙，亦须整洁美观，仓库砖墙，厚度不得少于三公寸八分，普通房屋墙，须厚二公寸五分，不靠马路之外墙，其外墙面距离承租界址，在二公尺以内者，不得在墙内开辟窗户。7. 屋面建筑，均须采用耐久不易燃烧之材料。8. 私人巷街，宽度不得少于二公尺。9. 屋内第一层地板，须至少高出路面一公尺半。（十）雨水及污水均须用明暗沟导入大路水沟，不得任其流至路面，其由承租人地界起至大路水沟之接管工程，由路局办理，照章收费。（十一）承租人建筑房屋，而致损及本区马路、人行道，或其他水沟管者，均须出资赔偿，由路局派工修复之。（十二）所有建筑均须装置卫生抽水马桶等设备，另订详章。（十三）区内房屋，最低建筑费，规定如下：（一切卫生、电灯、热气设备在外）：（一）面向大马路及海滨马路者，（十三，十四，十五，十七区在外）每立方公尺十五元，（二）面向其他各马路者，每立方公尺十元，（三）不靠马路者，每立方公尺七元。

（四）物产……

（五）名胜……

（七）古迹……

三、东西连岛纪游

东西连岛，距孙家山老窑约七华里，鹰游门在老岛与孙家山老窑一带之间，为连云港屏障。是日天气晴和，上午十点，余等由老窑一号码头，乘轮船，行至岛外。海水渐作淡绿色，显与港内深浅不同，轮至港口，震动渐甚，同游诸人，颇感不适。迨轮向西连岛近处行驶，风浪平静，惟近岛半里许，水浅轮不能行，改乘舢板至镇海寺前靠岸登陆。土人统呼该岛为西连岛，（原系一岛东西耸立）岛之两端，可蔽风寒，住户较多，岛之高处，超出水面九百尺，全岛东西长约廿华里，南北宽窄不一，最宽处约三里许，面积刻正在测量中。人口约四百五六十户，西岛占四百户，东岛占五六十户，灌云县政府，现正在编查户口，统计人口约在三千之谱，闻此岛之有居民，始于明末清初，在山海经上有万里山，即系此岛。东岛风景良佳，惟尚不及西岛，故住户不多，全岛均石质，树木极少，无可耕之地，山坡中间有浅土可供种菜之需，山顶有清泉下流，味极甜淡，居民用为饮料。人民不事耕耘，全以打鱼为生，以鱼网鱼船为家产，无文化可言，小学教育，尚付缺如，言语习俗，等于化外，惟闻前清末叶，曾有一人中秀才，全岛渔民热烈欢迎，奉为神人。老幼妇女均缠足，婚姻多由岛中人配合，与岛外人通婚者极少，渔民生活之苦乐，视获鱼之丰歉为定。据墟沟王老者谈：十数年以前，渔人所获尚丰，近年来因倭寇挟其利器出境，捕鱼，不按时节，虽不能一网打尽，而每况愈下，几有不能维持生活之苦，捕鱼并不完全在岛之附近，每到清明节后，或南至浏河、浒浦，以及广东等处，并载盐以备随时制成咸鱼，运至各口岸销售。春季打鱼有黄花鱼、勒鱼、水产鱼、比目鱼、鳞刀鱼（又名鸣鱼）、乌贼鱼、家鸣鱼（又名大头鱼，闻因在水中鸣叫故名之）等等……

四、陇海路与西北经济关系

（一）西北的实况

陕、甘、青、宁等省，扼黄河上游，为我国西北门户，土地肥美，特产丰阜，诚国家一大富源，土产品几无物不备，其最著者，如青、宁两省之皮毛，甘肃之条烟，陕西之棉花、药材、汕漆等，每年出口辄动以数千万计，其影响于社会民生，当为何如。此犹就地面上生产言者而地下宝藏之富，如煤、铁等，几无省无之，无地无之，而延长之石油、鄠县之笔铅、临潼之石膏及锰，陕南各县之石棉、金、银、铜、锡等，无不与发展工商业有极密切之关系，西北各省，所得于天者，诚不可谓不厚，西北为我中华民族之发祥地，自亦莫非无因也。然而西北之现状如何乎，报纸连篇登载，商旅奔走相告，都为西北社会最悲惨之消息，不曰某处天灾奇重，即曰某处饥馑连年，人民如此阢陧不安之社会中，流离失所，无以为生，即幸而丰收，亦每因交通不便，难以转售调剂，而土劣贪污，反加倍苛索勒求，熟荒之痛，甚于歉荒，如陕省北部包壳，每石重二百五十斤，仅售洋一元，而汉南川省逃亡而来之难民，数近十余万，无法救济，皆因运输困难之故，甘肃等省及陕南兴安等县，农民因无现款交纳捐税，往往以皮毛、药材、木耳等代替，其价多不能折合原价十分之一二，结果惟有使农民日益穷困，农村日渐破产而已，其主要原因，为交通不便，运输困难，各地不能互相调剂所致。

（二）西安通车后

陇海铁路，东自连云港，西至西安，现已畅通，横亘四省，两千余里之长途，三十余小时内，可以直达，利济之大，不仅在便利商旅，输入文化，而在调剂农村开发经济，即就陕省言之，路运既已展至西安，如关中各县荒歉，则可借铁路之便，运输救济，恐历史上之“关中大饥”人吃人之记载，将永不复见，如关中丰收，剩余之农产，亦可借运输之便，向外销售，以补足本省之亏负，如本年棉花大批东运，价值至少在一千余万元以上，此种收入，全入农村，家给户足，日渐昭苏。惟西北人士，以处灾荒之后，元气未复，或资本缺乏，无力开发，过去因交通不便，投资者视为畏途，每裹足不前，现在交通既已畅行无阻，沪津各银行界，及各地大工厂，当因铁路之便，踊跃投资，共谋开发，至目前在各乡村所办理之农村合作及各种小企业，如打包厂、小规模纱厂，已如雨后春笋矣。

（三）陇海路的前途

陇海路通至西安，其影响于陕西社会经济已峪如前述，惟就整个西北言之，陇海路之使命，亦仅仅完成其初步，盖以西北各省，地面辽阔，即陕甘两省，密迩鄰封，然西安兰州间，相距一千三百余华里，设皮毛菸条等土产，大批屯积兰州，山路崎岖，土匪滋扰，陇海路虽已通至西安，对于甘、青、宁等省货物，仍不能运输，故非延至兰州，不能完成其最大使命，更非延至兰州，货物营业，不能发达，所谓陇海路全线完成后，始能名实相符。尤堪注意者，汉中富庶，不减关中，至于米、麦、矿产等，尤有过之，且地居汉江上游，西据陇南，南扼巴蜀，如能敷设支线，南达成郡，开发陕南及川省富源，其意义固不在西兰线之下。更如关中白水及同官两县煤矿，煤层极厚，煤质极佳，距铁道线仅百余公里，陇海路西段，本身无煤炭来源，对白同两处煤矿，亟应派技师探察，敷设支线。盖关中燃料缺乏，影响各工商业发展至巨，如西安筹设电灯厂及纺织纱厂，而燃料之缺乏即为莫大之阻力。

（四）一点供献

陇海当局，年来对于港口之开辟，路轨之西延，努力进行，令人钦佩。现连云港至西安，定自明年元旦，实行通车，惟沿途商运情形，尚有使商人感觉不安者，虽非路局本身问题，然与货运有密切关系，一得之见，略如下陈：

（一）各地之捐税

苛捐杂税，久经国府明令取消，惟各地税卡，尚有未完全明了政府用意者，据路局某君言，兰州至潼关，大小税卡十四道，即各局卡长能正直无私，商人已不胜其搅，倘再稍有苛索，商人避重就轻，自然视为畏途，遂多绕道宁夏。据闻宁夏之捐税，较重于蒙古，故甘、青等省，出进货物，多绕道蒙古，陕、甘则极形清淡，路局亦受莫大之影响。又如东海盐产，购买一担，仅需洋六角，然捐税已加至二元五角至四元五角不等，是以超过原价四倍至八倍之巨。直接为影响货运，间接为增加民众担负，希当局者，对于保护商运，发展交通，具有诚意，若率尔从事，匪独商人受累，税收亦将大受影响，关系实非小也。

（二）检查客货

客货运输，如因夹带违禁物品，或故意搀杂，影响出口声誉，应加以检查取缔。惟手续宜简单，且须与路局切实联络，否则难免弊病丛生，如郑州棉花取缔所，检查客商棉花，手续有十三道之多，且棉花打包，须至指定之场所，方为合格，手续既繁，限制亦严，商民多极感不便。又如已经路局负责之货物，复因军警检查，凌乱损失，尤所常见。似此种种，应由路局与各负责机关，统筹各货检查妥善办法，免商人损失，弊病丛生也。

（三）办理商业合作社

西北商民，因处境闭塞，对出进口货物，过去多假手转运公司，受其垄断欺骗，不知凡几，火车现在虽已通至西安，并已实行负责运输，然商人仍多不明了，今后交通便利，商务日繁，负有社会指导之责者，应于西安及连云港办理商业合作社，以为商人作指导及介绍机关。运输方面，使代理商人直接与路局交涉转运。不再假手于转运公司，营业方面，并可为传开导，为西北商人谋福利，亦属切要也。

（四）西北商界应彻底觉悟

兵法云："知己知彼，百战百胜"，商战亦然，处现在科学发明、机械进步、交通便利、经济战争之世界，吾国商人，应具有商业上之新知识，明了国际贸易之状况，方能在国际商场上与人竞争，而立于不败之地位。回顾吾国商人，在南洋群岛，及在东西洋各国商业上之失败，如丝茶之类，皆因知识缺乏，故步自封，不知改进之法。近来东西洋各国，以机器精进，致生产过剩，大宗货物，输入于平、津、沪、汉及各省大都会，而平、津、沪、汉商业因受货倾销之压迫，各国货工厂，纷纷倒闭，绝难与之竞争。

现陇海铁路既已通至西安，平、津、沪、汉商界，处此无出路无发展之趋势，必因陇海路之便，联袂西来，以言开发建设。而我西北商人一无商业上新知识，二无资本能力，自然淘汰，乃天然公理，有念及此，我西北商人应当彻底觉悟，精诚团结，共谋发展，以图自存。兹供愚见，以备采纳：

一在连云港筹设西北贸易公司，关于商业情形，海陆运输规则，负介绍指导之责，建筑居舍，予西北商人以饮食起居及信托事件之便利，更引起西北商人向外贸易之兴趣。

二在西京筹设商业专校：训练商业专门人材，将来商人均能有商业上之新知识，明了世界商情之趋势，方能与外商谈竞争，以图自存也。

五、陇海路之货运

连云港为陇海路出海之口，停靠海轮，北至青岛、天津，南通上海、广州，此港告成，则西北大陆与海洋之声气，直接贯通，于货运便利上关系至巨。兹将该路现在货运改进各点，介绍于后：

（一）实行海陆连运。在连云未开港前，西北大宗出口货物，例由铁道连运，分向南北以出口，今则由海陆连运，直出连云港，以分向南北，将来全港建设完成，国际航线开通，则西北经济之发展繁荣，必更迅速。兹将该路自西安起，运至连云港，货连价目，及自西安起运至上海间，铁道连运价目（自徐州接平浦南下，以至上海）与海陆连运价目，（自连云港转轮南下，以达上海）列表于后，以作比较。

站名	公里数	运输途径	每公吨（一千公斤约合库平一千六百七十五斤普通运价					
			一等货	二等货	三等货	四等货	五等货	六等货
连云港	二〇五三	本路运输	五〇、五六	二三、二七	一九、四八	一七、〇〇	一一、八二	八、〇二
上海	一四八一	铁道联运	七六、九四	四六、一〇	三六、八八	二九、二二	二一、八五	一六、一〇
		海陆联运	六七、二八	三三、八四	二九、二二	二六、二四	一九、七七	一五、〇五

由上表观之，可知由西安起运一等货每公吨至上海时，由海陆联运，较由铁道联运费，较轻九元六角二分，二等货较轻十二元二角九分，三等货较轻七元六角六分，四等货较轻二元九角八分，五等货较轻二元〇八分，六等货较轻一元〇五分。

（二）负责运输。盖从来商人起运货物，例由转运公司代办，一般货商，不谙铁道运输情形，一切皆仰赖转运公司，转运公司，遂得操纵其间，从中剥削，于商人受损，颇属不少，且常耽误时机，影响货价高低，陇海路有鉴于此，受积极推行负责运输办法，即对于客货运输，担负完全责任之意。兹将其要点，介绍于次：

1. 货商不经转运公司，直向路局接洽运货。2. 货商运货物，先填具运货单，将货交付当地路局各站，扯取提货单，于指运地车站照单取货。3. 货商照单取货时，如有损失，由路局担负赔偿责任。4. 货商扯取提货单后，可以此单向银行抵押贷款。5. 运费分现交、到交，到交系于指运地提货时交付，或现交或到交，一任货商之便。总括上列各点，负责运输，对于商人之利益有下列各种：1. 货商直接路局，按照定章缴运，先后皆按顺序，无普通、优先、最先之别，可免中间剥削及操纵先后等弊。2. 路局担负完全责任，损失照单赔偿，保障确实。3. 路局设备完善，对于防湿防污等，较转运公司为优。4. 货商有以提货单，向银行押借之便利，5. 货商有于提货时缴付运费之便利。总括以上各项，负责运输，既免中间剥削，手续又复简便，诚有利商贾之优良办法也。此外更应注意者，即负责联运是也，查陇海路对于货物运价，系按递远递减办法，其总计运费较轻，负责联运，途程远长，且与陆海各线，均有关系，一般转运公司，更难妥负此责也。兹为使货商明了货物等地起见，将陇海路大宗货物等第表列后，以供参考。

陇海铁路大宗货物等第表

一等货 服饰用皮货，优等纸卷烟，普通化妆品，绸缎，优等雪茄烟，优等火柴，各种酒（优等，普通香水，优等毛织足头。

二等货 煤油，汽油，汽车油，茶叶，（优等）活家禽羊毛（压紧者，）蛋黄蛋白，（干者）优等铁器，优等瓷器，优等罐头食物，各种酒，（普通）精制棉纱足头，普通毛织足头，机器，（除另定外）

电机电件（除另定外）优等电扇，文具，普通纸卷烟，普通雪茄烟，优等已制茶叶，优等纸，空煤油筒，优等草帽，精细席（优等）。

三等货　干果（除另定外）普通茶叶，兰烟，植物油，未制烟叶，（优等）鲜蛋，羊毛，（未压紧者）蛋黄蛋白（压者）山羊皮，普通瓷器，优等陶器窑货，普通罐头食品，糖（优等）帆布，棉纱，（优等）普通火柴，已制烟叶（普通）锡箔，神香，糖果（除另定外）。

四等货　鲜果（除另定外），干叶或咸菜，瓜子，花生，未制烟叶（普通）棉花，木料，（除另定外）脂油，钢铁，条板，铁管，普通铁器，钉，空木箱，空桶，面粉，普通糖，汽水，普通棉，棉纱足头，麦草辫，旧衣服，普通草帽，书籍，报纸，（捆束者）印刷品（除另定外）优等肥皂，普通药材，普通纸，肥田粉，精细席（普通）。

五等货　焦炭，生铁，玉米，小米，米（除另定外）小麦，大麦，高粮，豆（除另定外）西瓜，瓜，（除另定外）茶末茶梗或茶子，木炭，柴薪，肥料（除另定外）瓷器（粗糙）陶器窑货（普通）组草席，芦席，洋灰，肥皂（普通）砖瓦，（防火）粗葵扇，钢铁碎块，组纸。

六等货　煤，泥，沙，石楂，石灰，石膏，麸皮，棉花子，牲骨，砖瓦，（普通）废纸，陶器窑货（粗劣）炉灰。

六、参观连云港沿途纪事

陕西实业界，为参观陇海路东端终点之连云港，组织参观团，团员有张午中（西北协会）、张德枢（陕西产销合作社）、赵愚如（实业促进会）、李秀亭（长安商会）、宋绮云（西北文化日报社）、罗岚（西京日报社）、李维城（陕西省银行）及管理行李随员一名，共八人，于十一月十日午后二时，齐集西北饭店，并由张德枢君备有便餐，于言笑兴豪之中，将参观要点及行程时间，与本团名称，加以决定乃于当日下午四时起程……

十二日早八时抵徐州，改乘由徐至港之快车，时间亦能衔接，课长送同人上车后，乃转车赴京，由此随同招待者，为路局第一总段段长，兼徐州办事主任董耀堂先生，董主任为一年逾花甲之老人，身长七尺，精神矍铄，举动行事，均极端详，对人尤属诚恳痛快。凡本团同人，有所询问者，无不一一详告。闻此公服务陇海铁路，历有年所，对于职责，忠勇勤勉，同事人员，多崇敬之。及抵北固山，天色已晚，由董主任引至白宝山先生别墅，名曰乐寿山庄，下车时，白氏已在庄前迎候，盖事前已由董氏预为电约也。白氏身材高大，精神奕奕，可想见其当年陈师鞠旅之盛况。客堂中所悬各种拓片名画之外，有巨蝎照片一方，片上注云：民国十七年七月，在山东旧督办公署发现巨蝎，长二十八英寸。白氏并告此蝎，曾杀三日本人，因当时日人驻扎山东旧督公署，卫兵被害，初尚不知，嗣经寻巢穴，用武器击毙之，报纸亦有登载，同人听之，咸欢笑此蝎有功抗日。乐寿山庄，建筑于北固山陬，借山取势，瑞石芬铺，楼房式样，尤伟大朴雅，询之系德国工程家为之设计者。全庄面积，占山坡地四十亩，环以石墙，树以佳木，东临海滨，不过里许，云召山屏障其南，蜿蜒成式，秦山高耸其北，诚山海大观也。楼南有亭，纯以石构成，亭旁大石上，刻"向若亭"三字，面额上题有四字"平秩西成"两旁对联为"日出日入自朝暮"、"潮去潮来无古今"，南面额题"海日初升"，以其面海也，亭之西石山，刻有"瑞石窝"，系白氏所题，夏君子诚告余曰：瑞石窝之名称，在明朝陶之纪将军，曾题过此三字，北固山中，有瑞石泉，亦因此而得名，楼之北有雅石数间，题曰"逸齐"，楼南大门亭上，题曰"海疆盘石"。凡此词意，亦可藉以描写是庄之一斑也。是晚，白氏乘车南下，董主任及白家王馥生先生，招待周到，令人感荷。

北固山：距孙家山五里之谱，离老窑十五里。十三日早起，假楼旁摄影，以留鸿爪。九时乘庄车，载欣载奔，向连云港进发，路径云台山洞，海风吹来，寒气袭人，在此秋残之际，令人不禁索然。该洞系向孙家山开凿，长约三百公尺，工程浩大，所费不赀。为时甚暂，即达于连云港之老窑。

老窑为陇海末端之终点，亦即连云港岸之重要工程，前文已备述之矣。是日午前十时，由董主任及张仲英段长、张超杰港务工程主任领导，先参观一号码头，及向轮船搬货情形，见有着军服之起卸夫，询之，知为陇海路护路队，兼服此役。且便整伤码头，免蹈上海、天津口岸为少数人把持，致启争占之纠纷。至出口货物，按现在已有者，杂粮实占大宗，每年约计有三十六万吨，其中黄豆，约占七万余吨，花生约占十八万余吨，芝麻三十余吨，余为大小麦之类。惟谈及花生出口销路，南洋群岛，向占大宗，近来因橡皮销路日减，闻已改种花生，试验成绩尚佳，以后陇海沿线，此项输出数量，有无影响，尚不可知。随由码头附近之山麓，即云台山山坡，循观各种新建筑，或正在兴工，或已告完成，无一不在繁忙部署中。据云：去年此时，只住有二三十家穷苦渔民，较平坦之地价，每亩不过二三十元，今则商旅日增，已至五百户以上，而每亩地价，已涨至二千元至三千元之间，且不易购得。询以市区之规划，则云苏省政府，尚在设计中。行至张超杰主任办公处，休息片刻，经董主任预备轮船，并随带舢板，照原定游程，渡鹰游门，登东西连岛。董主任意欲陪往，相戏为八仙漂海，同人以其年高劝止之，则由张仲英段长及尧阶主任偕焉，中流四顾，浩海仓茫，遥望门司，敌仇如接，东西连岛之概况已见前文，惜游观时促，未得深悉渔民生活组织也。

午后三点返张主任处，进午餐，同人中，惟李君秀亭，不耐饥饿，于进餐之时，将盘中饼干墨墨大嚼，并误拾盘侧宋君绮云自海渔捡来之石块，将投之口中，幸经李君维城发觉，得免"吃石"（俗语有心里有吃上石头之语）之虞，同人大笑，亦旅行中之趣闻也。酒筵既罢，分乘压车三座，驰返白家大楼，时已黄昏矣。原定归来，参观墟沟，而时所不许，只得俟诸翌日。

墟沟在云台山麓，与北固山遥遥相对，距离不过里许。十四日晨七时至墟沟，循东西大街而行，一览无遗，盖南北街市，尚未推展也。市容尚整齐，有二千余户口，商家与住户，各居半数，鱼虾摊店，尤为热门，或谓墟沟，可随连云港而发展，以孙家山老窑一带，逼处山麓，惟此处尚有相当之平地，虽距离稍远，比较之下，堪称合宜。

江苏省之初级水产学校，在白家大楼之西，同人入校参观，承校长王子健君，热忱招待，略谓：本校系继承海州渔业试验场旧有基址而成立，现有学生三班，大都来自附近各县，规定四年毕业，渔村中贫苦子弟，占其多数，每年经费，省府筹拨二万九千余元，不收学膳费，注重专门功课，实地训习勤劳，且加以军事训练，证以学生精神礼节，及修筑校前道路各事，颇具朝气。标本室中，陈列鱼类鱼具，规模虽小，尚属整齐。

十点返白家大楼，饭罢之后，屏挡行李，准备游观法起寺、孝妇祠、田横墓、大浦盐宅，再斟酌时间，参观新浦、板浦，乃告别山庄，分乘汽车二辆，依照程序进发，由庄至法起寺，系绕后云台而行，路极平适，闻系淮北盐局所修，路之两旁，引海筑渠，盐船帆影，顺风徐行，船中妇孺，撑舵张船，颇有悠然自得之态，满目盐田，虽无其他植物，亦未可以不毛视之也。

法起寺：闻为汉代古刹，改建于明朝，规模宏伟，而坍塌诸多，内有黄杨、银杏、白果、木瓜、百百红等树，均伟大古老，为不可多睹之物。院之东角，有魁星亭，建筑尤佳，寺僧仅六人，住持宽容出外，招待余等之僧人，年才十七，身材面目，均称雅秀。骤视之，疑为尼姑。休息少许，款以葛根粉，味同藕粉。询之为当地名产。各殿匾额，以长沙陶厨所题为多。

由此折转向西行，约十里许，至孝妇祠。祠之门首，横额曰："汉孝妇祠"，书法极工，且系细质白石雕刻者，惟无年月及书者姓名。祠之东院墙中，刊有粗石碑，字迹不清，不易辨认，正殿上，塑窦娥像，左右前后，匾额悬列，有"至孝格天"、"孝德照灵"、"以死成孝"等字样。西边墙上石碑，记述窦娥冤屈事甚详，惟旧剧中之六月雪，演窦娥未死，与记载不符，祠后窦娥及姑墓在焉，墓上有古树三株，呼为格木树。

由此至田横墓，不过三里，亦无碑记可考，询之土人，咸呼为将军庙。距祠五十余步，有古塚垒垒前竖大碑，细视之，文曰："田将军讳横，暨上客五百义士之墓"。同人景仰先烈，咸脱帽敬礼，并摄影以留纪念。史载，田横为秦人，本齐王田氏族，韩信既破齐王，横遂自立为齐王，汉灭项羽，横与其徒五百人亡入海岛中。高祖使人招之曰："横来，大者王，小者侯；不来，且举兵加诛。"横因与二客指洛阳，未至三十里，曰："始与汉王俱南面，今奈何北面事之。"遂自杀。横既葬，二客亦自杀，余五百人，在海中闻横已死，亦皆自杀，此田横之略史也。

由祠返铁道线北行，参观盐坨，抵盐场，谒大浦放盐官兼板浦场场长，徐开弟君谈盐区情形，大别之曰：垣商分为三厂（一）板浦厂（二）中正厂（三）临兴厂（现改为涛青厂）。此三厂系旧式组织，盐户自己资本经营。此外，有济南厂，直辖七家公司，大源、大富、大有晋、裕通、庆日新、公记、济南厂所产之盐，接济皖、赣、湘、鄂各岸，盐商分三种，制盐曰垣商、转运曰运商、销售曰岸商，徐君并将盐区、盐坨简明图，一一见示。随陪至盐坨，盐坨宽阔，四围开渠，船运极便，中通铁路支线，专为载盐而设。储盐方法，先将劣盐铺地上，作为底层，再将好盐堆积其上，使成长方短形，上覆以席，以御风沙雨水之侵入。坨之大小不一，而方形则同。此处可储盐五百余万斤，现存者，三百万斤。盐坨南面渠上，建有活动铁桥，凡来盐坨，必经过之，船行至此，随时用人力启开，夜间亦恒不放下，兼访偷窃耳。观毕，将兴辞去，徐君以标准盐样各赠一瓶，颗粒大而纯洁味鲜，诚良品也。每百斤生产费，由五角五分至七角，正税二元五角，加上外债等附加，共需二元九角，至四元五角，捐税超过成本数倍，此为吾国奇特现象也。盐乃普通民食，盐税原为恶税之一，而中国近十数年来除关余之外，全仗盐余以供需要，在财政未臻充裕之前，似尚无减轻之机会。

午后三时至新浦，略事休息，随赴板浦，板浦距新浦四十华里，路极平整，车行三十分钟即达，沿途桥梁沟渠，均足悦目，往来汽车，殊不鲜见。板浦市上，有汽车行，随时可以雇用，街市不大，而气象新兴，仿佛一小租界，两淮盐连使，及灌云县政府，均在此间。由董主任导访缪运使，询及盐务，颇得要领，并检赠盐厂图说，及近年改革报告，得知盐运产销，每年恒在千万斤左右，为储有余，以备不足，且免新盐失耗起见，亦恒递存二三百万斤。按大概计算，年收税款，当在二千二三百万元。访许县长，谈及连云港市政计划，以及东西连岛之教育问题，许今年三月始视事，一切进行，正在请示中，询其地方预算，每年度总数几何？据云：数目字为三十二万余元，按现在实收，每年不过七八万元，亦可见其不实在也。以极经济之时间，顺访税警团赵团长均迈，畅谈之下，知对于地方治安，及剿匪修路诸端，已有良好成效，诚属快事。赵君曾留学日、美两国，初学土木工程，继学军事，能动劳吃苦，无军人习气，未晤之前，耀堂主任曾言及之，今果不虚矣。六时返新浦，住东亚旅社，此社建筑尚佳，楼房尤合旅客之用，闻系新浦最优旅社之一。九时赵团长来谭，关于经济建设诸端，具有深远见识，诚可敬佩。

十四日早游览新浦市政，此处原有临洪河，直达海滨，以前商市，大有起色。近年来，临洪河淤浅，海口为沙所塞，无法疏浚，出路绝望，故有连云港之开辟，连云港码头成功，此地商务，势必随之东边，故一切建筑及工业，已由观望时期，而入于收缩时期。从前所办之面粉厂、炸油厂，或因火险而废置，或因市场不佳而停止，红砖高耸之烟囱，今已毫无声息矣，东海县（即旧海州）距此十余里，县商会现仍在此，胶海关分关，已在老窑觅房，并派人分驻办事。其他各银行，如上海、金银、中央等，亦在老窑，租购房地，禁烟督察署新近成立，设于此间，询其负责人云，此间并非办理出口，现在调查当地（瘾）君子，准设馆公卖，其来源当以西货为多。游览略毕，随即上站，参观货仓，及敞车保护客货用油布、麻绳、铁丝及铅锁各种方法，并检视负责运输之托运车、存仓证、运货单各种手续。十二时乘快车向徐州而行，在车中研究沿站特产及风土名胜，颇不寂寞，董主任每到一站，必下车询视货运情形，如见存放不妥，或未盖油布等事，必严诘督促之，其负责切实有足多者。

……

此次考察连云港，往来十日，计程四千二百余华里（由西安到老窑单程二千一百余华里）。闻见所及，获益良多，惟是时间仓猝，对于考察各项，仅能粗知大概，未能作广博之贡献，深用歉然。总之，中国无完全自建之海口，更无铁道直达之港埠，今又节余之财力，用极经济之时间，应社会之需要，艰难缔造而有此沟通东西文化物产之连云港，其意义诚为伟大，尚望本诸苦干，穷干之精神，继续努力，使该港得早日全部完成，并盼沿路各省积极从事生产，俾得与该路连港，互相运用，各尽其利，助益于国民生计，实非浅鲜，此则同人听夕之所切祷者也。

民国时期连云港地方报纸

保管单位：连云港市档案馆

内容及评价：

连云港市档案馆馆藏民国时期连云港地方报纸，主要有《大中报》《苏报》《海报》《新海报》《徐报》《淮海报》《苏北报》等7种11册，起止时间为1942至1949年。报纸内容主要反映本地区国民党统治时期的政治、军事、经济、文化和社会生活状况及共产党领导人民军队解放劳苦大众的情况。该资料弥补了地方档案的不足，为研究民国地方史和新闻史提供了珍贵的文字记录。

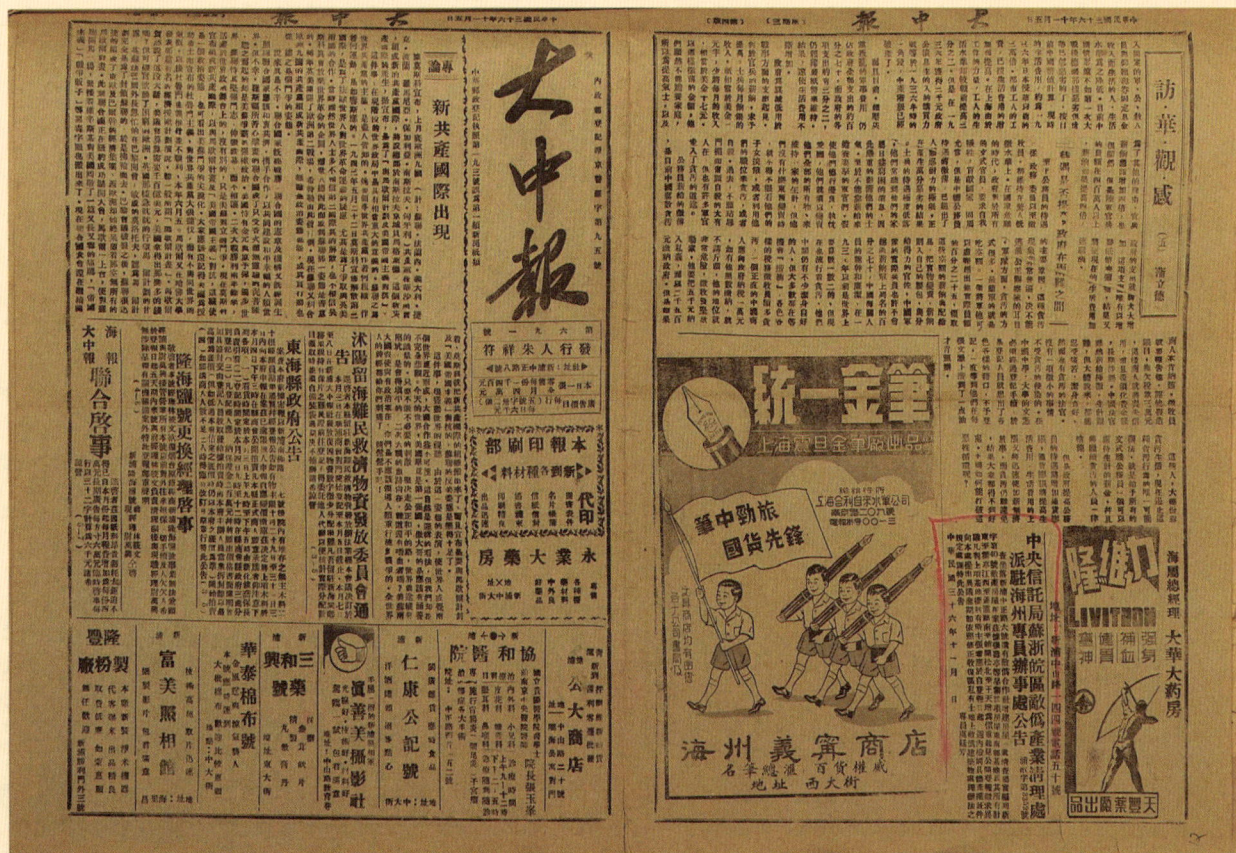

《大中报》

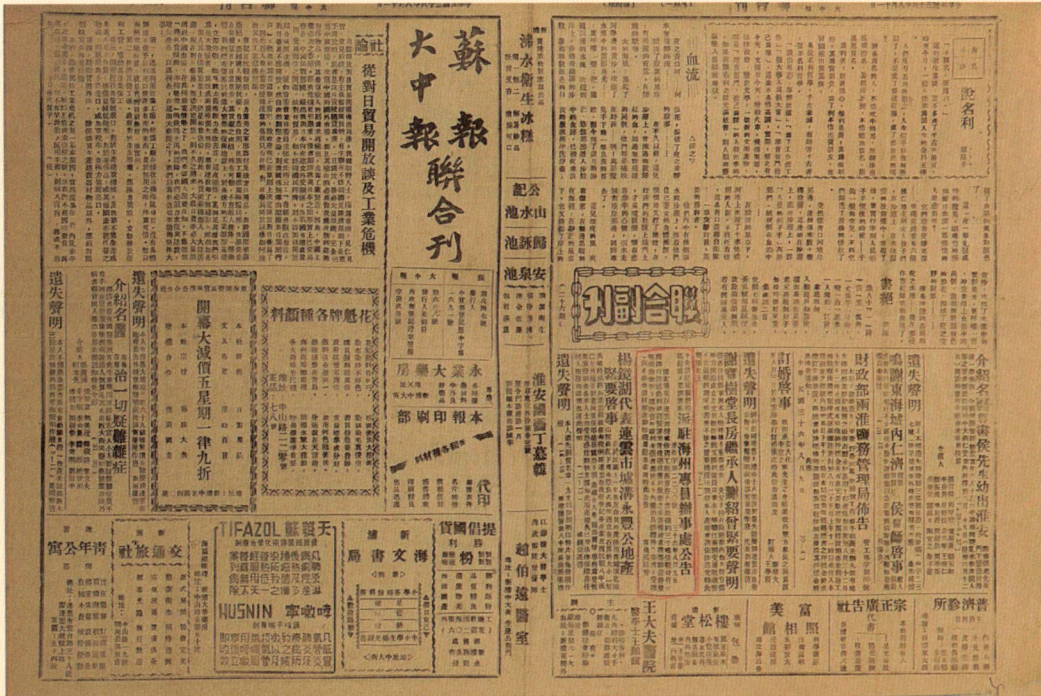

《大中报》和《苏报》联合刊

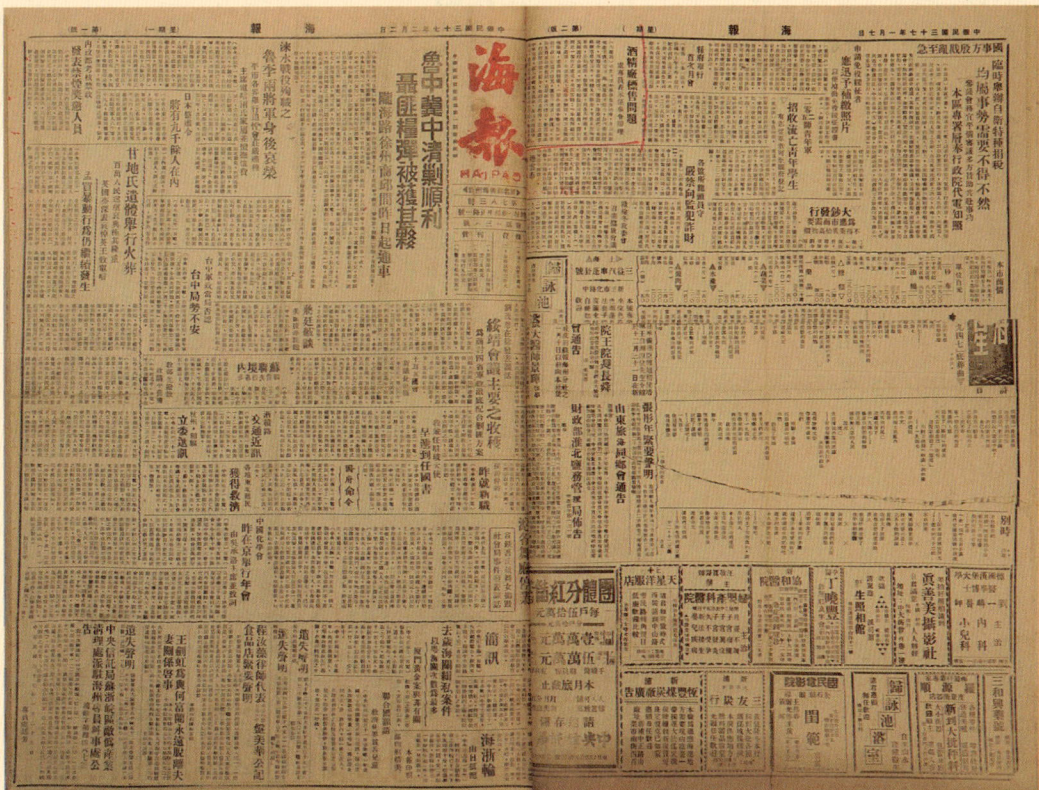

《海报》

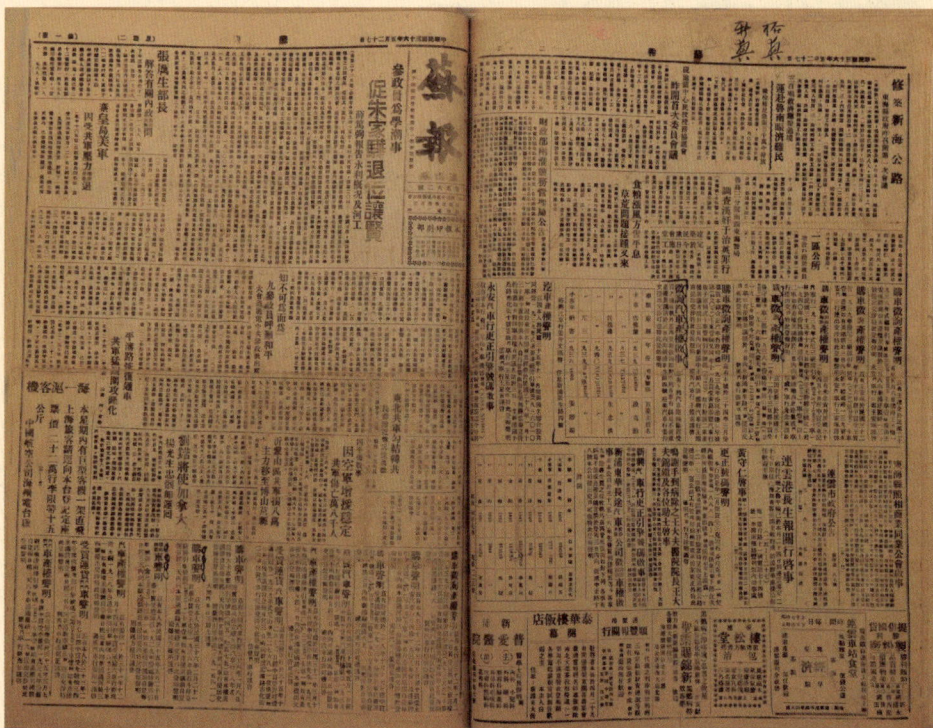

《苏报》

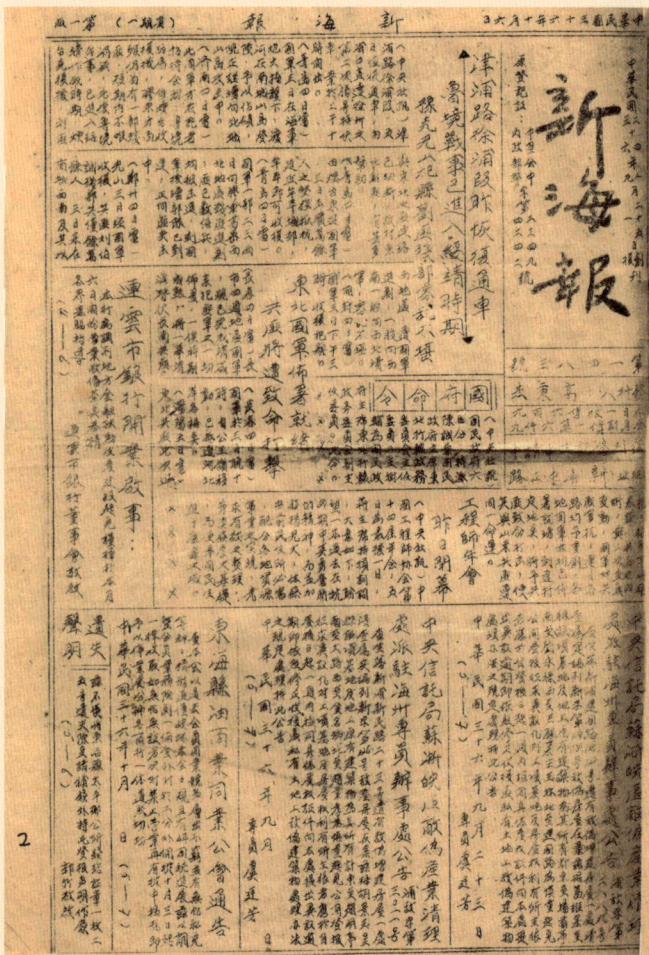

《新海报》

新海连市报

保管单位： 连云港市档案馆

内容及评价：

　　《新海连市报》是中共新海连市委于1958年创办的机关报，也是现今《连云港日报》的前身。连云港市档案馆馆藏的"新海连市报"档案为1958年至1961年印刷出版的报纸，内容包括当时市内外的时政要闻，主要反映这一时期全市政治、经济和文化建设发展的情况，注重宣传这一时期生产建设和各项工作的成就。连云港市档案馆的16册《新海连市报》是该市目前唯一完整保存的一套，对于研究1958年至1961年时期连云港的经济和社会发展情况具有重要的参考价值。

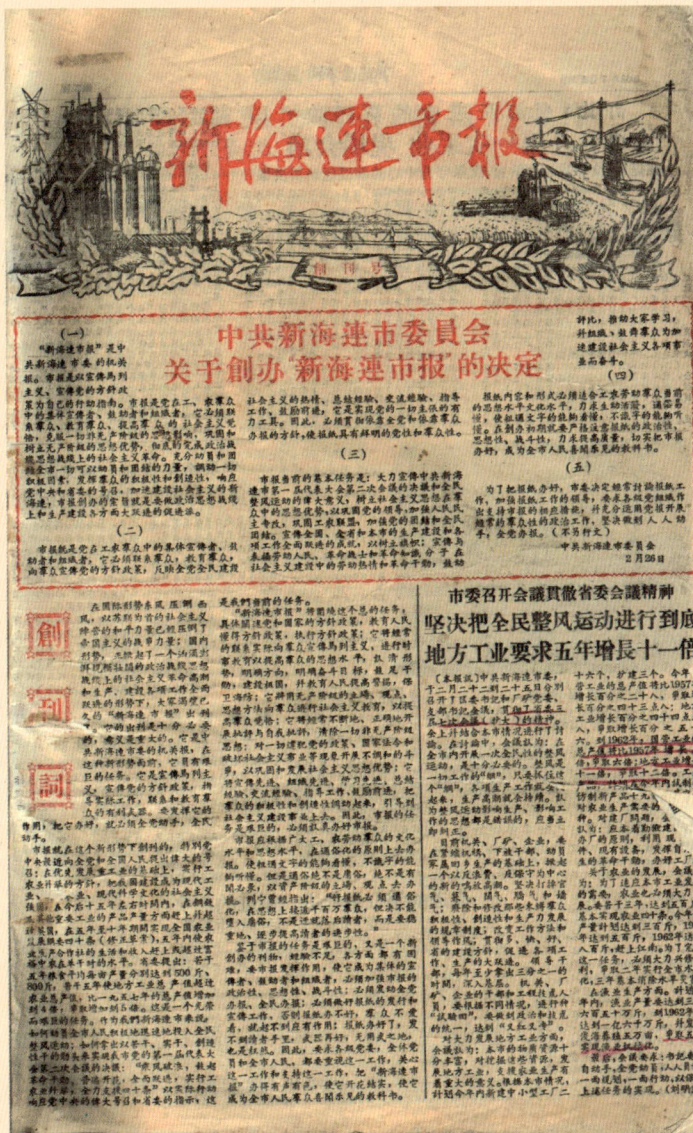

《新海连市报》创刊号第一版

1958年3月1日　新海连市报　第三版

衷心的祝賀　誠懇的希望　热烈的支持
——广大讀者羣众寫給本报的賀信

办好市报是我們經常的重要任务

以实际行动支持办好市报

共青团员　优秀青年　要成为党报的積极支持者

积极开展市报的通訊工作

对市报的希望

尽最大努力印好市报

保証把市报及时送到讀者手里

祝賀市报創刊

各区发行员積极做好发行工作　本市大部分地区当天能看到市报

鲚·鱼·丰·收

《新海连市报》创刊号第三版

题字书画

胡耀邦给连云港市的题词

保管单位： 连云港市档案馆

内容及评价：

党的十二届三中全会刚结束，中共中央总书记胡耀邦同志来到山东、江苏等地视察。1984年10月27日，胡耀邦总书记抵达连云港，在连视察期间，他听取了连云港市工作汇报，视察了连云港港、宿城、花果山、孔望山等地，作了重要讲话。10月28日，胡耀邦从全国发展大局的高度，要求连云港"站在四化前列"，并欣然为连云港市题词："对外开放，对内搞活，站在四化前列"；"高效率建港，高效益管港"；"友谊结五洲，朋友遍天下"。他还为淮海大学、连云港市博物馆题名。这些题词，体现了中央领导对连云港发展的重视和关心，是对连云港人民的极大鼓舞，也是对港口建设的鞭策，激励着连云港人民进一步做好对外开放工作，更好地为中西部腹地省区服务。

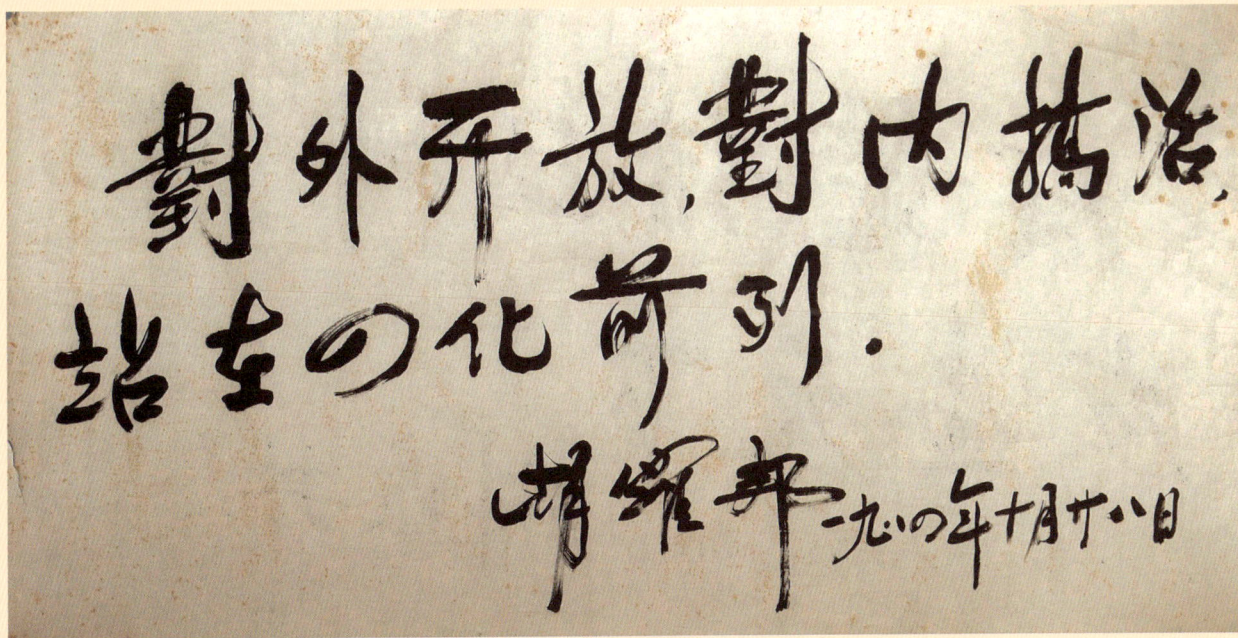

胡耀邦题词："对外开放，对内搞活，站在四化前列。"

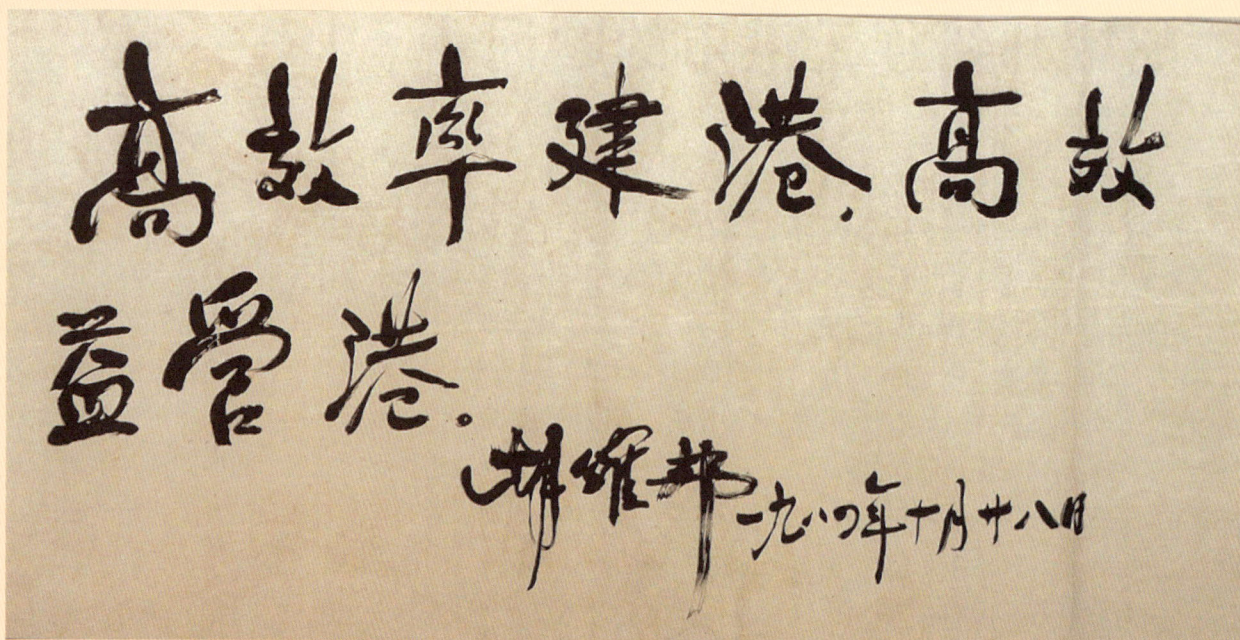

胡耀邦题词："高效率建港，高效益管港。"

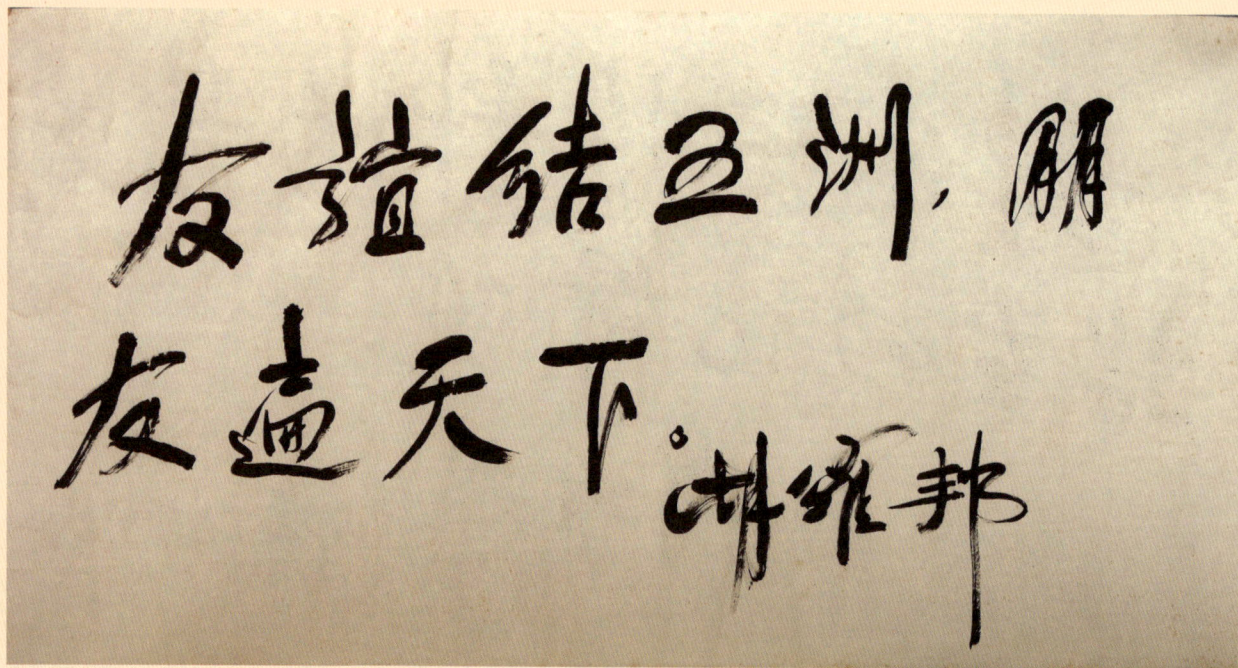

胡耀邦题词："友谊结五洲，朋友遍天下。"

谷牧题词、贺信

保管单位：连云港市档案馆

内容及评价：

　　谷牧是新海连（连云港市的旧称）解放后首任市委书记兼新海连警备区政治委员。十一届三中全会后，谷牧在国务院任职期间，一直分管经济工作，是我国经济建设领域的主要领导人之一和创立经济特区的主要决策人之一。在改革开放的重要时期，他多次亲临连云港视察指导，为连云港的发展殚精竭虑、出谋划策，极大地促进了连云港的改革开放。1984年4月6日，中共中央书记处和国务院联合召开沿海部分城市座谈会，确定进一步开放包括连云港市在内的14个沿海港口城市。同年5月，谷牧听取了连云港市开放工作的汇报。1985年2月，谷牧为连云港市题词："改革开放　奋进不息"，并附言："我对于连云港确实有特殊的感情"；同年6月，谷牧同志专程来到连云港市视察工作。2008年，连云港市举行纪念改革开放30周年暨连云港解放60周年庆典活动，谷牧同志专门发来贺信。谷牧同志的题词和贺信，充分体现了老一辈革命家对连云港人民的深厚感情和连云港改革开放的殷切期望，激励鼓舞着430万连云港儿女励精图治创事业，开拓创新闯新路，努力创建连云港更加灿烂美好的未来。

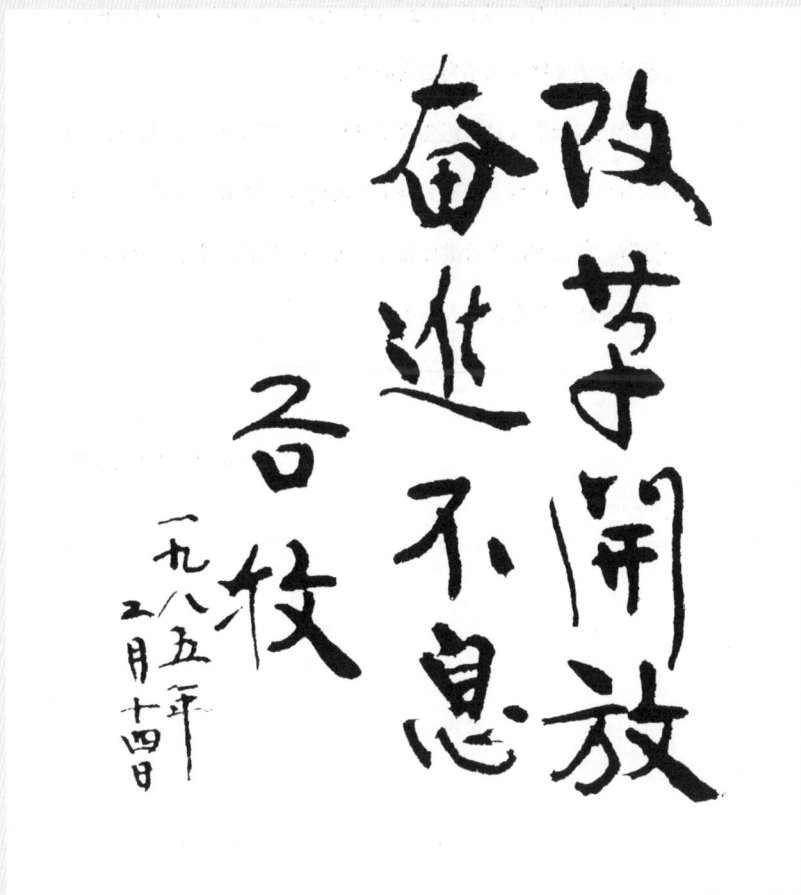

谷牧为连云港市题词

中华人民共和国国务院办公厅

中共连云港市委、市人民政府：

　　欣悉连云港市举行纪念改革开放 30 周年暨连云港解放 60 周年庆典活动，谨表示热烈祝贺！

　　60 年来，连云港人民在中国共产党的坚强领导下，与各界爱国人士一道，众志成城，浴血奋战，获得了连云港全面解放，取得了历史性的伟大胜利。60 年来，特别是改革开放以来，连云港在历届市委、市人民政府的领导下，经过全市人民的共同努力，社会经济各项事业发生了翻天覆地的变化。我作为一名曾在连云港工作战斗过的老同志，对连云港和连云港人民怀有深厚的感情，为连云港的发展变化感到由衷的高兴。

　　希望连云港人民以纪念改革开放 30 周年和连云港解放 60 周年为契机，认真贯彻落实科学发展观，继续勇于创新，不断开拓进取，努力创建连云港更加灿烂美好的未来！祝连云港各项事业兴旺发达，祝连云港人民幸福安康！

谷　牧

2008 年 11 月 25 日

谷牧贺信

李鹏给"新亚欧大陆桥东桥头堡"连云港的题诗

保管单位：连云港市档案馆

内容及评价：

1992年12月，首列国际集装箱专列从连云港港发出，运往阿拉木图、莫斯科、圣彼得堡，标志着新亚欧大陆桥正式开通；同年，国家7部委联合确定"连云港港为新亚欧大陆桥东方桥头堡"。1994年5月17日至18日，李鹏总理视察连云港，他询问港口建设情况，并赋诗一首《新丝绸之路》："巍巍天山皑皑雪，漫漫古道滚滚沙。一桥如虹贯欧亚，丝绸之路绽新花。"其后挥毫书赠连云港。2004年4月19日，李鹏又重书该诗，送给连云港市委、市政府。李鹏的题诗，表达了对新亚欧大陆桥和新丝绸之路建设的肯定和对东桥头堡连云港发展的期望。

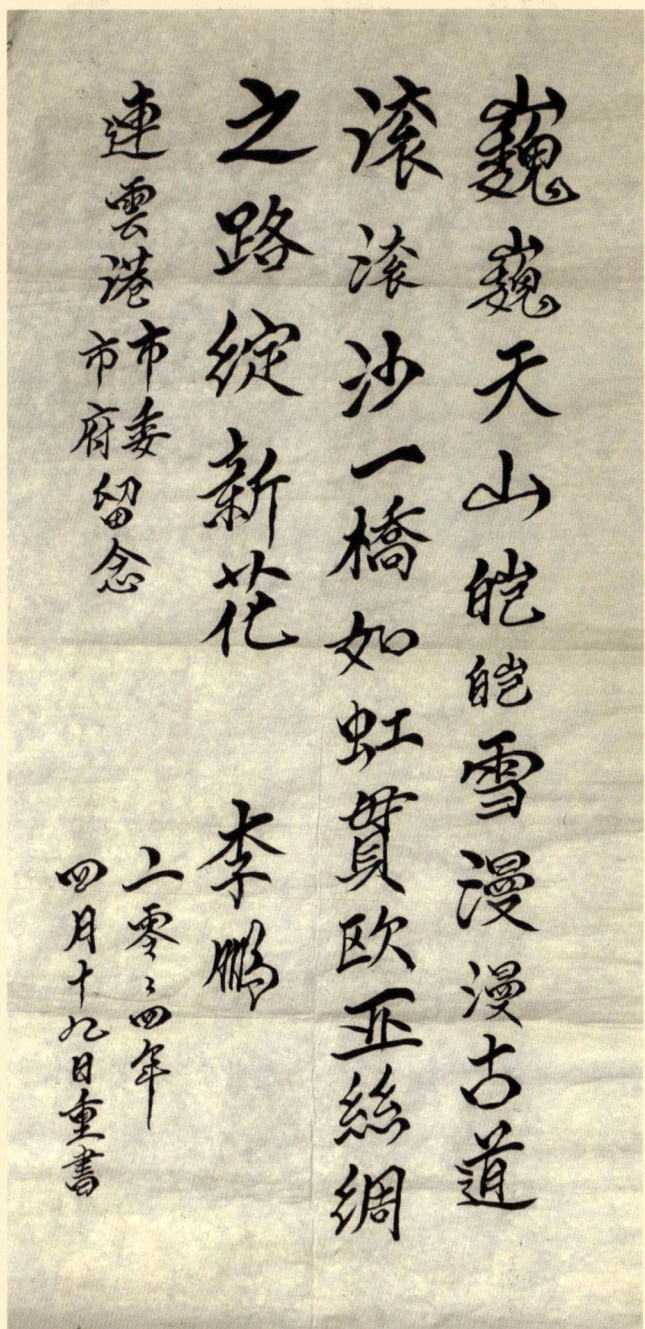

李鹏题诗

倪长犀书法中堂

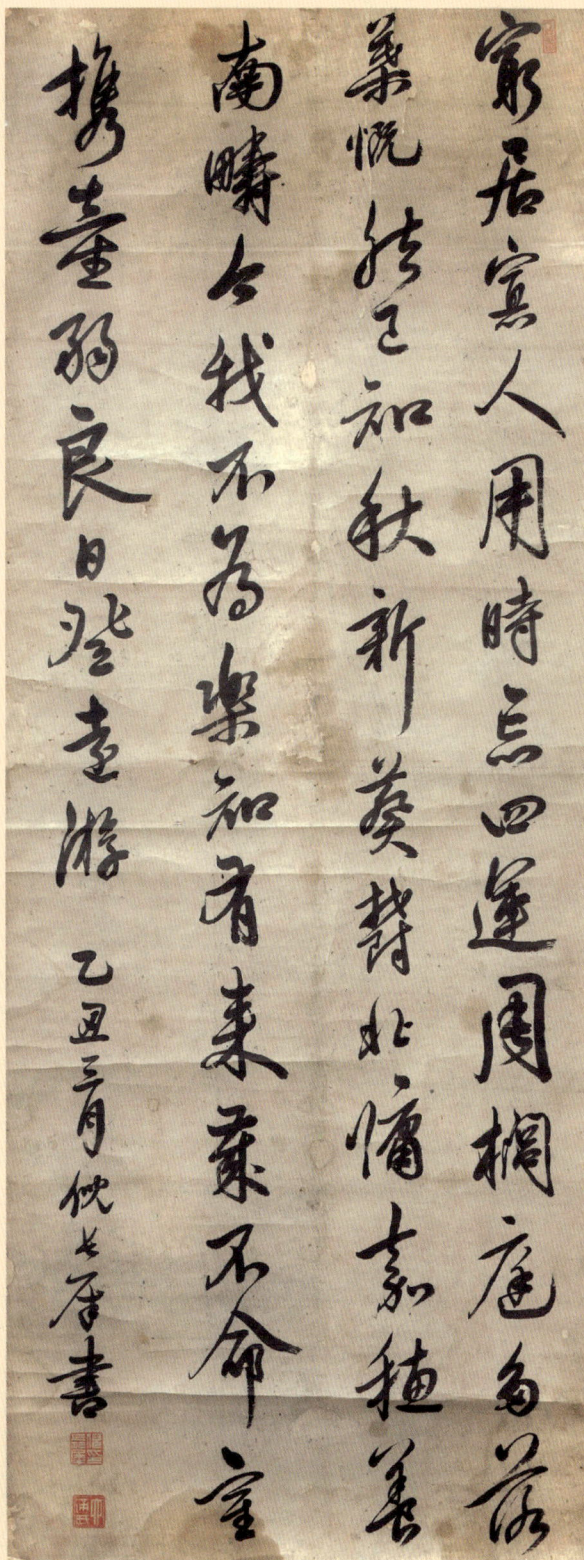

保管单位： 赣榆县档案馆

内容及评价：

该书法中堂为清康熙年间赣榆人倪长犀所书。倪长犀（1631~1688），字六通，康熙十二年（1673）进士，历官河南仪封，湖北谷城知县，权知江西定南厅。倪长犀善书法、篆刻，工诗词，时有盛名。所著《地震记》详述康熙七年（1668）郯城8.5级地震，为珍贵地震史料。该书法中堂为古体诗一首，无题，行书，长180厘米，宽72厘米，为倪长犀晚年作品，文书俱佳，具有较高的艺术欣赏价值。

倪长犀书法中堂，诗曰："穷居寡人用，时忘四运周。桐庭多落叶，慨然已知秋。新葵郁北牖，嘉穗养南畴。今我不为乐，知有来岁不？命室携壶酌，良日登远游。"

吴郁生画

保管单位：灌云县档案馆

内容及评价：

吴郁生（1854～1940），字蔚若，又号纯斋，江苏吴县人。清代进士，光绪三年（1877）授翰林，曾为内阁学士、兼礼部尚书、四川督学，主考广东，康有为出其门下。戊戌政变，六君子被戮，西太后因康有为出其门而不用纯斋。及至西太后死，乃任邮传部尚书、军机大臣。吴郁生善诗文、工书法，为清末民初时著名书法家。该画长188厘米，宽44.5厘米，具有较高的艺术鉴赏和收藏价值。

吴郁生画

后记

  《连云港卷》整合了全市档案系统的档案精品资源，是集中公布并展示连云港档案资源建设丰硕成果的重要载体，它的出版是连云港市文化建设的一件大事，对于彰显连云港市的档案文化价值和深厚历史底蕴，提升档案部门形象，扩大档案和档案工作的影响，将起到有力的推动作用。

  《连云港卷》的入选主体是全市范围内列入《中国档案文献遗产名录》《江苏省珍贵档案文献名录》和《连云港市珍贵档案文献名录》的档案。为做好本卷的编纂工作，我们成立了包括市、县、区档案局和有关档案部门主要负责同志在内的《连云港卷》编委会。2011年9月，编委会召开第一次会议，市档案局局长、编委会主任卢伟军要求集中精兵强将，精心编纂，努力将《连云港卷》打造成为展示连云港市档案文化的精品工程。

  各参编单位非常重视编纂工作，都在第一时间确定了责任部门和联系人，迅速开展了馆藏档案精品的摸底排查工作，在此基础上及时组织人员撰写材料、制作图片，按时完成向市档案局报送任务。编委会对报来的56件（组）档案精品，组织专家研究论证，反复斟酌，最终确定45件（组）档案精品入选本书。在此，特向赣榆县档案馆、东海县档案馆、灌云县档案馆、连云港港口集团档案馆等参编单位，表示衷心的感谢！

  同时，还要特别感谢省档案局研究馆员奚博凯同志！奚博凯担任本书的顾问，以高度的责任心和事业心，认真仔细、反复审阅本书的初稿，对有关档案史料进行考证溯源，提出了大量的修改意见，为确保本卷的编纂质量作出了重要贡献。

  张志静、穆绪兵、王蕾、吕琦、荣高山、马燕挥、黄永艳、徐继铭、金志云、晁海萍、李加滨、顾峰、陈志洁、陈义兵、尹超等人参与了材料收集和文字校对工作。倪凯、程倩对本卷的目录作了英文翻译。本书由葛新成总纂，樊继彩和姜松林编辑统稿，卢伟军审定全书文稿。

  编纂档案精品是档案文化建设的一项创新工程，限于编者水平有限，加之经验缺乏，错误、疏漏之处在所难免，敬请读者指正。

编　者

2013年7月

图书在版编目（CIP）数据

江苏省明清以来档案精品选·连云港卷 / 江苏档案
精品选编纂委员会编.--南京：江苏人民出版社，
2013.10
ISBN 978-7-214-10840-1

Ⅰ.①江… Ⅱ.①江… Ⅲ.①档案资料—汇编—连云
港市 Ⅳ.①K295.3

中国版本图书馆CIP数据核字（2013）第240132号

书　　　　名	江苏省明清以来档案精品选·连云港卷
编　　　　者	江苏档案精品选编纂委员会
责 任 编 辑	韩鑫　朱超　石路
责 任 监 制	王列丹
出 版 发 行	凤凰出版传媒股份有限公司
	江苏人民出版社
出版社地址	南京市湖南路1号A楼，邮编：210009
出版社网址	http://www.jspph.com
	http://jspph.taobao.com
经　　　　销	凤凰出版传媒股份有限公司
照　　　　排	江苏凤凰制版有限公司
印　　　　刷	江苏凤凰新华印务有限公司
开　　　　本	880毫米 × 1230毫米　1/16
总 印 张	227.5　插页56
总 字 数	1800千字
版　　　　次	2013年10月第1版　2013年10月第1次印刷
标 准 书 号	ISBN 978-7-214-10840-1
总 定 价	1500.00元（全14卷）

（江苏人民出版社图书凡印装错误可向承印厂调换）